"十二五"职业教育国家规划教材
经全国职业教育教材审定委员会审定
全国高等职业教育护理专业教材

（供助产、护理专业用）

社区护理学
Community Care

主　编　邵爱玉
副主编　卢化爱　周传荣
编　者　（按姓氏拼音排序）

李淑玲（淄博职业学院）　　　　　陶巍巍（大连医科大学）
卢化爱（宁夏医科大学）　　　　　张殿平（淄博市疾病预防控制中心）
邵爱玉（淄博职业学院）　　　　　周传荣（黑龙江农垦职业学院）
苏晓云（山西医科大学汾阳学院）

北京大学医学出版社

SHEQU HULIXUE

图书在版编目（CIP）数据

社区护理学 / 邵爱玉主编 . —北京：北京大学医学出版社，2013.2（2019.1重印）
 ISBN 978-7-5659-0515-5

Ⅰ. ①社… Ⅱ. ①邵… Ⅲ. ①社区－护理学－高等职业教育－教材 Ⅳ. ① R473.2

中国版本图书馆 CIP 数据核字 (2012) 第 319512 号

社区护理学

主　　编：邵爱玉
出版发行：北京大学医学出版社
地　　址：（100191）北京市海淀区学院路 38 号　北京大学医学部院内
电　　话：发行部 010-82802230；图书邮购 010-82802495
网　　址：http://www.pumpress.com.cn
E-mail：booksale@bjmu.edu.cn
印　　刷：北京瑞达方舟印务有限公司
经　　销：新华书店
责任编辑：陈　奋　责任校对：金彤文　责任印制：罗德刚
开　　本：787mm×1092mm　1/16　印张：12.25　字数：321 千字
版　　次：2013 年 2 月第 1 版　2019 年 1 月第 5 次印刷
书　　号：ISBN 978-7-5659-0515-5
定　　价：22.00 元

版权所有，违者必究
（凡属质量问题请与本社发行部联系退换）

全国高等职业教育护理专业教材编审委员会

学 术 顾 问　郑修霞

主 任 委 员　肖纯凌　沈阳医学院　　　　　　　　　院长

副主任委员（按姓氏笔画排序）

　　　　　孔晓霞　菏泽医学专科学校　　　　　　　副校长
　　　　　任云青　山西医科大学汾阳学院　　　　　副院长
　　　　　向　宇　仙桃职业学院医学院　　　　　　院长
　　　　　孙　宁　宁夏师范学院医学院　　　　　　院长
　　　　　纪　霖　辽源职业技术学院医药分院　　　院长
　　　　　李正直　宁夏医科大学　　　　　　　　　副校长
　　　　　李洪亮　黑龙江农垦职业学院　　　　　　副院长
　　　　　战文翔　山东中医药高等专科学校　　　　副校长
　　　　　耿　杰　淄博职业学院护理学院　　　　　院长

委　　　员（按姓氏笔画排序）

　　　　　于淑霞　王　杰　王　雁　王凤荣　王克志
　　　　　王炜振　王效杰　田　健　乔海兵　刘观昌
　　　　　刘桂萍　齐云飞　李　玲　李　琳　李晓琳
　　　　　吴晓露　宋维芳　汪晓静　张　庆　张　忠
　　　　　张　勇　张凤萍　张炳盛　张翠华　陆予云
　　　　　陈宝琅　陈艳东　陈焕芬　邵爱玉　郑友凡
　　　　　袁志勇　倪月秋　高占玲　郭　宏　唐慧玲
　　　　　鹿瑞云　景汇泉　鲁春光　谢明夫　潘永忠

序

护理工作是医疗卫生工作的一个重要组成部分，护理事业健康发展关系到人民群众的健康和生命安全。随着医学模式的转变，对护理工作和护理人员的要求越来越高。近年来国家陆续发布了《国家中长期教育改革和发展规划纲要（2010—2020年）》、《关于全面提高高等职业教育教学质量的若干意见》以及新的《全国护士执业资格考试大纲》等文件，对高等职业教育护理专业教学提出了更高要求，教材建设也相应地面临新的考验。护理高等职业教育在为我国培养护理人才、提高人民健康水平中，发挥着极其重要的作用，如何发展护理高等职业教育已成为护理教育领域关注的首要问题。因此，只有不断更新观念，深化改革，抓住机遇，才能迎接新的挑战，使护理高等职业教育不断发展。

《教育部关于加强高职高专教育人才培养工作的意见》中指出：大力发展高等职业教育，培养和造就适应生产建设、管理、服务和技术第一线的高等技术应用型人才，客观上要求必须高度重视高等职业教育的教材改革和建设。本套教材正是为了适应新时期医学护理教育发展趋势，满足高等职业护理教育工作者和广大护理专业学生的需要而编写的。教材结合高等职业教育护理人才培养目标，内容与时俱进，充分体现护理特色，强调基础知识与基本技能并重，突出适用性、科学性、新颖性，体现"整体护理"和以"人"为中心的护理理念，引导学生自主学习。教材注重专业核心能力培养，与执业护士资格考试和护理实践紧密结合，紧跟临床护理的发展方向，加入"考点"、"案例"、"知识链接"等，具有很好的实用性。本套教材涵盖基础课教材七部：《人体解剖学》、《组织学与胚胎学》、《生物化学》、《生理学》、《病理学与病理生理学》、《护理药理学》、《病原生物学与免疫学》；专业课教材十六部：《基础护理学》、《健康评估》、《内科护理学》、《外科护理学》、《妇产科护理学》、《儿科护理学》、《急救护理学》、《精神科护理学》、《护理心理学》、《护理学导论》、《护理管理学》、《中医护理学》、《护理礼仪与人际沟通》、《老年护理学》、《社区护理学》、《护理伦理学》。教材形式包括主教材、配套教材、多媒体课件。教材编写淡化学科意识，强化专业理念，注重体现医学人文教育理念，以促进学生素质的全面提高。在客观上，本套教材反映了当今护理学领域的新理论、新技术和新进展，拓展了护理教育的视野。

本套教材以专业培养目标为导向，以职业技能教育为根本，满足学科需要、教学需要、社会需要，既可以作为医学院校高等职业教育护理专业的教材，也可以作为临床医护人员了解和掌握护理问题的参考书。教材的编写得到全国多所医学院校领导及广大教育工作者大力支持和帮助，百余位奋斗在教学、科研和临床一线的学者专家，群策群力，同心同德，汇集各自的智慧和心血，阐述护理专业知识，介绍学科最新进展，汇编成本套教材，在此表示由衷感谢。

由于水平所限，整套教材编写存在提法不当和不足之处，诚挚期待医学教育界同仁和广大读者予以批评指正。

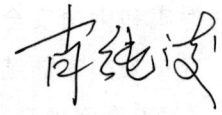

前 言

20世纪中叶以来，随着社会的发展和医学科学的进步，世界各国的疾病谱和死因构成都发生了巨大的改变，单纯的专科医疗护理已远远不能适应广大居民的健康需要。大力发展社区卫生服务已经成为体现健康公平、提高卫生服务利用水平的主要途径。作为社区卫生服务的一个重要组成部分，社区护理已经成为护理领域的一门重要学科。在当前卫生体制改革的新形势下，在高等职业教育中加强社区护理理论、方法和技能的培养显得尤为重要。

与其他版本的《社区护理学》教材相比，本教材层次更加清晰，内容更加贴近实际。以国家最新颁布的《国家基本公共卫生服务规范（2011年版）》为蓝本，以最新国家执业护士考试大纲为依据，更新了教材内容。同时，为充分体现护理特色，加入了"案例"、"知识链接"以及"考点提示"，方便学生学习。

本教材共分3篇11章。第一篇是社区护理理论和方法，主要介绍社区护理的基本概念、基本理论、研究方法和工作方法。第二篇是社区常见疾病的护理与管理，包括4章内容，主要介绍社区常见传染病的护理与管理、社区常见慢性病的护理与管理、社区常见精神障碍的护理与管理、社区常见急性事件的预防与处理。第三篇是社区康复护理与临终关怀，主要介绍社区常用康复技术、社区常见伤残的康复护理以及社区临终关怀的实施。

本教材适用于专科层次护理、助产及其他相关专业教学使用，也可供社区护理工作者学习参考。

本教材的编写得到了北京大学医学出版社，各参编单位的领导、专家的鼎力支持，在此表示衷心的感谢！

由于时间仓促，编者水平和经验有限，教材的疏漏和错误在所难免，恳请各位专家、同仁和读者提出宝贵意见。

编 者

2012年10月

目 录

第一篇 社区护理理论和方法

第一章 社区护理概述 ………… 1
第一节 社区与社区卫生服务 …… 1
一、社区的概念和要素 ………… 1
二、社区卫生服务的概念、内容及特点 ………… 2
三、社区卫生服务机构 ………… 4
第二节 社区护理 ………… 4
一、社区护理的概念 ………… 4
二、社区护理发展 ………… 4
三、社区护士角色与职责 ………… 5
四、社区护理程序 ………… 7

第二章 社区护理的流行病学方法 …… 10
第一节 疾病发生的基本条件 …… 10
一、致病因子 ………… 10
二、宿主 ………… 10
三、环境 ………… 11
第二节 疾病的分布 ………… 11
一、疾病的地区分布 ………… 11
二、疾病的人群分布 ………… 12
三、疾病的时间分布 ………… 13
四、疾病的人群、地区、时间分布的综合描述 ………… 14
五、疾病频率测量指标 ………… 14
第三节 常用的流行病学方法 …… 16
一、现况研究 ………… 16
二、病例对照研究 ………… 19
三、队列研究 ………… 24

第三章 社区健康教育与健康促进 …… 29
第一节 健康教育与健康促进概述 … 30
一、健康教育 ………… 30
二、健康促进 ………… 31
三、卫生宣传、健康教育、健康促进的关系 ………… 33
四、健康教育与健康促进的意义 … 34
五、健康教育与健康促进的任务 … 34
第二节 健康教育理论 ………… 35
一、人类行为概述 ………… 35
二、健康相关行为改变的理论 …… 38
第三节 社区健康教育与健康促进 … 42
一、社区健康教育的概念 ………… 42
二、社区健康教育的特点 ………… 42
三、社区健康教育对象 ………… 43
四、社区健康教育的内容 ………… 44
五、社区健康教育的方法 ………… 44
六、社区健康教育原则 ………… 47
七、社区健康教育程序 ………… 48

第四章 社区家庭护理 ………… 54
第一节 家庭概述 ………… 54
一、家庭的概念 ………… 54
二、家庭结构及功能 ………… 56
三、家庭的生活周期及健康家庭的标准 ………… 57
第二节 家庭访视 ………… 60
一、家庭访视概述 ………… 61
二、家庭访视程序 ………… 62
第三节 居家护理 ………… 63
一、居家护理定义 ………… 63
二、居家护理形式 ………… 63
三、居家护理内容 ………… 64
四、常见疾病的居家护理 ………… 65

第五章 社区人群的卫生保健 …… 69

第一节 社区儿童保健 …… 69
 一、新生儿期保健 …… 69
 二、婴儿期保健 …… 71
 三、幼儿期保健 …… 77
 四、学龄前期保健 …… 79
 五、学龄期保健 …… 80
第二节 社区妇女保健 …… 81
 一、女性青春期保健 …… 81
 二、围婚期保健 …… 83
 三、围生期保健 …… 85
第三节 社区老年人保健 …… 92
 一、老年人生理特点 …… 93
 二、老年人心理特点 …… 94
 三、老年病的特点 …… 94
 四、社区老年人保健措施 …… 95

第二篇 社区常见疾病的护理与管理

第六章 社区常见传染病的护理与管理 106
第一节 社区传染病概述 …… 106
 一、社区传染病的流行特征及防治措施 …… 106
 二、预防接种与计划免疫 …… 109
第二节 社区常见传染病的护理与管理 …… 110
 一、病毒性肝炎 …… 110
 二、艾滋病 …… 115
 三、肺结核 …… 117

第七章 社区常见慢性非传染性疾病的护理与管理 …… 120
第一节 概述 …… 120
 一、慢性病的现状 …… 120
 二、慢性病的概念 …… 121
 三、慢性病的分类 …… 121
 四、慢性病的危险因素 …… 121
第二节 社区高血压患者的护理与管理 …… 122
 一、高血压概述 …… 122
 二、高血压患者的社区管理与患者的居家护理 …… 123
第三节 社区糖尿病患者的护理与管理 …… 125
 一、糖尿病概述 …… 125
 二、糖尿病患者的社区管理与患者的居家护理 …… 126
第四节 社区冠心病患者的护理与管理 …… 128
 一、冠心病概述 …… 128
 二、冠心病患者的社区管理与患者的居家护理 …… 129

第八章 社区常见精神障碍的护理与管理 …… 131
第一节 概述 …… 131
 一、基本概念 …… 131
 二、社区精神障碍的三级预防 …… 132
 三、社区精神障碍患者的家庭护理 …… 133
 四、精神障碍患者的社区管理工作 …… 136
第二节 社区常见精神障碍的护理与管理 …… 139
 一、精神分裂症患者的护理与管理 …… 139
 二、抑郁症患者的护理与管理 …… 142
 三、老年性痴呆的护理与管理 …… 144

第九章 社区常见急性事件的预防与处理 …… 148
第一节 社区常见急性病症的预防与处理 …… 148
 一、急性心肌梗死 …… 148
 二、急性上消化道出血 …… 149
 三、低血糖症 …… 150
第二节 社区常见急性意外损伤的预防与处理 …… 151
 一、电击伤 …… 151
 二、烧烫伤 …… 152
第三节 社区常见急性中毒的预防与处理 …… 153

一、一氧化碳中毒 ………… 153
二、急性镇静催眠药中毒 ……… 154
三、食物中毒 ……………… 155

第三篇 社区康复护理与临终关怀

第十章 社区康复护理……………… 157
  第一节 概述 ……………… 158
    一、概念 ………………… 158
    二、社区康复护理的对象与内容 … 158
    三、社区常用康复技术 ……… 160
  第二节 社区常见伤残患者的康复护理 ……………… 164
    一、偏瘫患者的康复护理 …… 164
    二、脊髓损伤患者的康复护理 … 165

第十一章 社区临终关怀 ……………… 168
    一、社区临终关怀概述 ……… 168
    二、社区临终关怀的实施 …… 171

《社区护理学》课程教学大纲 ……… 174
    一、课程性质和地位 ………… 174
    二、课程作用和任务 ………… 174
    三、课程目标 ………………… 174
    四、教学内容和教学要求 …… 175
    五、学时安排建议 …………… 179

参考文献 ……………………………… 180

第一篇 社区护理理论和方法

第一章 社区护理概述

> **学习目标**
> 1. 描述社区的概念，归纳社区的基本要素。
> 2. 说出社区卫生服务的概念、基本内容和特点。
> 3. 描述社区护理的概念，说出社区护理的发展史，归纳社区护士角色与职责。
> 4. 解释社区护理程序，描述社区护理程序的五个步骤。

案例

安徽省阜阳市人民医院自2004年一年多来，陆续收治了60多例"大头怪病"的娃娃。他们有的来自临泉县谢集乡，有的来自阜南县地城镇，有的来自颍上县关屯乡，有的来自涡阳县高容镇，有的来自太和县双浮镇，有的来自颍上县耿棚镇……

患儿的共同特征是年龄基本在6个月以下，来自农村，父母多在外地打工，由外公外婆、爷爷奶奶抚养。由于缺乏母乳以及缺乏辨别力，老人们均选择了缺乏营养素的劣质奶粉进行人工喂养。

这些婴儿就诊的主要症状是头脸胖大，四肢细短，全身水肿，嘴唇青紫，食欲不振，时常呕吐，低烧不退，体重减轻。个别患儿由于严重营养不良医治无效而死亡。

思考：1. 作为一名社区护士，面对此类现象应该如何开展社区护理？
2. 为避免此类事件再次发生，作为一名社区护士，在社区卫生服务过程中应该吸取什么教训？

第一节 社区与社区卫生服务

一、社区的概念和要素

（一）社区的概念

"社区"（community）一词最早源于德国社会学家滕尼斯1887年出版的《社区和社会》一书。滕尼斯认为，社区是基于血缘关系而结成的社会联合。中文"社区"一词最早是由中国社会学家费孝通在20世纪30年代自英文意译而来。2000年12月，中国民政部下发了一个

《关于在全国推进城市社区建设的意见》，给社区下的定义是："社区是指聚居在一定地域范围内的人们所组成的社会生活共同体。也就是说，社区是若干社会群体（家庭、氏族）或社会组织（机关、团体）聚集在某一地域里所形成的一个生活上相互关联的大集体。目前城市社区的范围，一般是指经过社区体制改革后作了规模调整的居民委员会辖区；乡村指乡、镇、村。"

知识链接

社区的类型

社区分类的方式很多。美国社会学家R.D麦肯齐在《人类社区研究的区位学方法》一文中，将社区分为4种类型：

（1）基本服务社区：如农业村镇、捕鱼、采矿、林业等社区。

（2）商业社区。

（3）工业城镇。

（4）娱乐旅游区、政治和教育中心。

在人类生活中还存在其他一些感情相同、信仰相同的共同体，它没有专门的和一定的地区。有的学者译为精神社区或心理社区，例如思想、学术团体。

（二）社区的基本要素

目前，尽管世界各国学者对社区的定义不尽相同，但是社区的基本要素均包括以下五个方面：

1．地域要素　社区具有一定的边界，是地域性的社会。地域是社区存在的基本自然环境条件，在这个区域内人们从事着各种社会活动，实现人与自然的统一。

2．人口要素　社区的存在必须以人为基础。社区人口往往涉及三个要素：人口数量、人口构成和人口分布。人口数量指社区内人口的多少；人口构成指社区内不同类型人口所占的比重；人口分布是指社区人口在社区范围内的空间分布。社区人口是社区的核心。

3．文化要素　文化是社区得以存在和发展的重要因素。由于社区居民具有某些共同的利益，面临某些诸如教育、卫生、环境等共同的问题，具有某些如物质的、精神的、社会生活等共同的需要，从而使他们产生共同的社会意识、生活方式、行为规范、传统文化、风俗习惯等，以形成社区文化及传统的维系动力。

4．生活服务设施　社区生活服务设施是社区居民生活所必需的物质条件，如学校、医院、交通、通讯、文化娱乐、商业网点等。社区生活服务设施运行的完善程度是衡量社区发达程度的重要标志。

5．管理机构　每个社区都应建立如街道办事处、居委会以及各种社团组织等相应的组织管理机构，以落实相应的规章制度，解决社区问题，满足居民需要。

二、社区卫生服务的概念、内容及特点

（一）社区卫生服务的概念

1999年卫生部等十部委联合发布的《关于发展城市社区卫生服务的若干意见》明确指出：社区卫生服务是社区建设的重要组成部分，是在政府领导、社区参与、上级卫生机构指导下，以基层卫生机构为主体，全科医师为骨干，合理使用社区资源和适宜技术，以人的健

康为中心、家庭为单位、社区为范围、需求为导向,以妇女、儿童、老年人、慢性患者、残疾人、贫困居民等为服务重点,以解决社区主要卫生问题、满足基本卫生服务需求为目的,融预防、医疗、保健、康复、健康教育、计划生育技术服务功能等为一体的,有效、经济、方便、综合、连续的基层卫生服务。

(二)社区卫生服务的基本内容

社区卫生服务是融医疗、预防、保健、康复、健康教育、计划生育技术服务功能等为一体的基层卫生服务。主要服务内容包括以下几个方面:

1. 社区预防

(1)传染病和多发病的预防;

(2)卫生监督和管理;

(3)慢性病控制。

2. 社区医疗

(1)开展一般常见病、多发病的诊断治疗,提供家庭护理、家庭病床等卫生服务;提供急危重症、疑难病症的会诊、转诊;提供恢复期患者的继续治疗;提供社区临终关怀服务。

(2)强调使用适宜技术以适应广大人民群众的需求,减轻人民负担并控制医疗费用的迅速上涨。

3. 社区康复　社区康复是指患者或残疾者经过临床治疗后,为促进其身心进一步康复,由社区医务工作者继续提供的医疗保健服务。主要包括:①慢性患者的康复;②残疾人的康复。

4. 社区健康教育　社区健康教育是指通过有组织、有计划、有系统的社会和教育活动,促使社区居民自觉地采纳有益于健康的行为和生活方式,消除或减轻影响健康的危害因素,预防疾病,促进健康,提高生活质量。开展社区健康教育有利于提高社区卫生服务的效率。

5. 慢性病防治与管理　随着科学的发展以及生活方式的转变,人类疾病谱和死亡谱发生了很大的改变。慢性病的发病率和死亡率呈逐年上升的趋势。目前,对慢性病的防治与管理已成为社区卫生服务的一项重要内容。80% 的慢性病可在社区进行治疗和康复。加强社区慢性病的防治与管理可带来巨大的社会效益及经济效益。

6. 计划生育技术指导　计划生育是中国的一项基本国策。社区卫生服务可为计划生育、晚婚晚育、优生优育提供健康咨询、健康教育以及方便、有效的技术服务。

(三)社区卫生服务的特点

1. 公益性　社区卫生服务除基本医疗服务外,其他服务均属不以盈利为目的的公共卫生服务范围。

2. 主动性　社区卫生服务以家庭为单位,以主动服务、上门服务等方式服务于社区居民。

3. 全面性　社区卫生服务以社区全体居民为服务对象。不但包括患者,还包括健康人、亚健康人等所有人群。

4. 综合性　社区卫生服务是融预防、医疗、保健、康复、健康教育及计划生育技术指导等六位一体的多方位的综合性卫生服务。

5. 连续性　社区卫生服务始于生命的准备阶段直至生命结束。覆盖生命的各个周期以及健康、疾病、康复的各个阶段。社区卫生服务不因某一健康问题的解决而终止,也不因患者转诊而结束。而是根据生命各周期及疾病各阶段的特点及需求，提供具有针对性的、连续性的服务。

6. 可及性　社区卫生服务以"六位一体"的服务内容、适宜的技术，在社区居民居住附近，为社区居民提供基本药物、基本医疗服务，使社区居民不仅在经济上能够承担得起这种服务，而且在地理位置上也能方便地接受这种服务。社区卫生服务无论从服务内容、服务时间、服务价格及服务地点等方面都能更加贴近社区居民的需求。

三、社区卫生服务机构

社区卫生服务机构以社区卫生服务中心为主体。社区卫生服务中心一般在街道办事处所辖范围设置，服务人口为3～5万人。对社区卫生服务中心难以方便覆盖的区域，以社区卫生服务站作为补充。社区卫生服务机构设置应充分利用社区资源，避免重复建设，择优鼓励现有基层医疗机构经过结构和功能双重改造成为社区卫生服务机构。

第二节　社区护理

一、社区护理的概念

社区护理（community health nursing）一词源于英文，也可称为社区卫生护理或社区保健护理。

长期以来，不同国家对社区护理赋予了不同的定义和内容。

美国护理协会（American Nurses Association，ANA）认为，社区护理是将公共卫生学及护理学理论相结合，用以促进和维护社区人群健康的一门综合性学科。

加拿大公共卫生协会认为，社区护理是职业性的护理工作，由有组织的社会力量将工作的重点放在一般家庭、学校或生活环境中的人群。社区护理除考虑到患者和残疾人外，它还致力于预防疫病或延缓疾病的发展，减少不可避免的疾病发生的影响，对居家患者或有健康问题的人提供熟练的护理，援助那些面临危机情况者，对个人、家庭、特别团体及整个社区提供知识，并鼓励他们养成有益于健康的生活习惯。

综上所述，社区护理是以健康为中心，以家庭为单位，以社区为范围，以需求为导向，以特殊人群为重点，提供融预防、保健、医疗、健康教育、康复、计划生育"六位一体"的贯穿人的生命全过程的护理保健服务，其目的是提高全民族的健康水平及生活质量。

二、社区护理发展

（一）国外社区护理的发展

社区护理起源于西方国家，追溯社区护理发展的历史，可将其发展过程分为家庭护理、地段护理、公共卫生护理和社区卫生护理四个阶段。

1. 家庭护理阶段　早在19世纪中期以前，由于卫生服务资源匮乏、医疗水平低及护理专业空白，多数患者均在家中休养，由家庭主妇看护、照顾。这些家庭主妇绝大多数既没有文化，也没有受过任何看护训练，她们只能给予患者一些基本的生活照顾。然而正是这种简单、基本的家庭护理为早期护理和社区护理的诞生奠定了基础。

2. 地段护理阶段　19世纪中期至19世纪末期，英国、美国为了使贫病交加的人群能享受到基本的护理服务，从而改善其健康状况，陆续开设了地段护理服务。地段护理主要侧重于对居家贫困患者的护理，包括指导家属对患者进行护理。从事地段护理的人员多数为志愿者，少数为护士。

3．公共卫生护理阶段　自19世纪末期起，地段护理在其服务对象和服务内容上逐步拓宽，其服务对象由贫困患者扩大至地段居民；服务内容也由单纯的医疗护理，扩展到预防保健服务。在从事公共卫生护理人员中，绝大多数为公共卫生护士，少数为志愿者。

4．社区护理阶段　进入20世纪70年代后，世界各国越来越多的护士在社区范围内提供以健康促进、疾病防治为目标的医疗护理和公共卫生护理服务。美国护理协会将这种融医疗护理和公共卫生护理为一体的服务称为社区护理，将从事社区护理的人员称为社区护士。1978年，世界卫生组织对此给予肯定并加以补充，要求社区护理成为社区居民"可接近的、可接受的、可负担得起的"卫生服务。从此社区护理以不同的方式在世界各国迅速地发展起来，社区护士的队伍也在世界各国从数量和质量上逐步地壮大起来。

(二) 我国社区护理的现状与展望

相对于国外，我国的社区护理起步晚，它伴随着社区卫生服务一起成长。

在1997年1月召开的全国卫生工作会议上，《中共中央国务院关于卫生改革与发展的决定》中指出"积极发展社区卫生服务，逐步形成功能合理，方便群众的卫生服务网络"；1999年8月，卫生部、国家计划发展委员会10个部委在《关于发展城市社区卫生服务的若干意见》中又具体提出了发展社区卫生服务的目标："2000年完成试点及建立基本框架；2005年各地基本建成服务框架和部分城市建成较为完善的体系"。卫生部2002年出台的《社区护理管理的指导意见》规定："社区护士必须具有国家护士执业资格并经注册，还要通过地(市)以上卫生行政部门规定的社区护士岗位培训。独立从事家庭访视护理的护士，应具有在医疗机构从事临床护理5年以上的工作经历。"

目前，我国各级护理教育中都开设了社区护理课程，但是多数学校缺乏相应的社区护理实习基地，势必影响实用型社区护理人才的培养。部分地区社区护理服务功能在社区卫生服务中没有得到充分体现。但是，随着医学模式的转变，人口老龄化加剧，疾病谱、死因构成的变化等都决定了社区护理有着广阔的发展空间。

三、社区护士角色与职责

(一) 社区护士角色

是指在社区护理服务中社区护士所特有的位置和职能，以及应当承担的义务，也反映出社区护士在社区与其他成员间的关系。

1．照顾者　照顾者是社区护士最基本的角色。社区护理很多服务活动如家庭访视、慢性患者的护理、残障者的康复训练等都需要社区护士完成照顾者的角色，都是社区护士向个人、家庭、群体提供诊疗护理技术服务和生活照顾。

2．指导者　指导者是社区护士向社区居民提供各种教育指导与服务。包括患者教育、患者家属教育、健康人群教育等。如孕妇关心胎儿的生长发育、家长关心孩子的营养成长等，都可以通过健康教育的方式给予指导。

3．咨询者　咨询和教育不同。教育是以教育者为中心，主动陈述道理，予以指导。咨询是以寻求咨询者为主，提出问题，寻求解决。社区护士有责任解答社区居民的疑难问题。具备良好咨询素质的社区护士，能够有效地将咨询和教育有机地结合，更全面地为社区居民服务。

4. 协调者　社区护士面对的是复杂的、开放的社区，工作中要与各类人群、各类机构相互协作。社区护士要有较强的"亲和力"，在与社区卫生服务团队中的其他成员、社区组织、社区服务的群体、个人、家庭的协调中充分利用各种资源来为社区护理服务。

5. 管理者　社区护士具有管理职能，在社区护理中要组织有关人员制订计划，共同工作，对社区护理工作进展情况进行评价控制等。

6. 研究者　要更好地解决问题，提升服务成效，社区护士在工作中就要有目的地收集资料、整理资料、分析资料，就要进行科学研究。社区护士在工作中要不断保持质疑的态度，养成观察的良好习惯，培养分析问题的能力，塑造执着的敬业精神。

知识链接　　　　　社区护士的能力

社区护士的能力将直接影响社区护理质量。社区护士不仅仅要具备一般护士所应具备的护理基本能力，而且还要必备以下七种能力：

1. 人际交往、沟通能力；
2. 综合护理能力　社区护士必须具备各专科护理技能及中西医结合的护理技能，才能满足社区人群的需求；
3. 独立判断、解决问题能力；
4. 预见能力　即在问题发生之前，社区护士有责任找出可能导致问题发生的潜在因素，从而提前采取措施，避免或减少问题的发生；
5. 组织、管理能力；
6. 调研、科研能力；
7. 自我防护能力。

(二) 社区护士职责

2002年，卫生部颁布的《关于社区护理管理的指导意见（试行）》规定了社区护士在社区服务中应承担的职责如下：

1. 参与社区诊断工作，负责辖区内人群护理信息的收集、整理及统计分析。了解社区人群健康状况及分布情况，注意发现社区人群的健康问题和影响因素，参与对影响人群健康不良因素的监测工作。

2. 参与对社区人群的健康教育与咨询、行为干预和筛查、健康档案建立、高危人群监测和规范管理工作。

3. 参与社区传染病预防与控制工作，参与预防传染病的知识培训，提供一般消毒、隔离等护理技术指导与咨询。

4. 参与完成社区儿童计划免疫任务。

5. 参与社区康复、精神卫生、慢性病防治与管理、营养指导工作。重点对老年患者、慢性病患者、残疾人、婴幼儿、围生期妇女提供康复及护理服务。

6. 承担诊断明确的居家患者的访视、护理工作，提供基础或专科护理服务，配合医生进行病情观察与治疗，为患者与家属提供健康教育、护理指导与咨询服务。

7．承担就诊患者的护理工作。
8．为临终患者提供临终关怀护理服务。
9．参与计划生育技术服务的宣传教育与咨询。

考点：社区护士的角色与职责

四、社区护理程序

社区护理程序是一种科学的社区护理工作方法。指从社区整体环境、群体、家庭、个人身心状况及社会适应能力出发，找出社区健康需求和现存的或潜在的健康问题，充分利用社区内外资源，使社区、家庭和个体积极参与，解决健康问题，达到促进健康的目的。包括社区护理评估、社区护理诊断、社区护理计划、社区护理实施和社区护理评价五个步骤。

（一）社区护理评估

指立足于社区，收集、整理、分析社区中的个人、家庭、群体健康状况资料的过程，是确定护理对象健康状况的基础。

常用的社区评估方法有：

1．查阅文献　通过地方性调查资料、相应机构的卫生统计报告，判断社区整体状况。

2．实地考察　对社区进行实地调查，观察社区中人们的生活形态、互动方式，了解不同地区人文、地理、社会、环境、经济发展等情况。

3．人物访谈　寻访居住或工作在社区、对社区非常了解的人进行访谈，调查其对社区的看法及对健康、保健的期望。

4．参与性观察　直接参与社区活动，此时，社区护士以社区成员的角色出现，通过直接或间接的观察，收集社区居民目前健康状况资料，了解社区活动安排及居民参与的情况。

（二）社区护理诊断

社区护理诊断是社区护士运用社会学、流行病学和管理学等研究方法对个人、家庭、群体及社区现存的或高危的健康问题及其影响因素所作的判断。

1．护理诊断组成　护理诊断组成包括名称、相关因素（或原因）及诊断依据。

（1）名称：即对护理对象健康状况的简洁描述，有4种类型：现存问题、高危问题、良好健康状态和医护合作性问题。

1）现存问题：是指评估时社区、家庭或护理对象确实存在的问题。

2）高危问题：指问题尚未发生，但有危险因素存在，如不采取措施就一定会发生的问题。提出此类护理诊断时应陈述为"有……的危险"，如"有皮肤完整性受损的危险"。

3）良好健康状态：指护理对象表现出某一完好状态，并有潜力达到更高的健康状态，包括个人的、家庭的和社区的，如"家庭应对有效"。

4）医护合作性问题：指护理对象存在的、需要医生与护士合作解决的问题。如"潜在并发症：电解质紊乱"。

（2）相关因素：是导致问题发生或影响问题发展的某些因素，包括病理、生理、治疗、情境、成长、发育等因素，用"与……有关"加以描述。如提出诊断"儿童缺乏照顾与其父母缺乏育婴知识有关"描述相关因素，有助于明确如何促进或阻止某一状况的发生。

（3）诊断依据：即出现在护理对象身上的症状、体征以及相关的检查结果。

2．护理诊断陈述　护理诊断可以按照PSE公式陈述。

P（Problem）即护理问题，是对护理对象健康状况简洁、清楚的描述。

E（Etiology）即原因，是与问题有关的生理、心理、社会、精神、环境等因素。

S（Sign/Symptom）即症状或体征。

例如，"皮肤完整性受损：压疮与长期卧床有关"是以 PSE 方式陈述；"活动无耐力与大量失血有关"是以 PE 方式陈述；"胸痛与心肌缺血有关"是以 SE 方式陈述；"角色紊乱"是以 P 方式陈述。

社区护士除了应用已有的护理诊断外，还可提出更多与家庭、社区有关的护理诊断。如"家庭就医困难与收入减少有关"、"不能有效利用医疗卫生资源与社区居民缺乏了解卫生人员保健能力有关"等，以反映家庭、群体、社区健康状况的护理问题，以期发展社区护理诊断。

3．社区护理诊断的方法和步骤

（1）在比较、分析评估资料的基础上，推论并提出健康问题；

（2）将提出的所有的问题优先排序；

（3）用 PES 法陈述社区护理诊断；

（4）将形成的护理诊断与评估资料、社区的客观实际比较确认社区护理诊断。

（三）社区护理计划

社区护理计划是在社区护理评估、社区护理诊断的基础上制订的以社区为中心的健康计划。其目的是确保社区护理工作的效率和质量。

1．排列护理诊断的顺序　社区护士在制订护理计划前，应首先将已确定的护理诊断按主次或轻重缓急进行排列。在决定护理诊断顺序时，社区护士可从健康问题的严重程度及影响范围、解决健康问题的能力及可利用的资源等方面考虑。

2．制订护理计划　社区护士在确定了护理诊断的排列顺序后，即可根据首选健康问题制定切实可行的护理计划。在护理计划中，应包括长期和短期目标、护理措施、评价方法、可利用的资源及经费等。

长期目标是指需要在较长时间内实现的目标，一般为几周或几个月；短期目标是指需要在短时间内实现的目标，一般不超过 1 周。

在选择护理措施时，社区护士应与护理对象共同协商。根据护理对象的特点，采取相应的措施。

（四）社区护理实施

社区护理实施是将社区计划付诸行动的过程。在实施社区护理计划过程中，社区护士将扮演多种角色。社区护士不仅仅是护理计划的实施者，还是决策者、组织者、教育者和管理者。社区护士应与其他社区卫生服务人员、社区管理人员及相关人员密切合作，鼓励护理对象及家庭成员积极参与；随时注意收集各种与护理对象健康相关的资料；及时、准确地进行各种护理记录。

实施护理计划主要有如下 5 项要求：

1．掌握必要的知识与技能　实施护理计划的首要任务是掌握必要的知识和技能。社区护士应拥有社会学、人文科学、心理学及医学护理等多方面知识，利用专业技能，应用沟通交流技巧，为社区居民提供保健护理。

2．分工合作　实施社区护理计划应注意与其他相关人员进行密切合作以保证计划的顺利完成。因此分配工作时一定要注意参与工作的人是否有能力完成这些任务。

3. **识别障碍** 在实施护理计划中有时会出现一些障碍,如突然发生的气候变化、参与社区活动的人员健康状况改变、活动场地发生变更等,都可能阻碍计划的实施。社区护士应考虑各种影响因素,以确保护理计划顺利实施。

4. **提供良好实施环境** 在实施过程中,社区护士要特别注意社区条件,关心护理对象的身体状况,力争为护理对象提供一个安全、舒适的环境。

5. **准确记录** 记录方式包括以问题为中心和以护理对象为中心两种。实施计划时要记录护理措施的执行情况、结果和护理对象的反应。以问题为中心的记录是按照问题-措施-结果进行记录,以护理对象为中心的记录是按照其健康状况的进展进行记录。

(五)社区护理评价

社区护理评价是社区护士将护理措施所产生的效果与预定护理目标进行比较的过程,目的是确定社区护理目标是否实现或实现的程度,从而决定社区护理措施是否能继续、终止或修正。

常用的社区护理评价包括过程评价和结果评价。

1. **过程评价** 即在实施护理措施过程中,对护理对象健康问题改善的程度进行评价。
2. **结果评价** 即在实施护理措施之后,对护理对象的健康状态进行评价。

考点:社区护理程序

小结	社区是指聚居在一定地域范围内的人们所组成的社会生活共同体。包括地域、人口、文化、生活服务设施、管理机构五个基本要素。 　　社区卫生服务是以人的健康为中心、家庭为单位、社区为范围、需求为导向,以解决社区主要卫生问题、满足基本卫生服务需求为目的,融预防、医疗、保健、康复、健康教育、计划生育技术服务功能等为一体的基层卫生服务。具有公益性、主动性、全面性、综合性、连续性、可及性等特点。 　　社区护理是以健康为中心,以家庭为单位,以社区为范围,以需求为导向,以特殊人群为重点,提供融预防、保健、基本医疗、健康教育、康复、计划生育"六位一体"的一种全科、完整、多方位、贯穿人的生命过程的全程护理保健服务,其目的是提高全民族的健康水平及生活质量。 　　社区护士具有照顾者、指导者、咨询者、协调者、管理者及研究者多种角色。 　　社区护理程序包括社区护理评估、社区护理诊断、社区护理计划、社区护理实施和社区护理评价五个步骤。这五个步骤相互联系、相互影响。

(邵爱玉)

第二章 社区护理的流行病学方法

学习目标

1. 说出疾病发生的基本条件。
2. 描述疾病的分布,熟记疾病分布的时间形式。
3. 解释现况研究的概念;说出普查和抽样调查的优缺点;学会样本大小的计算方法;知道现况研究的偏倚以及预防控制方法。
4. 解释病例对照研究的概念;举例说明病例对照研究的类型;学会病例对照资料的分析方法;说出病例对照研究的优、缺点。
5. 解释队列研究的概念;说出队列研究的类型;知道暴露人群和对照人群的选择方法;学会队列研究的统计分析方法;说出队列研究的优、缺点。

第一节 疾病发生的基本条件

任何疾病的发生与流行,必须具备致病因子、宿主和环境三项基本要素。三项基本要素在一定条件下失去平衡才能发生疾病。

一、致病因子

致病因子(agent)包括物理性致病因子(physical agent)、化学性致病因子(chemical agent)和生物性致病因子(biological agent)三大类。

(一)物理性致病因子

环境中的声、光、热、振动、放射性物质等物理因子超过正常的数量或强度时,均可引起疾病。如高温致中暑、放射物质致放射病等。

(二)化学性致病因子

流行病学调查和动物实验证明,环境中有数千种化学物质可引起人类疾病。工业"三废"、农药、生活"三废"等污染环境,可引起急、慢性中毒或远期危害;环境中的微量元素、食物中某些正常成分不足或过量时,在一定条件下亦可致病。

(三)生物性致病因子

生物性致病因子主要包括病原微生物、寄生虫和有害的动、植物三大类。生物性致病因子是各种感染和中毒性疾病的主要原因。

二、宿主

宿主(host)是指接受致病因子作用的生物体,主要指人体。致病因子能否对人体发生致病作用与人体多方面因素有关。

1．生理因素　包括年龄、性别、营养、妊娠、免疫与健康状态等。不同年龄的人可能易患不同的疾病，如老年人易患恶性肿瘤、冠心病、糖尿病、骨质增生等慢性非传染性疾病，婴幼儿易患急性传染病。性别对疾病的发生与否同样有影响，如胃、肺、肝癌等恶性肿瘤男性高于女性；胆道系统疾病如胆囊炎、胆石症、胆道蛔虫症等女性高于男性。年龄、性别对疾病的影响，主要与暴露机会、免疫及生理解剖特点不同有关。

2．行为因素　包括人的性格、生活方式、风俗习惯等。不良的嗜好、不良的饮食习惯、缺乏锻炼、不健康的性行为、不良的心理因素等与多种疾病有关。

3．遗传因素　遗传因素与疾病的关系越来越受到人们的重视。遗传性疾病可分单基因遗传病、多基因遗传病和染色体病三大类。

单基因遗传病如苯丙酮尿症、血友病等是否发病，主要由人体内部遗传特征所决定。多基因遗传病如高血压、糖尿病等是否发病，除与遗传因素有关外，还受环境因素影响。

三、环境

按其属性，环境可分为自然环境和社会环境两大类。环境对疾病的发生与否具有重要影响。

1．自然环境　指各种自然要素的总和，包括地理因素和自然气象因素。这两者与疾病的发生、发展关系都非常密切。传染病的季节性、地方病的严格地区性等都与气候、地质因素有关。

2．社会环境　包括社会经济水平、社会政治制度、社会文化、风俗习惯、宗教信仰等因素。随着医学模式的转变，社会因素对人体的健康起主要影响作用。

综上所述，致病因子、宿主和环境是构成疾病发生和流行的三大要素。当三者处于平衡状态时，人群呈健康状态。若三者失去平衡，就可能导致疾病的发生与流行。

第二节　疾病的分布

疾病的分布（distribution of disease）是指疾病在不同地区、不同时间和不同人群中发生的频率与分布的现象，又称疾病"三间"分布。研究疾病的分布规律，可以探索疾病病因，分析影响疾病发生、流行的因素，从而为制定防治策略、采取相应的预防措施、进行防治效果评价提供科学的依据。

一、疾病的地区分布

研究疾病在不同地区分布特征，有助于探讨病因，制定防治策略措施，从而有效地控制与消灭疾病。

（一）疾病的世界性分布

有些疾病在全世界各地均可以发生，但在不同国家间分布特点不同。如日本的胃癌及脑血管病的调整死亡率居世界首位；乳腺癌多见于北美洲、欧洲；霍乱多见于印度。

有些疾病只发生在世界范围内的某些地区，如黄热病只在南美洲和非洲流行。

（二）疾病的城乡分布

疾病在城乡间分布表现为不同特征，可能与工业水平、人口密度、生活条件、卫生状况、交通条件、动植物的分布等不同有关。

如流行性感冒、流行性脑脊髓膜炎、麻疹等呼吸道传染病在城市常有散发和流行，而在农村则不易流行；肠道传染病在农村较易流行，在城市由于供水、排水设施完善，流行受到限制。

（三）疾病的地区聚集性

患病频率或死亡频率明显高于周围地区的情况称为聚集性（clustering）。对探讨病因及采取相应的预防策略、措施具有重要意义。

（四）地方性疾病

某些疾病经常在某些地区或某一人群存在，无需从外地输入，这种状况称为地方性（endemicity）。地方性疾病也称地方病（endemic disease），是指局限在某些特定地区相对稳定并经常发生的疾病。主要包括自然地方性疾病（如疟疾、血吸虫病等）、自然疫源性疾病（如鼠疫、森林脑炎、钩端螺旋体病、流行性出血热等）以及地球生物化学性疾病（如地方性氟中毒、碘缺乏病、大骨节病等）等。

 知识链接　　判断一种疾病是否属于地方性疾病的依据

1. 该地区的各类居民，任何民族其发病率均高。
2. 在其他地区居住的相似人群中该病的发病频率均低，甚至不发病。
3. 迁入该地区的人经一段时间后，其发病率和当地居民一致。
4. 人群迁出该地区后，发病率下降或患病症状减轻或自愈。
5. 当地的易感动物也可发生同样的疾病。

二、疾病的人群分布

研究疾病在不同年龄、性别、民族、职业、种族、收入等人群中的分布特征，有助于探讨病因和流行因素，帮助人们确定高危人群。

（一）年龄

几乎所有疾病的发病率与死亡率均与年龄有关。年龄与疾病的关联比其他因素作用都强。随着年龄的不同，大部分疾病的发生频率都有所变化。一般来说，急性传染病随着年龄的增加发病率有降低的趋势，慢性病随年龄增长而发病率有增加的趋势。

造成年龄分布差异的主要原因主要有两个方面，一是不同年龄机体的免疫水平不同，二是不同年龄的人群暴露致病因子的机会也不同。

疾病年龄分布的分析方法有两种，一是横断面分析（cross sectional analysis）：主要分析不同年龄组的发病率、患病率和死亡率，多用于传染病的分析。对于慢性非传染性疾病这种分析方法不能正确显示致病因素与年龄的关系。因为暴露距发病可能存在很长的时间，且致病因子在不同时间强度可能会有变化。横断面分析能说明同一时期不同年龄人群的死亡率和不同年代各年龄组死亡率的变化，但不能说明不同年代出生的各年龄组的死亡趋势。二是出生队列分析（birth cohort analysis）：将同一时期出生的人划归一组（出生队列），对其随访若干年，观察死亡情况。这种利用出生队列资料将疾病年龄分布和时间分布结合起来描述的方法称为出生队列分析。此方法在评价疾病的年龄分布长期变化趋势及提供病因线索等方面具有重大意义。

(二) 性别

疾病的发病率和死亡率经常存在着性别差异。如钩端螺旋体病、森林脑炎、流行性出血热、红绿色盲、血友病、肝癌、胃癌、膀胱癌等男性高于女性；更年期综合征、乳腺癌等女性高于男性。其原因为：①不同性别人群暴露或接触致病因素的机会不同；②不同性别人群解剖、生理特点及内分泌等生物性因素有差异；③不同性别人群的生活方式、嗜好不同。

(三) 职业

由于不同职业人群暴露于各种致病因素的机会不同，导致健康状态及某些疾病在不同职业间分布不同。如长期接触铅作业者易患贫血，接触苯作业者易患白血病等。

(四) 民族

不同民族之间的疾病发病频率和死亡频率可有明显差异，可能与遗传、生活习惯、风俗习惯，经济条件，医疗文化水平等差异有关。

(五) 宗教

某些疾病在不同宗教间存在差别。主要原因是宗教信仰不同，则生活方式不同，对疾病发生、发展的影响也不同。

(六) 婚姻

婚姻状况对健康有明显的影响。许多研究表明，全死因死亡率在离婚者最高，丧偶和单身者次之。近亲婚配也影响疾病的人群分布。

三、疾病的时间分布

疾病的时间分布指疾病的种类和频率是随着时间而不断变化的过程。研究疾病的时间分布有助于探索疾病的病因和流行因素。疾病的时间分布有四种形式：

(一) 短期波动 (rapid fluctuation)

短期波动指在一个集体单位或居民区内，短时间内某病的发生数突然大量增多的现象。短期波动含义与暴发相近，区别在于前者常用于少量人群，而后者常用于较大数量的人群。传染病、非传染性疾病、食物中毒、环境污染等都会引起短期波动或暴发。

(二) 季节性 (seasonal variation)

疾病发病率在一定季节内呈现升高的现象称为季节性。疾病的季节性表现形式有两种：①严格的季节性：一年中只有某些季节有某些疾病发生，多见于虫媒传播的传染病。②季节性升高：一年四季均发病，但在一定季节发病率明显升高，如肠道传染病和呼吸道传染病。慢性非传染性疾病也有季节性升高的现象，如冠心病。

(三) 周期性 (cyclic change)

疾病每隔一段时间出现发病率升高的现象称为周期性。疾病呈现周期性的主要原因有：①疾病的传染机制容易实现；②该类疾病病后可产生较稳固的免疫；③新生儿增加，使易感者数量增加；④病原体的抗原发生变异，使原来的免疫人口失去免疫力。

(四) 长期变异 (secular change)

在一个相当长的时间内（通常为几年或几十年），疾病的发病率、死亡率、临床表现及病原体型别等同时发生显著变化称为长期变异。长期变异与环境污染、生活方式、诊断水平提高、抗原型别的变异等有关。

四、疾病的人群、地区、时间分布的综合描述

疾病流行病学研究和实践中,常常需要对疾病在人群、地区和时间的分布情况进行综合分析,才能全面获取有关病因线索和流行因素的资料。

考点:疾病三间分布概念及其应用

五、疾病频率测量指标

(一)发病率(incidence rate)

1. 定义　表示在一定期间内、一定人群中某病新病例出现的频率。

$$发病率 = \frac{一定期间内某人群中某病新病例数}{同时期内暴露人口数} \times K$$

$K=100\%$,$1000‰$ 或 $10000/$ 万……

2. 新发病例数　如果在观察期间内一个人多次患病,则应多次计为新发病例数(如流感、腹泻等)。对于发病时间难以确定的一些疾病,可将初次诊断时间作为发病时间。

3. 暴露人口数　是指在一定时间、一定地区内可能会发生该病的人数。对那些由于曾患过该病,或由于接受预防接种而在观察期间肯定不会患该病的人不计入暴露人口。但在实际工作中,由于暴露人口数不易确定,多用该地区该时间内的平均人口。发病率按年龄、性别、职业、民族、种族、婚姻状况、病因等不同特征分别计算时即称之为发病专率。

4. 应用　发病率常用来描述疾病的分布,通过比较某病不同人群的发病率来探讨发病因素,提出病因假设以及评价防制措施的效果。

(二)罹患率(attack rate)

与发病率一样,罹患率也是测量新发病例的频率指标。不同之处在于罹患率常用来描述在某一局限范围、短时间内的发病率。观察时间可以日、周、旬、月或一个流行期等为单位。

(三)患病率(prevalence rate)

1. 定义　亦称现患率。是指某特定时间内、一定人群中,曾患有某病的新、旧病例所占的比例。根据时间不同可分为期间患病率和时点患病率。时点患病率时间长度一般不超过1个月。

$$患病率 = \frac{一定时间内一定人群中患某病新旧病例数}{同期观察人口数} \times K$$

$K=100\%$,$1000‰$ 或 $10000/$ 万……

2. 影响患病率的因素

患病率主要受发病率和病程的影响,当某地某病的发病率和该病的病程在相当长时间内保持稳定时,患病率、发病和病程的关系为:

$$患病率 = 发病率 \times 病程,即 P=ID$$

3. 用途　患病率通常用来表示病程较长的慢性病的发生或流行情况。

(四)死亡率(mortality rate)

1. 定义　表示在一定期间内,在一定人群中,死于某病或死于所有原因的频率,是测量人群死亡危险最常用的指标。

$$死亡率 = \frac{某期间内（因某病）死亡总数}{同期间内平均人口数} \times K$$

$K=100\%$，1000‰或$10000/$万……

死于所有原因的死亡率是一种未经过调整的率，也称粗死亡率。按照不同特征分别计算的死亡率称为死亡专率。比较不同地区死亡率时因人口构成不同，需要先对死亡率进行标化，然后再做比较。

2．应用　死亡率是用于衡量一个地区某一时期人群死亡危险性大小的一个指标。它既可以反映一个地区不同时期人群的健康状况和卫生保健工作的水平，也可以为该地区卫生保健工作的需求和规划提供科学依据。

（五）病死率（fatality rate）

1．定义　是表示一定时期内（通常为1年），患某病的全部患者中因该病而死亡的比例。

$$病死率 = \frac{一定时期内因某病死亡人数}{同期患某病的患者数} \times 100\%$$

2．应用　该指标通常多用于急性病，表示确诊疾病的死亡概率。表明疾病的严重程度，反映医疗水平和诊断能力。

（六）生存率（survival rate）

1．定义　是指患某病的人或接受某种治疗的某病患者，经若干年随访尚存活的病例数所占的比例。

$$生存率 = \frac{随访满 n 年尚存活的该病病例数}{随访满 n 年的某病病例数} \times 100\%$$

2．应用　该指标常用于评价癌症、心血管病等慢性疾病的远期疗效，反映疾病对生命的危害程度。

 知识链接

疾病流行强度

指某种疾病在某一定时间内、某人群中发病数量的变化及其病例间的联系程度。常用散发、暴发、流行等来表示。

散发（sporadic）：是指发病率呈历年的一般水平，各病例间在发病时间和地点方面无明显联系，表现为散在发生。确定散发应参照当地前3年该病的发病率水平而定，适用于范围较大的地区。

暴发（outbreak）：是指在一个局部地区或集体单位中，短时间内突然有很多相同的患者出现的现象。大多数患者同时出现在该病的最长潜伏期内。

流行（epidemic）：某病在某地区显著超过该病例年散发发病率水平时称为流行。流行的判定应根据不同病种、不同时期、不同历史情况进行。

大流行（pandemic）：有时疾病迅速蔓延可跨越一省、一国或一洲，其发病率水平超过该地区一定历史条件下的流行水平且跨越国界、洲界时，称大流行。

第三节 常用的流行病学方法

一、现况研究

(一) 现况研究的概念

现况研究 (prevalence study) 是应用普查或抽样调查等方法收集特定时间内某一人群中的健康或疾病状况的资料,描述健康或疾病状况的分布及其影响因素的一种描述性研究。

从时间上说,现况研究是在特定时间内进行的,即在某一时点或在短时间内完成,这个时间点犹如一个断面,故又称之为横断面研究 (cross-sectional study)。

(二) 现况研究的目的

(1) 描述疾病或健康状态的"三间分布",分析影响疾病或健康状况的因素,发现高危人群;

(2) 描述某些因素或特征与疾病或健康状况的联系,建立病因假设,为分析流行病学研究提供依据;

(3) 进行疾病检测,了解所监测疾病的分布规律和长期变化趋势,评价防治措施效果;

(4) 早发现患者、从而实现早诊断、早治疗的目的。

(三) 现况研究的种类

现况研究分为普查和抽样调查两类。

1. 普查 (census)

(1) 概念:普查是指为了解某病的患病率或健康状况,在特定时间对特定范围内人群中的每一个成员所做的全面调查或检查。特定时间应该较短,甚至指某一时点。通常为1~2天或1~2周,最长不应超过2~3个月。特定范围是指某地区或具有某种特征的人群。

(2) 优缺点

优点:①根据普查概念,调查对象是调查范围内每一个成员,所以在选择调查对象上比较简单;②可以同时调查几种疾病,可以发现人群中的全部病例,从而做到早诊断、早治疗;③可以同时普及科普知识,提高全民保健意识;④根据疾病分布情况,可以分析疾病流行因素,探求病因线索。

缺点:①调查期限短,工作量大,工作很难细致,易产生重复和遗漏现象;②调查对象涉及调查范围内每一个成员,耗费人力、物力大,成本高;③参加工作人员多,调查质量不易控制;④对患病率低及诊断手段复杂的疾病不适宜开展普查。

2. 抽样调查 (sampling survey)

(1) 概念:抽样调查是指从被研究的全部对象中随机抽取一部分有代表性的个体进行调查。根据调查结果估计和推断该人群的总体特征。

(2) 优缺点

优点:①相对于普查,抽样调查范围小,工作容易做得精确细致;②节省人力、物力和时间,用样本来推断、说明总体。

缺点:①抽样调查设计、实施和资料分析均比较复杂;②不适合变异过大的资料和患病率太低的疾病研究。

(3) 基本原则:抽样调查要遵循随机化原则。即总体中每个对象被抽到的机会均等,保证样本具有代表性,以便通过样本统计量推断总体参数。

(4) 抽样方法：常用的抽样方法有单纯随机抽样、系统抽样、分层抽样、整群抽样和多级抽样。

1) 单纯随机抽样（simple random sampling）：也称简单随机抽样，是将所有研究对象排序、编号，再用抽签、掷币、随机数字表或电子计算机等随机抽取调查单位的方法。适用于样本不大的抽样调查，它是最简单、最基本的抽样方法。

2) 系统抽样（systematic sampling）：又称机械抽样或间隔抽样。是按照一定顺序，机械地每隔若干单位抽取一个调查单位的方法。

3) 分层抽样（stratified sampling）：先将调查单位按照不同的特征分层，然后再在各层中进行随机抽样的方法。

4) 整群抽样（cluster sampling）：以个体组成的群体（户、居委会、班级、车间、村、乡等）为抽样单位，被抽到的群体中所有的成员均作为研究对象，称为整群抽样。

5) 多级抽样（multi-stage sampling）：是大型调查时常采用的一种抽样方法。先从总体中抽取范围较大的单元，称为一级抽样单元（如省、市自治区等），再从中抽取范围较小的二级单元（如县、区、街道），这就是二级抽样，还可以一次抽取范围更小的单元（如村、居委会、学校），即多级抽样。在各阶段进行抽样时可综合使用单纯随机抽样、系统抽样、分层抽样以及整群抽样。

(5) 样本量大小的估计

1) 计量资料样本大小的估计公式：

$$n=\frac{t_\alpha^2 s^2}{d^2}$$

式中 n：样本量大小；α：显著性水平，通常取 0.05 或 0.01；t：是指统计学上的 t 值，当 $\alpha = 0.05$ 时，$t \approx 2$；s：标准差；d：容许误差，即样本均数与总体均数之差的容许范围。

例 1．欲调查肝硬化患者血红蛋白含量，假定 $\alpha = 0.05$，从正常人群的资料查知一般人群的血红蛋白标准差约为 3.0g/100ml，调查的容许误差为 0.2g/100ml，问所抽取的样本含量应为多大？

根据题意，$t=1.96$，$s=3.0$g/100ml，$d=0.2$g/100ml，则 n 为：

$n=t^2s^2/d^2 \approx 4 \times 9/0.04=900$（人）

2) 计数资料样本大小的估计公式：

$$n=\frac{t_\alpha^2 PQ}{d^2}$$

式中，d 为容许误差，即样本率与总体率之差，是调查设计者根据实际情况规定的。P 为预期的某病现患率，$Q = 1-P$，余同上。

例 2．欲调查我国肺结核患病率，假定 $\alpha = 0.05$，从以往全国结核病流行病学调查资料获知，以往我国的结核病患病率为 367/10 万，若调查的容许误差定为 50/10 万，问：所抽取的样本含量应为多大？

根据题意，$t \approx 2$，$P=367/10$ 万 $= 0.00367$，$Q=1-P = 0.99633$，$d=50/10$ 万 $= 0.0005$，则 n 为：

$$n= \frac{t_\alpha^2 PQ}{d^2} \approx 4 \times 0.00367 \times 0.99633/0.0005^2 \approx 58504 （人）$$

（四）现况研究的步骤

1．明确研究目的

明确研究目的是现况研究的第一步，也是整个研究的出发点，它对其他各步骤都有决定性影响。

确定研究目的需要做许多准备工作：查阅文献、实地考察、向专家咨询等。只有充分掌握基础资料、摸清该问题现有的知识水平、国内外进展情况，才能阐明该研究的科学性、前瞻性、创新性和可行性，才能评价其社会效益和经济效益。

2．确定研究对象

研究对象的选择取决于研究目的。如果研究目的是为了三级预防，研究对象可选择高危人群；如果研究目的是为了研究某些相关因素与疾病的关联，则要选择职业人群或暴露人群；如果研究目的是为了确定某些生理、生化指标的正常值或描述疾病的三间分布，则要选择能代表总体的观察单位；如果研究目的是为了评价疾病的防治效果，则要选择已实施了某种预防或治疗措施的人群。

3．确定研究类型

研究类型的确定要以研究目的为依据。如研究目的是为了三级预防，则可以选择高危人群进行普查；如研究目的是了解某病的患病率，则可以采用抽样调查。研究类型的选择同时还要考虑现有的人力、物力和财力。

4．确定研究方法

研究方法的确定不但要考虑研究目的，而且还要考虑调查对象的特点。如果调查对象集中而且文化水平高，可选用自填问卷调查；如果调查对象极其分散，可选用信访调查；如果调查对象电话普及率高，可考虑电话采访；如果调查内容需经调查者当面核实，或者调查内容中有现场观察的部分，则选择面访更合适。

5．收集资料

现况研究除了要收集调查对象有无某种疾病外，还需收集有关背景资料，如年龄、性别、文化程度、生活习惯、婚姻状况、家庭状况、职业以及暴露因素等。

收集资料的方式有问卷调查、信访、电话访问、直接观察、现场视察等。

调查内容一般是通过调查表来体现的。

根据调查内容调查表可分为一览表和单一表两种。一览表是将许多调查单位同时列在一个表上，适用于调查项目较少的社会医学调查。单一表是将每一调查单位填写在一份调查表上，适用于调查项目较多的专题调查。

调查表按照填写方式不同，又可分为访问调查表和自填调查表两种。访问调查表是调查者按照表上问题逐项询问调查对象，记录其结果。自填调查表是调查员将调查表发给调查对象，调查对象填写清楚后交还给调查者。前者获取信息的准确性高，但是费时、费力；后者保密性好，但是准确性差，应答率低。

调查表的结构一般分为三部分。第一部分是被调查者的基本信息，如姓名、年龄、职业、地址等；第二部分是研究指标和相关变量；第三部分是调查员信息，如调查者、调查日期及备注等。

同时在表首还要有简单的关于此次调查目的的说明部分以及如何填表的填写说明。

在调查之前,要对调查人员进行严格的培训,保证收集资料方法和标准的一致性。

6. 整理分析资料

(1) 核查:现况调查结束后首先对原始资料进行检查与核对,查缺补漏,纠正错误,提高原始资料的正确性和完整性,保证资料的质量。

(2) 整理:将现况研究资料按照不同特征人群、时间、地区等进行整理,便于进一步分析。

(3) 分析:计算疾病的发病率、患病率、死亡率以及各指标的平均数、标准差等。从而了解疾病在不同地区、不同时间、不同人群的分布特征和它们的差异。并运用卫生统计学方法分析这些差异是否具有统计学意义。

(五) 现况研究的偏倚

1. 概念 由于种种因素的影响,流行病学研究所得结果与真实情况往往存在差异,导致这种差异的原因有两个:随机误差和偏倚。随机误差是由于抽样而产生的偏差;偏倚是指在研究的设计、实施、分析等阶段发生的随机误差以外的导致研究结果与真实情况差异的系统误差。

2. 种类 现况研究的偏倚主要有选择偏倚和信息偏倚两大类。

(1) 选择偏倚 (selection bias):由于被选入的研究对象与没有被选入的研究对象在特征上的差异造成的系统误差。常见的有选择性偏倚、无应答偏倚和选择幸存者偏倚。

(2) 信息偏倚 (information bias):指在研究实施阶段从研究对象获取研究所需要的信息时产生的系统误差。有调查对象引起的回忆偏倚和报告偏倚,调查员引起的诊断怀疑偏倚和暴露怀疑偏倚等。

3. 预防与控制 ①在抽样过程中严格遵照随机化原则,使研究对象被抽中的机会均等,从而使非研究因素在各组间分布均衡;②提高研究对象的受检率和应答率,最好是一个不漏的接受检查,应答率一般要求达到90%以上;③选择不易产生偏倚的仪器和设备;④调查前组织好调查员培训,统一标准,提高工作责任心,做好调查资料复查工作。

二、病例对照研究

(一) 概念

病例对照研究 (case-control study) 又称回顾性研究 (retrospective study)。是研究者通过比较患有某病的病例与未患该病的对照过去暴露于某种危险因子的差异,以推断某危险因子是否与该病有关或关联大小的一种观察性研究。其研究示意图见图 2-1。

病例对照研究时间短,花费人力、物力少,而且一次可以研究多个因素与疾病的联系,因此国内外应用十分广泛。但是由于研究方向是由果寻因,由现在追溯过去,因此难以证实暴露因素与疾病的因果关系,但是可以提供病因线索,为队列研究奠定基础。

(二) 类型

1. 成组病例对照研究 指在按照一定标准界定的病例和对照人群中,分别抽取一定的研究对象,一般只要求对照数量等于或多于病例数,而无其他任何限制和规定。

2. 匹配病例对照研究 对研究结果有干扰作用的某些因素或特征称为匹配因素。使匹配因素在病例组和对照组所占比例保持一致的一种限制研究称为匹配病例对照研究。匹配又称配比,目的是在对两组进行比较时,排除匹配因素的干扰,提高研究效率。但一定要注意匹配因素必须是已知的或有充分理由怀疑的混杂因子,否则不能匹配;还要避免匹配过度,

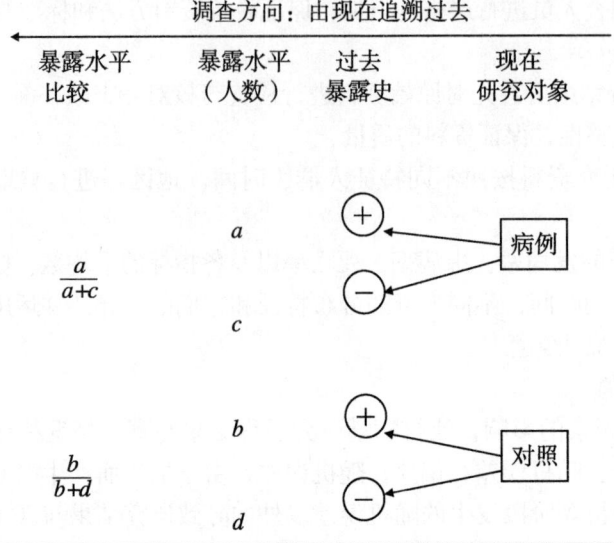

图 2-1 病例对照研究示意图

即把不必要的项目列入匹配因素,其结果是可能丢失信息,同时给选择对照带来困难,降低研究效率。

3．巢式病例对照研究　又称队列内病例对照研究、嵌入式病例对照研究或套叠式病例对照研究。是将病例对照研究与队列研究相结合的一种研究方法。即先进行队列研究,然后以队列中发生的病例作为病例组,以队列中的非患者做对照组,然后进行病例对照研究。

（三）病例与对照的来源及选择

病例与对照选择的基本原则有两个,一是代表性:选择的病例应足以代表产生病例的靶人群中的病例,对照也最好是全人群的一个无偏样本或者是产生病例的人群中全体非患该病的人的一个随机样本;二是可比性:病例组与对照组在年龄、性别等主要特征方面无明显差异。

1．病例的选择　使用明确、严谨的判断患者的标准选择病例,同时规定病例的其他特征,如性别、年龄等。对于新发病例、现患病例、死亡病例,尽量选择新病例。新发病例提供的信息较为可靠,回忆偏倚小。病例来源有两个,一是来自于研究总人群中的全部病例。这种来源的病例代表性好,但不易获得,耗费人力、物力较大。另外一种来自于医院住院病例或门诊病例。这种病例比较合作,容易获得,依从性好,但是代表性差,易发生选择偏倚。

2．对照的选择　选择对照的基本原则是对照与病例的可比性。除了与病例组之间人口学特征应相同外,暴露与危险因素的机会也应该与病例组一致。通常对照的来源有以下五个方面:①社区人口中的非病例或健康人群;②社会团体人群中的非该病病例或健康人;③同一或多个医疗机构中诊断的其他病例;④病例的邻居或所在同一居委会、住宅区内的健康人或非该病患者;⑤病例的配偶、同胞、亲戚、同学或同事等。

知识链接

暴露与混杂因子

暴露是指接触到某个研究因素或具备某个特征，暴露可以是先天的遗传因素也可以是后天接触到的环境因素；可以是危险因素也可以是保护因素。因此，流行病学研究中通常用暴露来代表一切可能与疾病发生有关的、研究者感兴趣的因素。

混杂因子虽与暴露因素有关联，但却是疾病危险因素以外的因子，故又称为外来因素。该因素必须是所研究疾病的独立危险因素。与所研究的暴露因素存在统计学联系，但它不是暴露因素与疾病因果链中的一个中间环节或变量。常见的混杂因素有年龄、性别、职业、经济收入、文化水平等。

（四）资料整理与分析

1．资料的整理

对所收集的资料首先要经进行核对，以保证资料的正确和完整。同时将原始资料分组、编码，输入计算机，做好资料分析的准备。

2．资料的分析

（1）统计描述：①描述研究对象的一般特征，如年龄、性别、职业、居住地、疾病分布等。②均衡性检验，即比较病例组和对照组除研究因素以外的其他主要特征是否相似或齐同，目的是检验病例组与对照组是否具有可比性。

（2）统计推断：主要是分析疾病与暴露因素是否具有统计学关联以及关联的强度，验证或检验疾病与各研究因素之间的假设。

1）不匹配或成组资料的分析

成组资料可整理成表 2-1 的四格表形式。

表 2-1　病例对照研究资料整理表

暴露或特征	病例	对照	合计
有	a	b	$a+b$
无	c	d	$c+d$
合计	$a+c$	$b+d$	$a+b+c+d$

用 u 检验或 χ^2 检验方法检验病例组与对照组暴露率的差异有无统计学意义。如两组差异有统计学意义，可以认为暴露因素与疾病有关联，需要进一步计算暴露与疾病的关联强度。

病例对照研究中表示疾病与暴露因素关联强度的指标为比值比（odds ratio，简写为 OR）。比值（odds）是指某事物发生的概率与不发生的概率之比，比值比为两个比值之比。

病例对照研究中

病例组暴露的比值为：$= \dfrac{a/(a+c)}{c/(a+c)} = \dfrac{a}{c}$

对照组暴露的比值为：$= \dfrac{b/(b+d)}{d/(b+d)} = \dfrac{b}{d}$

$$比值比\ OR = \frac{病例组暴露比值}{对照组暴露比值} = \frac{a/c}{b/d} = \frac{ad}{bc}$$

一般而言，描述疾病与暴露之间联系强度的指标是相对危险度（RR），即暴露组发病率与非暴露组发病率之比，但在病例对照研究中不能计算率，只能计算比值比。如果所研究疾病的发病率很低以及病例对照研究中所选择的研究对象代表性好，那么 OR 值就很接近或甚至等于 RR 值。OR 的含义与 RR 相同，表示暴露组疾病发生的危险性是非暴露组的多少倍。

一般认为，OR > 1 表示暴露因素为危险因素，是"正"关联；OR < 1 表示暴露因素为保护因素，是"负"关联；OR=1 表示暴露因素与疾病之间无关联。OR 值越远离于 1 表示联系强度越大，"正"关联情况下，OR 越大联系强度越大；"负"关联情况下，OR 越小联系强度越大。

知识链接

匹配分类

匹配分为成组匹配和个体匹配。

成组匹配：亦称频数匹配。是指在选择对照时，要求匹配因素在对照组和病例组所占比例一致的一种方法。如病例组男女各半，对照组同样如此。

个体匹配：是指病例与对照以个体为单位进行匹配。根据一定的标准，每选用一个病例，即配以一定数量的对照。一个病例匹配一个对照称配对；进行 1∶2、1∶3……、1∶M 匹配时称配比。对照一般不超过 4 个，否则统计效率反而降低。

例如：一项关于口服避孕药与心肌梗死的病例对照研究资料整理见表 2-2：

表 2-2　口服避孕药与心肌梗死关系的病例对照研究结果

口服避孕药（OC）	病例组	对照组	合计
+	39	24	63
-	114	154	268
合计	153	178	331

首先，用 χ^2 检验进行显著性检验。

$$\chi^2 = \frac{(ad-bc)^2 n}{(a+b)(c+d)(a+c)(b+d)} = 7.70 > 6.63$$，则 $P < 0.01$，拒绝无效假设，即两组暴露率在统计学上有显著性差异。

其次，计算暴露与疾病的联系强度 OR。

$$OR = \frac{ad}{bc} = 2.20$$

故口服避孕药与心肌梗死成正关联，口服避孕药患心肌梗死的危险性是未服避孕药的 2.2 倍。

2) 1∶1匹配（配对）资料的分析。

1∶1配对资料整理成下列四格表形式，见表2-3。

表2-3　1∶1配对病例对照研究资料整理表

对照	病例		对子数
	有暴露史	无暴露史	
有暴露史	a	b	a+b
无暴露史	c	d	c+d
对子数	a+c	b+d	a+b+c+d

χ^2检验：

$$b+c > 40, \chi^2 = \frac{(b-c)^2}{b+c}$$

$$b+c \leq 40, \chi^2 = \frac{(|b-c|-1)^2}{b+c}$$

计算OR：OR=c/b

例如：某市男性食管癌发病与吸烟因素的研究资料整理成四格表，见表2-4。

表2-4　某市男性食管癌与吸烟配对研究结果

对照	病例		对子数
	吸烟	不吸烟	
吸烟	55	6	61
不吸烟	26	6	32
对子数	81	12	93

首先，用χ^2检验进行显著性检验。

$$\chi^2 = \frac{(b-c)^2}{b+c} = 11.28 > 6.63, P < 0.01，则食管癌与吸烟有关。$$

其次，计算暴露与疾病的联系强度OR：

$$OR = \frac{c}{b} = 4.33$$

结果表明，该市男性吸烟者患食管癌的危险性为不吸烟者的4.3倍。

（五）病例对照研究的优缺点

1. **优点**　特别适用于罕见病；省人力、物力、财力及时间，易于组织实施；可同时研究一种疾病与多种因素之间的关系。

2. **缺点**　难以避免选择偏倚的影响；不适于研究人群中暴露比例很低的因素；暴露与疾病的时间先后时常难以判断，因此无法验证因果关系。

考点：病例对照研究的概念、病例对照的选择、资料分析、优缺点。

三、队列研究

案例

通过吸烟与肺癌的队列研究获得如下资料,吸烟者肺癌年死亡率为 $I_e=0.96‰$,非吸烟组肺癌年死亡率为 $I_o = 0.07‰$,全人群中肺癌年死亡率为 $I_t=0.56‰$。

问:如何分析吸烟的危险性。

(一)概述

1. 概念　队列研究(cohort study)是将特定人群按其是否暴露于某因素或暴露程度分为若干个群组或队列。追踪观察一定时间,比较两组或多组发病率或死亡率的差异,以检验该因素与某疾病有无因果联系及联系强度大小的一种观察性研究方法。队列研究又称为前瞻性研究、随访研究、定群研究。队列研究的原理示意图见图2-2。

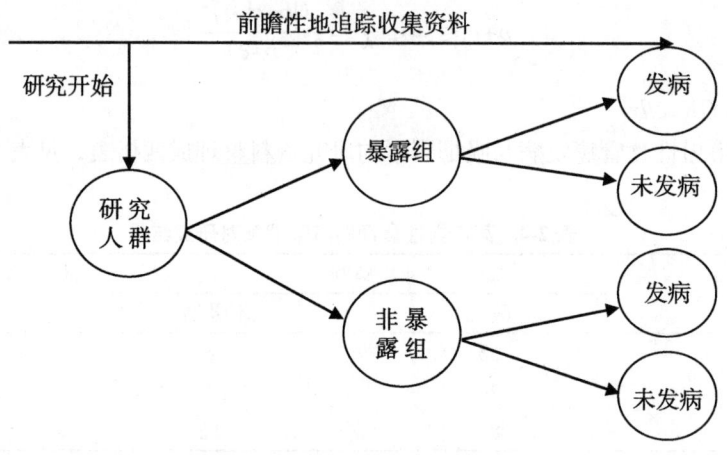

图2-2　队列研究的原理示意图

2. 队列研究的类型　队列研究可分为三种类型,前瞻性队列研究、回顾性队列研究和双向队列研究。

(1) 前瞻性队列研究(prospective cohort study):又称即时性队列研究,研究对象的确定与分组是根据研究开始时的状态,研究的结局需随访观察一段时间才能得到。

前瞻性队列研究的最大优点是研究者可以直接获取第一手资料,而且资料的偏性也比较小。缺点是需要观察大量人群,花费大;如果疾病的潜伏期长,则需要观察很长的时间。

(2) 回顾性队列研究(historical cohort study):又称非即时性队列研究或历史性队列研究。是追溯过去某时期特定人群的暴露史,追踪至现在的结局,对两组人群进行比较,以研究暴露与疾病的关系。研究的起点是过去某个时间,研究的结局在研究开始时已经发生,研究工作的性质是回顾性的,故称为回顾性队列研究。该方法的优点是所需时间短,耗费的人力、物力少,缺点是历史档案不一定符合研究要求。

(3) 双向性队列研究(ambispective cohort study):又称混合型队列研究,在历史性队列研究的基础上,继续进行前瞻性队列随访。这种方法弥补了上述两种研究各自的不足。

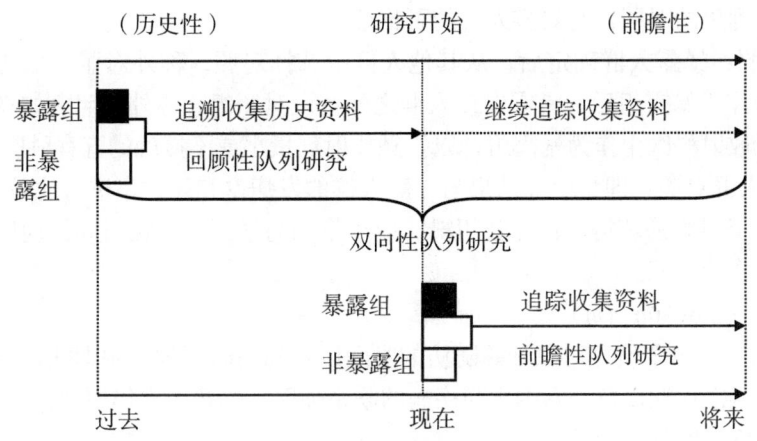

图 2-3　三类队列研究示意图

（二）队列研究的设计与实施

1．确定研究因素　即确定暴露因素。暴露因素是在描述性研究或者病例对照研究的基础上提出的，通过队列研究，可以进一步证实暴露因素的致病作用或保护作用。

对暴露因素不但要定量，考虑暴露剂量水平，还要考虑暴露的时间长度，考虑暴露是否连续。

除了要收集主要的暴露因素资料外，同时也应收集其他次要的暴露因素，以便更好地说明研究结果。

2．确定研究结局　研究者预期的结果事件，称为结局（outcome）。如研究吸烟与肺癌的关系，肺癌即为观察对象出现了结局。结局不仅限于发病，还有死亡和各种化验指标。如血糖、血脂、血清抗体滴度达到一定水平。结局指研究对象个体出现的结果，与观察期的终点不是一个概念。判断结局的标准应尽量采用国际或国内的统一的标准。

3．确定研究对象　研究对象即研究人群，包括暴露人群和非暴露人群，根据研究目的和研究条件的不同，研究人群的选择方法亦不同。

（1）暴露人群的选择

1）特殊暴露人群：指对某因素有高暴露水平的人群。如果疾病与暴露因素有关，那么高暴露人群中疾病发病率和死亡率就可能高于其他人群。因此，在研究暴露与疾病的联系时，常常首选特殊暴露人群。如为研究射线与白血病的关系，可选择受过原子弹爆炸危害的人或接受过放射线治疗的人。

2）一般人群：从某行政区或地理区域内的一般人群中选择暴露于所研究因素的人为研究对象。选择一般人群作研究对象时需要考虑两点：第一，所研究的因素与疾病是人群中常见的；第二，打算观察一般人群的发病情况，特别是想要观察环境因素与疾病的关系时，无特殊暴露人群或不需要特殊暴露人群。

3）有组织的人群团体：如工会会员、医学会会员、执业医师、参加医疗保险的人员等。这样的人群便于联系、应答率高，便于收集随访资料。

（2）对照人群的选择：对照人群与暴露人群要具有可比性，即对照人群除未暴露于所研究的因素外，其他各种因素如年龄、性别、职业、文化程度等应尽可能与暴露人群一致。

1）内对照：在同一研究人群中，采用没有暴露或暴露水平最低的人员作为对照即为内对照。这是最理想的对照，与暴露人群的可比性好。

2) 外对照：暴露人群确定后，从其他人群中选择对照，称外对照，如选择职业人群或特殊暴露人群作为暴露组后，常需在该人群之外特设对照组，称外对照。如在研究放射线的作用时，选择放射科医生作为暴露组，以接触放射剂量小或不接触的五官科医生作为对照。

3) 一般人群对照：即将研究结果与一般人群的发病率和死亡率进行比较，不另设对照。一般人群对照资料容易获得，但比较粗糙。应尽量用与暴露人群在时间、地区及人群构成上相近的总人群作为对照。

4．随访（follow-up visit）

（1）随访期：每个研究对象开始随访的时间以及随访时间的长短即随访期。随访时间的长短取决于疾病潜伏期以及暴露因素与疾病的联系强度。暴露因素作用越强，随访时间越短；潜伏期越长，随访时间也越长。

（2）随访方法：随访方法有家庭访视、电话访问、通信、定期体检、环境调查与监测以及利用医疗与工作单位记录与档案等进行随访。

（3）观察终点和终止时间：观察终点（end-point）指观察对象出现了预期的结果，到此就不再继续观察该对象了。观察终止时间是指整个研究工作可以得出结论的时间。应根据暴露因素作用于人体至产生结局的一般潜伏期来确定随访期限。观察终点常为规定疾病的发生或死亡。如规定发生冠心病或肺癌死亡为观察终点，则患了其他疾病不应视为已达观察终点，还应继续随访。但如果研究对象在未到观察终点之前死于其他疾病，尽管不能对其继续随访，但不能按到达观察终点对待，这是失访的一种。这种认识非常重要，它直接影响资料的分析。

（三）队列研究资料的统计分析

队列研究结束后首先应对所获得的资料进行整理，然后对随访经过、结局的发生和失访情况做出描述。再按年龄、性别、时间分别计算各研究组在随访期的疾病发病率和死亡率，然后进行比较显著性检验及相对危险度的计算，以便分析暴露因素与疾病之间的联系。

1．率的计算

相对于病例对照研究，队列研究可以计算多种率，具有病例对照研究不可比拟的优点。

（1）累积发病率（cumulative incidence，CI）：当研究对象比较稳定时，计算某一固定人群在一定时期内某病新发生例数与观察开始时总人数之比为累积发病率。

（2）发病密度（Incidence density，ID）：当观察人口不稳定时，观察对象进入研究的时间前后不一，加上各种原因造成的失访，使每个研究对象随访时间不同。此时不能用总人数为分母计算率，而应以观察人数乘以观测时间即人时为单位计算率，称为发病密度。

（3）标化发病或死亡比（standardized mortalityratio，SMR）：当结局事件的发生率比较低时，无论观察时间长短，都不宜直接计算发病或死亡率，而是以全人口的发病或死亡率为标准，计算出该观察人群的理论发病或死亡人数，即预期发病或死亡人数。实际发病或死亡人数与理论发病或死亡人数之比即为标化发病或死亡比。

2．暴露与疾病的联系强度分析

首先将资料整理成如表2-5，然后进行分析。

表 2-5　队列研究资料整理表

组别	病例	非病例	合计	发病率
暴露组	a	b	a+b	a/a+b
非暴露组	c	d	c+d	c/c+d
合计	a+c	b+d	a+b+c+d	

（1）相对危险度（(relative risk，RR）：也叫危险比或率比，指暴露组发病率或死亡率（I_e）与非暴露组发病率或死亡率（I_0）之比。

$$RR=I_e/I_o=\frac{a/(a+b)}{c/(c+d)}$$

它反映暴露与发生关联强度，表明暴露组发病率或死亡率是非暴露组的多少倍。RR＞1时，表明暴露与疾病存在正联系，暴露是危险因子；RR=1，表明暴露与疾病无联系；RR＜1，表明暴露与疾病存在负联系，暴露是保护因子。相对危险度具有病因学意义。

（2）归因危险度（attributable risk，AR）：又叫率差或特异危险度。是暴露组发病率或死亡率与非暴露组发病率或死亡率之差，它表示由于暴露因素所致的增加或减少的率。具有公共卫生学意义。

$$AR=I_e-I_0$$

（3）归因危险度百分比（(attributable risk percent，AR%）或病因分值（etiologic fraction，EF）：表示暴露人群中归因于暴露所引起的发病或死亡占全部病因的百分比。

$$AR\%=\frac{I_e-I_0}{I_e}\times 100\%$$

（4）人群归因危险度（population attributable risk，PAR）与人群归因危险度百分比（PAR%）：PAR 是指总人群中某病的发病或死亡率 I_t 与非暴露组的发病或死亡率 I_0 的差值；PAR% 是指人群中由于暴露所致发病或死亡率占人群发病或死亡率的百分比。RR 与 AR 都说明暴露的生物学效应，但不能说明对一个具体的人群的危害程度以及消除这个因素后可能使发病率或死亡率减少的程度。PAR 与 PAR% 则可以说明这一点。

$$PAR=I_t-I_0$$

$$PAR\%=\frac{I_t-I_0}{I_t}\times 100\%$$

（四）队列研究的优缺点

与病例对照研究相比，主要有以下优缺点：

1．优点　暴露在前，结局在后，检验病因假说的能力较强，可证实病因联系；可以直接获得暴露组与非暴露组发病率或死亡率，直接估计相对危险度；可以获得一种暴露因素与多种疾病的关系；有助于了解疾病的自然史，不存在回忆偏倚。

2．缺点　不适用于发病率很低的疾病病因研究；因长期的研究与随访，由死亡、退出、搬迁等造成的失访难以避免；研究设计要求高，实施难度大，费时费力。

小结

疾病的发生与流行，必须具备致病因子、宿主和环境三项基本要素。疾病的三间分布是指疾病在不同地区、不同时间、和不同人群中发生的频率与分布的现象。

现况研究有普查和抽样调查两种方法。抽样的方法有单纯随机抽样、系统抽样、分层抽样、整群抽样和多级抽样。

病例对照研究通过比较患有某病的病例组和未患该病的对照组暴露于某种可以危险因子的百分比差异来推断某危险因子与该病是否有关或关联大小的一种观察性研究。病例对照研究不能计算率，可以用比值比描述疾病与暴露之间的联系强度。

队列研究是将特定人群按其是否暴露于某因素或暴露程度分为若干个群组或队列。追踪观察一定时间，比较两组或多组发病率或死亡率的差异，以检验该因素与某疾病有无因果联系及联系强度大小的一种观察性研究方法。队列研究可以直接计算率，可以用相对危险度来描述暴露与疾病的联系强度。

队列研究可以证实因果关系，但是不适用于发病率很低的疾病病因研究。

（邵爱玉　张殿平）

第三章 社区健康教育与健康促进

学习目标	1. 说出健康教育、健康促进的概念。 2. 归纳健康教育、健康促进、卫生宣传之间的关系。 3. 说出社区健康教育的概念、特点和对象。 4. 归纳社区健康教育的内容和方法。 5. 熟记社区健康教育的程序。 6. 熟记健康相关行为改变的理论。

案例

某社区护士在建立健康档案过程中，发现其辖区居民的高血压患病率为25%，同全国平均水平16%相比，患病率高出9%。通过与来社区卫生服务中心诊疗的居民交谈和去有高血压者家庭访视得知：该辖区多数居民喜欢吃咸食，对高血压疾病相关知识了解不够，缺乏自我保健意识和自我保健知识。

本社区人口分布特点：居民处于贫富两级。新建高层住宅居民多数为中年知识分子和工作在一线的主要管理者或公司经理，他们的收入可观，但工作繁忙，无暇顾及自己的身体状况。古老旧街居住的居民多数是下岗工人和外来民工，老年人口多，收入低，生活压力大。

思考：试制订针对该社区的健康教育计划。

  健康是人类永恒的主题。我国宪法明确规定：社会主义建设的重要任务之一是维护全体人民的健康，提高各族人民的健康水平。WHO曾宣布：人类的健康与寿命，7%取决于气候与地理条件，8%取决于医疗条件，10%取决于社会因素，15%取决于遗传因素，60%取决于个人的生活方式和行为。从中可以看出生活方式比例较大。WHO的专家指出：因生活方式疾病（高血压、心脏病、卒中、癌症和呼吸道疾病）而导致死亡的人数，目前在发达国家占总死亡人数的70%～80%，在不发达国家中占40%～50%。世界上每年大约有700万新的癌症病例，并有500万例死亡。我国首席健康教育专家洪绍光教授指出：我们得病越来越多，不是因为物质文明好，而是精神文明不足，是因为卫生保健知识没跟上。这些疾病无法单纯依靠药物和手术治疗得到治愈，只有通过健康方面的教育，改变生活态度和行为方式，才是控制上述疾病最有效的手段。

知识链接

芬兰的"北加里里曙光"

北欧美丽的千湖之国芬兰，经济繁荣，国民生活富足，但冠心病年死亡率却达800/10万，居世界之冠。老师在课堂上问小学生，谁家因冠心病失去了父母，竟有1/3的孩子举起了手，严峻的形势促使政府下了决心，请世界卫生组织的专家到发病率最高的北加里里地区指导冠心病社区防治。10年后，男性烟民从50%下降到33%；吃黄油的人从90%下降到20%左右。北加里里男、女冠心病死亡率分别下降了24%、51%。全国范围内死于冠心病的人数下降了44%，从500/10万降到280/10万；其中35～64岁的男性，冠心病死亡率下降了49%，即从20世纪70年代的720/10万，下降到90年代的360/10万。

这一出人意料的结果，被称为照亮了心血管病预防之路的"北加里里曙光"，为许多国家仿效。

中国人群社区防治心血管病典型——首钢模式

1969—1971年，对10450名首钢职工进行调查，高血压患病率为8%～12%，年发病率为1.2%；脑卒中年发病率为137.4/10万，死亡率为93/10万，即每年有100～150人发生脑卒中。

20年的健康教育和健康指导包括：（1）饮食限盐（6g以内/人·天）；（2）戒烟；（3）减体重；（4）高血压患者系统管理。1990年后，首钢职工高血压发病率降为0.65%；平均血压水平未随生活水平的提高而上升，反而略有下降（全国10个监测点多数为上升）；脑卒中标化死亡率下降了40%～50%。1994年，世界卫生组织向全球推广了中国的"首钢模式"。

第一节 健康教育与健康促进概述

一、健康教育

（一）健康教育的概念

各国学者在不同时期对健康教育的概念给予不同解释。1988年第13届世界健康大会提出：健康教育是通过信息传播和行为干预，帮助个人和群体掌握卫生保健知识、树立健康观念，合理利用资源，自愿采纳有利于健康行为和生活方式的教育活动与过程。其目的是消除和减轻影响健康的危险因素，预防疾病，促进健康和提高生活质量。健康教育是有计划、有组织，有评价的系统干预活动，它以调查研究为前提，以传播健康信息为主要措施，以改善对象的健康相关行为为目标，从而达到预防疾病、促进健康、提高生活质量的最终目的。

（二）健康教育与卫生宣传的关系

卫生宣传是指在群众中进行有关卫生工作、环境保护和改造、健康保健等方面的信息传播活动，传播的内容也包括卫生政策、法规、条例和卫生（医学）科技新闻等。

健康教育着眼于个人、群体乃至组织行为的改变，因此行为科学是健康教育的基础学科。这与传统意义上的卫生宣传有较大的区别。卫生宣传通常只指卫生知识的单向传播。特点是：宣传对象比较泛化；不注重反馈信息和行为改变效果；往往带有过分渲染的色彩；主要实际效果侧重于改变人们的知识结构和态度。而健康教育的对象明确、注重反馈和行为改变效果、是双向传播，侧重于改变对象的健康相关行为，从而防治疾病、促进健康。健康教育是卫生宣传在内容上的深化、范围上的拓展和功能上的扩充。卫生宣传是实现特定健康行为目标的一种重要手段和途径。

考点：健康教育的概念；健康教育与卫生宣传的关系。

二、健康促进

（一）健康促进的概念

健康促进是把健康教育和有关组织、政治和经济干预结合起来促使行为和环境改变来改善和保护人们的健康的一种综合策略（Battes/Winder：1984）。1986年在加拿大渥太华召开的第一届国际健康促进大会发表的《渥太华宪章》中指出：健康促进是促使人们提高、维护和改善他们自身健康的过程。 在2000年6月5日于墨西哥城召开的第五届全球健康促进大会上，世界卫生组织总干事布伦特兰博士在她的发言中还这样说："促进健康的含义超出了传统意义上狭义的'健康促进'的概念"，"促进健康的意思是减少对健康的危害和转变那些影响健康的行为"。

（二）健康教育与健康促进之间的关系

健康促进是指健康教育以及能促使行为与环境改变的政策、法规、组织的结合体，是影响、教育人们健康的一切活动的全部过程。健康教育是健康促进的组成要素之一。政策、法规、组织以及其他环境的支持都是健康促进的组成部分，但它需要与健康教育相结合，没有健康教育，健康促进将成为徒有虚名的概念。另一方面，如果健康教育得不到有效的环境（包括政治、社会、经济、自然环境）的支持，健康教育尽管能成功地帮助个体为改变某些行为作出努力，但明显是软弱无力的。两者之间的区别总结见表3-1。

表3-1 健康教育与健康促进的区别

	健康教育	健康促进
内涵本质	教育→参与→行为改变	行为改变→可持续性环境支持
主要方法	传播结合教育，以教育为主	多因素全方位整合性，强调组织行为和支持性环境的营造
特点	以行为改变为核心，常局限于疾病危险因素	社会参与、多部门合作，对影响健康危险因素立体干预
效果	可致KAP（知识、态度、行为）的变化，可带来个体健康水平的提高，但难以持久	个体和群体健康水平的提高效果的持久性

（三）健康促进活动领域

1986年《渥太华宪章》将以下5个方面的活动列为优先领域。在5个领域综合开展工作比在任一单一领域开展工作对促进健康效果更好。

1. 制定能促进健康的公共政策　健康的公共政策，是指所有政策领域都必须考虑到健康、和平，并对人民健康负有责任。制定健康公共政策的主要目的是创造支持性环境，使人们能够健康地生活。因此,这些政策应当使人们有选择并维护健康的权利,有利于创造一个增进健康的社会环境和自然环境。健康促进的含义已超出卫生保健的范畴,把健康问题提到各个部门、各级政府和组织的决策者的议事日程上。明确要求非卫生部门实行健康促进政策,其目的就是要使人们更容易作出更有利于健康的选择。

2．创造支持的环境　健康促进必须创造安全的、满意的和愉快的生活和工作环境。系统地评估环境对健康的影响,以保证社会和自然环境有利于健康的发展。健康支持环境,一是改善社会生活环境,包括促进生活方式、社会规范、生活习惯、社会关系、文化传统、价值观、心理状态、工作精力、工作环境、舆论环境等因素的改善。二是改善政治生活环境,包括民主决策、将责任和资源下放、充分维护人权与和平、合理分配资源等。三是促进经济保障,包括促进健康资源的开发与利用、建立稳定的资源保障机制、提供安全适用可靠的技术等。四是充分发挥妇女的作用,包括减轻妇女的社会负担,强化针对妇女的健康教育,发挥她们在促进健康中的作用等。创造支持性环境需要推行4个公共卫生行动策略:一是部门协调,加强卫生和其他部门在健康促进工作中的支持与配合;二是社会动员,特别是动员妇女参与创造健康支持环境工作;三是运用政策、教育等手段,使社区和个人参与创建健康环境;四是创建健康支持环境过程,关注各部门、各类人群的利益。创造支持性环境过程必须认识到健康、环境和人类发展是不可分割的,发展必须首先包含人类生命质量的提高和健康状况的改善,同时保证环境的可持续发展。

3．加强社区的行动　健康促进的目的是促进人群的健康,各类人群都生活在不同的社区,所以充分发动社区的力量,挖掘社区资源,促进社区积极有效地参与健康促进工作,是健康促进极其重要的方面。社区居民有权决定他们需要什么以及如何实现其目标,因此,提高社区居民生活质量的真正力量是他们自己。充分发动社区力量,积极有效地参与卫生保健计划的制订和执行,挖掘社区资源,帮助他们认识自己的健康问题,并提出解决问题的办法。强化社区行动,即促进个人、家庭、社区共同努力,改善社区居民的生活环境、工作环境和自我保健意识与能力,提高社区居民的生活质量和健康水平。

4．发展个人技能　个人对健康负责的前提,一是要有正确的健康观,有强烈的维护健康的意识;二是要有维护健康的知识、技能,包括正确认识维护自己健康与关注他人健康、关注健康支持环境、关注社会发展的关系;三是能有准备地对付人生各个阶段可能出现的健康问题。发展个人健康技能需要通过健康教育活动实现。社会各方面,特别是卫生部门,都要采用多种形式,开展健康教育活动,改善个人的健康意识、知识、技能、行为水平,通过提供健康信息、健康教育并帮助人们提高作出健康选择的技能来支持个人和社会的发展。这样,就使人们能够更好地控制自己的健康和环境,不断地从生活中学习健康知识、有准备地应付人生各个阶段可能出现的健康问题,并很好地应付慢性病和外伤,做到这些是很重要的。学校、家庭、工作单位和社区都要帮助人们做到这一点。

5．调整卫生服务方向　健康促进中的保健服务的责任由个人、社会团体、卫生专业人员、医疗保健部门、工商机构和政府共同分担。他们必须共同努力,建立一个有助于健康的卫生保健系统。1995年,世界卫生组织(WHO)西太区发表了划时代的《健康新地平线》。《健康新地平线》提出,必须将工作的重点从疾病的本身转移到导致疾病的各种危险因素以及促进健康上来。必须将技术和财政资源用于保证持久的改善健康状况和更好的生活质量上,而不是简单地应付眼前的需要。卫生干预必须是以人为中心,以健康为中心,而不是以疾病为中心。

（四）健康促进的基本策略

《渥太华宣言》明确了健康促进的3个基本策略，即倡导、赋权与协调。

1. 倡导　倡导政策支持、社会各界对健康措施的认同和卫生部门调整服务方向，激发社会关注和群众参与，从而创造有利健康的社会经济、文化与环境条件。

2. 赋权　使群众获得控制影响自身健康决策和行为的能力，从而有助于保障人人享有卫生保健及资源的平等机会；使社区的集体行动能更大程度地影响、控制与社区健康和生活质量有关的因素。

3. 协调　协调个人、社区、卫生机构、社会经济部门、政府和非政府组织等在健康促进中的利益和行动，组成强大的联盟与社会支持体系，共同努力，实现健康目标。

考点： 健康促进的概念、活动领域；健康教育与健康促进的关系。

三、卫生宣传、健康教育、健康促进的关系

卫生宣传、健康教育、健康促进是相互有联系、或者有相互交叉的三项不同的工作领域和工作内容。

卫生宣传工作是卫生工作的一个重要组成部分，其工作的目标是向群众传播有关的信息，使群众了解卫生工作的某些与其相关的内容。

健康促进是一项社会策略和社会行为。它要解决的是为改善人们健康而采取社会行动的策略问题，那就是针对群体的健康问题形成社会共识，并采取协调行动，促进"五大领域"的改善和进步。

健康教育是针对行为问题采取的一系列科学的干预步骤，包括设计和评价技术的运用。它要解决的是帮助人们改变不健康的行为和建立健康的行为和生活方式，提高保健技能等问题。健康促进作为一种社会战略，它不能替代健康教育的功能。而卫生宣传要解决的是有关信息的扩散，其信息涵盖的范围比健康教育广泛，但传播的信息没有健康教育传播的信息复杂和具体。因此，它们三者之间既有联系交叉又各有自己的工作目标，因此，谁也不能替代谁。而且就各自的工作目标而言，谁也不比谁"高级"，因为各自是从自身工作的目标出发决定自己的工作内容的。但是，如果我们在一项健康教育活动中只做了卫生知识传播，目标也只是提高"知晓率"，而没有开展针对行为改变的行为干预，没有追求行为改变的目标，那就是仅仅用了卫生宣传的工作模式，是"初级阶段"的健康教育。因此，我们在设计的时候就要明确是要做一项健康教育工作，还是一项卫生宣传工作，或者是健康促进工作；是仅仅为了扩散信息，还是要改变人们的知识和态度并达到改变人们行为的目标，而实施这样的计划是否牵涉到大的社会环境和多部门协调等问题。

例如，我国实施的碘缺乏病防治项目就是一项需要充分运用健康促进策略的健康项目，它必须解决社会各有关部门的共同行动问题。要取得成效，需要盐业部门制造合格的碘盐、需要交通部门运输碘盐、需要商业部门销售碘盐、需要卫生部门检测碘盐和教育公众使用碘盐、需要公安部门配合打击私运私卖非加碘盐，还需要大众传媒和教育等部门的配合。其中的重要工作就是促进相关政府部门制定相关政策、加强部门间的协调和配合，这是一个社会性很强、牵动面很大的健康项目。因此，只能是依靠健康促进的策略才能实现项目目标。而在一个地区已经实现碘盐的供应，但是老百姓不习惯使用碘盐，也不懂得使用碘盐的注意事项，要解决这个问题就应该设计一个健康教育项目来解决老百姓的认知和行为习惯问题，让

他们了解碘盐的作用,帮助他们掌握储存碘盐和使用碘盐的方法。有步骤地帮助他们实现行为改变。这就是需要健康教育解决的问题,也是健康教育能够解决的问题,不属于健康促进的工作范畴。

考点:健康教育、健康促进、卫生宣传的关系。

四、健康教育与健康促进的意义

(一)健康教育和健康促进是实现初级卫生保健的先导

健康教育是能否实现初级卫生保健任务的关键,健康教育在实现所有健康目标、社会目标和经济目标中具有重要的地位和价值。

(二)健康教育和健康促进是卫生保健事业发展的必然趋势

当今发达国家和中国的疾病谱、死亡谱都发生了根本的变化,其主要死因不再是传染性疾病和营养不良,冠心病、肿瘤、卒中这些慢性非传染性疾病成为主要死因。不良行为和生活方式是这些慢性疾病的危险因素,这是医药所不能解决的,而健康教育和健康促进的方式有益于减低危险因素,预防各种"生活方式病"。

(三)健康教育和健康促进是一项低投入、高产出的保健措施

从成本-效益的角度上看,健康教育和健康促进的成本投入所产生的效益,远远大于医疗费用高昂投入所产生的效益。

(四)健康教育和健康促进是提高群众自我保健意识的重要渠道

自我保健是指人们为维护和增进健康,为预防、发现和治疗疾病,自己采取的卫生行为以及作出的与健康有关的决定。只有健康教育和健康促进才能提高人们的自我保健意识和能力,增强其自觉性和主动性,增强人们实行躯体上的自我保护、心理上的自我调节、行为生活方式上的自我控制、人际关系上的自我调整。

考点:健康教育、健康促进的意义。

五、健康教育与健康促进的任务

1. 主动争取和有效促进领导和决策层转变观念,从政策上、资源上对健康需求和有利于健康的活动给予支持,并制定各项促进健康的政策。健康教育作为全民素质教育的组成部分,已经受到我国政府的高度重视。以政府行为和行政干预来支持和推动健康教育工作,是健康教育事业发展的必然趋势。

2. 促进个人、家庭和社区对预防疾病、促进健康、提高生活质量的责任感。使人们在面临个人或群体健康相关的问题时,能明智、有效地作出抉择。通过提高社区自助能力,实现社区资源(人、财、物等)的开发。

3. 创造有益于健康的外部环境。健康教育与健康促进必须以广泛的联盟和支持系统为基础,与相关部门协作,共同努力逐步创造良好的生活环境和工作环境。把社区、学校、企业等建成"健康促进社区"、"健康促进学校"、"健康促进工厂"等。

4. 积极推动医疗卫生部门观念与职能的转变,尤其是社区卫生服务中心,使其作用向着提供健康服务的方向发展。

5. 在全民中开展健康教育。教育和引导人民群众破除迷信,摒弃陋习,养成良好的生

活习惯，提倡文明、健康、科学的生活方式，培养健康的心理素质，提高全民族的健康素质和科学文化水平。

> **考点**：健康教育、健康促进的任务。

第二节　健康教育理论

一、人类行为概述

（一）行为的概念

人的行为是指具有认知、思维能力、情感、意志等心理活动的人，对内外环境因素作出的能动反应。可用公式 B=f（P·E）表示，B 为行为，P 为人，E 为环境，即人的行为是人与环境相互作用的函数。所以，人的行为由如下 5 个基本要素组成：行为主体——人、行为客体——行为的指向目标、行为环境——主体与客体发生联系的客观环境、行为手段——主体作用于客体所应用的工具或使用的方法、行为结果——行为对行为客体所致的影响。

长期的行为称作"生活方式"行为。如果以一个人的这些长期行为都是有益健康的行为，则被称为"健康生活方式"（healthy lifestyle）。

（二）行为与健康的关系

人的行为既是健康状态的反映，同时又对人的健康产生重要的影响。许多环境中的有害因素以及卫生保健服务常常都需要通过人自身的行为作为中介来作用于人体。行为可以加强、减弱或避免对环境有害因素的接触，人的行为也影响着对卫生保健服务的接受、利用或排斥。不良的行为方式不仅与慢性病有关，也是传染病和伤害的重要危险因素。国内外的研究均显示，行为与生活方式因素在疾病的发生、发展中占据了突出地位。世界卫生组织 2002 年估计，全球三分之一以上的死亡可归因于吸烟、酗酒、不健康饮食等十种行为危险因素。

（三）健康相关行为（health-related behavior）

健康相关行为指的是个体或团体的与健康和疾病有关的行为，可分为促进健康行为和危害健康行为两大类。

1. 促进健康行为　促进健康行为是指个体或群体表现出的、客观上有益于自身和他人健康的一组行为。

（1）促进健康行为具有以下特征：

1）有利性：行为表现有益于自身、他人和整个社会的健康。

2）规律性：行为表现规律有恒，不是偶然行为。

3）和谐性：个体行为表现出个性，又能根据环境调整自身行为使之与其所处的环境和谐。

4）一致性：个体外显行为与其内在的心理情绪一致，无矛盾。

5）适宜性：行为的强度能理性地控制。

（2）促进健康行为的分类：

1）基本健康行为：指日常生活中一系列有益于健康的基本行为，如合理营养、平衡膳食、适当的身体活动、积极的休息与适量睡眠等。

2）戒除不良嗜好：不良嗜好指的是对健康有危害的个人偏好，如吸烟、酗酒与滥用药物等。戒烟、戒毒、戒除酗酒、避免滥用药物、戒除网络成瘾等属于戒除不良嗜好行为。

3）预警行为：指对可能发生的危害健康的事件预先采取预防措施从而预防事故发生，以及能在事故发生后正确处置的行为，如驾车使用安全带、溺水、车祸、火灾等意外事故发生后的自救和他救行为。

4）避免环境危害行为：这里的环境危害是广义的，包括了人们生活和工作的自然环境与心理社会环境中对健康有害的各种因素。此外，避开不利于健康的环境也可以采取积极或消极两类方式，如离开被二手烟污染的环境、在存在污染的环境中工作时穿戴防护用具属于消极避免环境危害的行为，而采取措施减轻环境污染、积极应对那些引起人们心理应激的紧张生活事件等则属于积极避免环境危害行为。

5）合理利用卫生服务：指有效、合理地利用现有卫生保健服务，以实现三级预防，维护自身健康的行为，包括定期体检、预防接种、患病后及时就诊、遵从医嘱、配合治疗、积极康复等。其中：①求医行为（health-seeking behavior）：指人们感到不适，或察觉到自己患有疾病时，主动寻求科学可靠的医疗帮助的行为。②遵医行为（compliance behavior）：指个体在确诊患有疾病后，积极遵从医嘱检查、用药，配合治疗的一系列行为。

2．危害健康行为　危害健康行为是个人或群体在偏离个人、他人、社会的期望方向上的一组行为。

（1）危害健康行为的主要特点

1）危害性：行为对个体、他人、乃至社会的健康有直接或间接的危害；

2）稳定性：行为非偶然发生，有一定强度的行为保持相当的时间；

3）习得性：危害健康的行为都是在个体后天的生活经历中学会的。

（2）危害健康行为可分为以下四类

1）不良生活方式与习惯：生活方式（life style）是指一系列日常活动的行为表现形式，是行为活动的总合。不良生活方式则是一组习以为常的、对健康有害的行为习惯，包括能导致各种成年期慢性退行性病变的生活方式，如吸烟、酗酒、缺乏运动锻炼、高盐高脂饮食、不良进食习惯等。不良的生活方式与肥胖、心血管系统疾病、早衰、癌症等的发生关系密切。

2）致病行为模式：致病行为模式是导致特异性疾病发生的行为模式，国内外研究较多的是A型行为模式和C型行为模式。

A型行为模式是一种与冠心病密切相关的行为模式，表现为争强好胜，工作节奏快，有时间紧迫感，警戒性和敌对意识较强，勇于接受挑战并主动出击，而一旦受挫就容易不耐烦。有关研究表明：具有A型行为者冠心病的发生率、复发率和死亡率均显著高于非A型行为者。

C型行为模式是一种与肿瘤发生有关的行为模式，其核心行为表现是情绪过分压抑和自我克制，爱生闷气，表面隐忍而内在情绪起伏大。研究表明：具有C型行为者患宫颈癌、胃癌、结肠癌、肝癌、恶性黑色素瘤的发生率高出其他人三倍左右。

3）不良疾病行为：疾病行为指个体从感知到自身有病到疾病康复全过程所表现出来的一系列行为。不良疾病行为可能发生在上述过程的任何阶段，常见的行为表现形式有：疑病、恐惧、讳疾忌医、不及时就诊、不遵从医嘱、迷信、乃至自暴自弃等。

4）违反社会法律、道德的危害健康行为：我国有关法律、条例、具有法律效力的文件等对部分行为进行了规范，如禁止吸毒贩毒、性乱、公共场所禁止吸烟等。这些行为既直接危害行为者的个人健康，又严重影响社会健康与正常的社会秩序，如吸毒可直接产生成瘾的行为，导致吸毒者身体的极度衰竭，静脉注射毒品还可能感染乙型肝炎和艾滋病；而混乱的性行为可能导致意外怀孕、性传播疾病和艾滋病。

（四）行为的形成和发展

人类行为的发展是一个连续不断变化的过程，现在的行为是过去行为发展的继续，是以渐变为基础的，而将来的行为又必然是现在行为发展的延续，称为行为发展的连续性，例如婴儿的运动行为发展是从眼球运动→颈部运动→躯干运动→坐→爬→站→走而连续发展的。不会站何以会走？不会坐又何以会爬？可见下一行为是上一行为的连续。行为连续性发展是量变，而阶段性发展则为质变或突变。行为发展在连续性变化的量变的基础上，行为的性质会发生突变，即称为行为发展的阶段性。例如认知行为发展，根据皮亚杰（Piaget. J）的研究有四个主要阶段，各阶段都具有其本质特征以区别于其他阶段，证明行为发展的阶段性，见表 3-2。

表 3-2 皮亚杰的认知发展阶段

阶段	认知特征
Ⅰ 感知运动阶段（0~2岁）	婴儿的认知，只限于直接感觉到的和简单的运动学习而认知到的东西，如看到的、听到的、摸到的、嗅到的、尝到的东西可认知，对新认知的东西采取摆布、撕、拧、抛、翻来覆去的运动检查以认知。
Ⅱ 前运算阶段（2~7岁）	儿童的认知，能对不在眼前的、感觉不到的东西进行认知，对语言、符号等抽象、概括的间接认知发生，意想代表着对周围的世界能进行因果关系思维。
Ⅲ 具体运算阶段（7~11岁）	儿童能对物体的大小、容积、数量、重量、长度进行逻辑推理，并能用概念系统概括事物，能进行心算。
Ⅳ 形式运算阶段（12岁以后）	能进行假设演绎推理，能归结出一般规律和原则，可对事物分类、比较、具有提出问题、解决问题思维，思维发展，到高级而接近成人。

[摘自（美）谢弗，邹鸿等（译）. 发展心理学. 6 版.]

（五）影响健康行为的因素

人类的行为由内因和外因共同决定，即受到遗传、环境及学习因素的影响。

1. 遗传因素　遗传因素与人类行为的形成和发展具有密切的联系。基因不仅影响行为，还决定人的一系列行为性状和趋势。基因的传递，使人类在长期进化中获得的部分行为得以继承，而基因的复杂性导致人类行为的多样性。

2. 环境因素　自然环境及社会环境是人类行为发展的外在大环境。生态环境、人文地理、医疗卫生、风俗信仰、教育环境、制度与法规、经济基础、事物发展的规律及意外事件等是人类行为发展的外在大环境，对人类行为的影响可以是间接的或潜在的，这些因素受到人类行为的反作用也相对不明显。

3. 学习因素　学习是行为发展的促进条件。人类一般通过 3 种学习方式来发展行为：人们往往通过无意模仿获得日常生活行为；人们通过有意模仿获得自己崇拜、羡慕的行为，如演员的举止等；人们通过强迫模仿获得规定行为，如队列训练等。

考点：行为的概念、分类、形成过程、影响因素；促进健康行为、危害健康行为的概念、特点、分类。

二、健康相关行为改变的理论

（一）知-信-行模式（knowledge，attitude，belief and practice，KABP 或 KAP）

该理论认为：卫生保健知识和信息是建立积极、正确的信念与态度，进而改变健康相关行为的基础，而信念和态度则是行为改变的动力。只有当人们了解了有关的健康知识，建立起积极、正确的信念与态度，才有可能主动地形成有益于健康的行为，转变危害健康的行为。它们之间的关系可用图 3-1 表示。

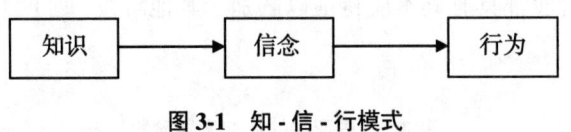

图 3-1　知-信-行模式

如关于戒烟，为了达到戒烟的目标，对吸烟者而言，吸烟行为是社会行为，是通过学习得来的，要改变它、否定它，也得学习教育者或社会给予的知识。健康教育者必须通过多种方法将有关烟草的有害性、有害成分、戒烟的益处以及如何戒烟的知识传授给吸烟者。具备了知识，只有采取积极的态度，对知识进行有根据的独立思考，对自己的职责有强烈的责任感，就可以逐步形成信念，知识上升为信念，就可以支配人的行动。当吸烟者采取积极的戒烟态度，相信吸烟有害健康，并相信自己有能力戒烟时，戒烟就可成功。

但是，要使人们从接受到转化到改变行为是一个非常复杂的过程：信息传播→觉察信息→引起兴趣→感到需要→认真思考→相信信息→产生动机→尝试行为态度坚决→动力定型→行为确立。其中关键的主要有两个步骤：信念的确立和态度的改变。知、信、行三者间不存在因果关系，但必须有必然性。在信念确立以后，如果没有坚决转变态度的前提，实现行为转变的目标照样会招致失败。所以，在实践中要使 40% 的人发生行为转变，就要有 60% 的人持积极的态度参与改变行为实践，这样就要有 80% 的人相信这种实践对其健康是有益的，要到达这个目标就要使 90% 以上的人具有改变这种行为所必须具备的知识。

（二）健康信念模式（the health belief model，HBM）

健康信念模式是由霍克巴姆（Hochbaum）于 1958 年在研究了人的健康行为与其健康信念之间的关系后提出的，后经贝克（Becker）等社会心理学家的修订逐步完善成为健康信念模式（图 3-2）。

HBM 是运用社会心理方法解释健康相关行为的理论模式。该模式认为：人的行为是由其关于疾病与行为的信念决定的，当人们感受到疾病的威胁，并且认为采纳行为可以预防或控制疾病，才有可能引发行为的发生。人们要采取某种促进健康行为或戒除某种危害健康行为，必须具备以下认识：

1. 认识到某种疾病或危险因素的威胁及严重性

（1）对疾病严重性的认识：指个体对罹患某种疾病严重性的看法，包括人们对疾病引起的临床后果的判断，如死亡、伤残、疼痛等；对疾病引起的社会后果的判断，如工作烦恼、失业、家庭矛盾等。

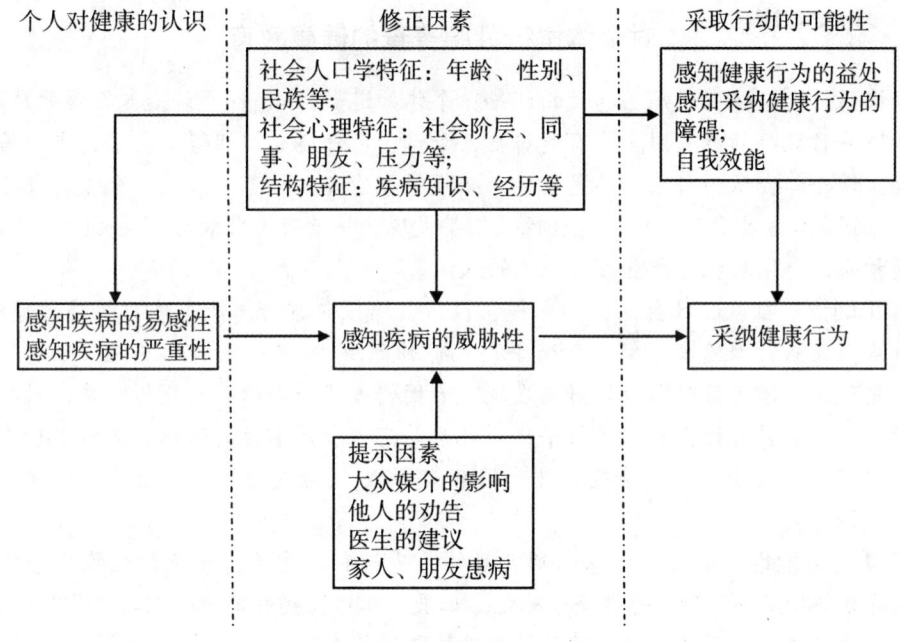

图 3-2　健康信念模式
（摘自陈佩云，周恒忠．社区护理学．）

（2）对疾病易感性的认识：指个体对罹患某种疾病可能性的认识，包括对医师判断的接受程度和自身对疾病发生、复发可能性的判断等。

2．认识到采取某种行为或戒除某种行为的困难及益处

（1）对行为有效性的认识：指人们对采取或放弃某种行为后，能否有效降低患病危险性或减轻疾病后果的判断，包括减缓病痛、减少疾病产生的社会影响等。只有当人们认识到自己行为的有效时，人们才能自觉采取行为。

（2）对采取或放弃某种行为障碍的认识：指人们对采取或放弃某种行为所遇困难的认识，如费用的高低、痛苦的程度、方便与否等。只有当人们对这些困难具有足够认识，才能使行为维持和巩固。

3．对自身采取或放弃某种行为能力的自信也称效能期待或自我效能。即一个人对自己的行为能力有正确的评价和判断，相信自己一定能通过努力，克服障碍，完成这种行动，到达预期结果。

4．社会人口学因素　包括个体特征，如年龄、性别、民族、人格特点、社会阶层、同伴影响，以及个体所具备的疾病与健康知识。

5．提示因素　指的是诱发健康行为发生的因素。如自身躯体症状，家人、亲友、同事患病，大众媒介的信息，医生的建议，他人的劝告等。

综上所述，健康信念模式在采取促进健康行为、放弃危害健康行为的实践中遵循以下步骤：首先，充分让人们对其危害健康行为感到害怕；然后，使他们坚信：一旦放弃这种危害健康行为、采取相应的促进健康行为会得到有价值的后果，同时也清醒地认识到行为改变过

| 知识链接 | **对个体执行乳腺普查的健康教育** |

个体认知 个体对乳癌易感性的认知：个体知道女性 40 岁开始进入乳癌的危险年龄，同时知道导致乳癌的相关因素，有遗传史，如母亲、外婆或姐姐得过乳癌，更要警惕容易得乳癌。该个体会认为自己容易患乳癌，必须早期检查，防患于未然。个体对乳癌严重性的认知：个体知道乳癌对健康的危险性，但早发现、早治疗，疗效好，5 年、10 年生存率高，生活质量高，个体对乳癌严重性有一定的认识。

修正因素 社区、社会媒体如电视、报纸、墙报等宣传，使个体对乳癌的危险因素、临床表现及治疗效果有所了解，知道早期乳腺肿瘤 90% 可以由自己发现或了解到有人患乳癌。发现早、治疗及时则效果好。发现晚者因错过了手术治疗的良好时机，效果差，生活质量低。这些外部因素加深了该个体对乳癌易感性和严重性的认识，同时也使个体了解到常规进行自我检查、体格检查、乳房的 B 超或 X 线检查的好处，因而促使该个体常规坚持乳腺检查。

行动的可能性 如果个体意识到乳癌的易感性和严重性，而执行乳腺普查的障碍又低时，将会坚持定期进行乳腺普查；反之，如果个体对乳癌的易感性及其严重性认识不足，而执行乳腺普查的障碍又高时，她是很难坚持乳腺普查的。

个体对乳癌易感性和严重性有了较全面的认识，且当地有医疗机构和专业医生能提供乳腺普查服务及相关咨询，价格便宜，且这些检查均为无创检查，容易被检查者所接受，因此，个体执行乳腺普查的可能性比较大。

程中可能出现的困难；最后，使他们充满改变行为的信心。

（三）阶段变化理论

心理学教授普罗察斯卡（Prochaska）在 1982 年提出了"阶段变化理论"（Trans-theoretical model of change，Stages of Change Theory，SCT），经过 Prochaska 等人的充实，于 1992 年形成了比较完整的理论体系。其理论依据是：人的行为变化是一个连续的、动态的、逐步推进的过程，在不同的行为阶段，每个改变行为的人都有不同的需要和动机，对目标行为会有不同的处理方式。SCT 理论认为，行为改变可以分为 6 个阶段，它们分别是：

1. 阶段 1，无行为改变打算（Pre-contemplation） 也许一个人意识到了某种行为的健康危害，但因为各种原因，没有要改变它的想法；也许一个人根本没有意识到某个行为的健康危害，所以根本也不可能有要改变这个行为的打算。如：一个肥胖者意识到了肥胖对身体的危害，但对自己的体型已经习惯了，所以没有要减肥的打算；也可能这个肥胖者根本就没意识到肥胖对健康的危害，而且周围的人都已经习惯了自己的形象，所以也没有减肥的打算。也许他们还会寻找一些自觉成立的理由来自我安慰，如"减肥太浪费时间了"、"身体变瘦有很多衣服不能穿了"、"参加减肥，朋友对我可能就不会像过去一样好了"、"减肥太困难了"。

要想使一个人产生行为改变的想法（意识），走出此阶段，进入下一个阶段，必须要开展三项工作（过程）：

（1）通过传播知识和信息提高行为改变的认知水平：如可以借助发放肥胖危害健康有关

知识的小册子、举办有关讲座等，使干预对象产生肥胖危害健康的意识。

（2）角色扮演：如可以让肥胖者参加正常的社交活动以使其产生"不方便"的感受、让肥胖者参观康复中心以使其产生肥胖会引发脑血管病等严重的健康问题的想法。

（3）环境再评估：如让干预对象意识到如果不改变现状会产生很多社会适应问题，比如参加社交活动的便利性受到限制、周围有很多肥胖者已经采取减肥行动等，从而使干预对象产生要进行行为改变的压力。

2．阶段2，打算改变（Contemplation）　干预对象已意识到了自己某种行为问题的严重性，也已经清楚改变行为所带来的好处，但也很清醒要改变现状自己所要付出的代价，已考虑要改变这种行为。在此阶段，干预对象开始产生要改变行为的情感体验，在内心中对行为改变进行权衡，出现矛盾的心态。但不久，干预对象就会进入下一阶段。

3．阶段3，准备改变（Preparation Getting Ready）　干预对象已完全意识到某个行为问题的严重性，已决定要在下个月改变它。有的人已经打算加入减肥培训班、购买有关减肥的书籍、主动向医生咨询等。甚至一个人已经开始部分地尝试某种行为，如肥胖者已开始尝试去散步，但还没有全面实施有效的减肥行为（减少油炸食品和高糖食品的摄入、进行有效的体力活动等）。在此阶段，人们已经完全放弃了不打算进行行为改变的想法，并做出严肃的承诺要进行行为改变，并且也已完全相信自己有能力改变当前的行为。

4．阶段4，行动（Action）　干预对象已采取全面的行为改变的行动，但改变后的行为还没有持续超过六个月。如肥胖者已全面开始实施减肥计划：每日平衡膳食、不吃油炸食品和油料作物、每天进行有规律的中等强度的运动、每天监测体重变化情况等，但这些行动还没有达到六个月以上，还不能认为已经达到了减肥的理想标准。

在此阶段，要采取以下措施以使干预对象巩固其行为改变：

（1）采取强化管理：如可以对其行为改变的行动进行奖励和表彰，既可以是物质的也可以是精神的。

（2）帮助其建立关系：如可以为干预对象建立社会支持（如社区、家庭成员、同事的支持等）、帮助其建立自助互助小组等。

（3）防止其出现反复：如试图放弃爱吃油炸食品的习惯等。

（4）控制环境刺激物：如家庭成员不再购买油炸食品和含糖食品，避免为干预对象提供行为反复的机会。

5．阶段5，保持（Maintenance）　干预对象已经达到行为改变的目标，并且已经持续六个月以上，如肥胖者的体重通过持续半年以上的减肥行动已使体重开始有规律的下降，此阶段重要的是要不断增强干预对象的信心。

6．阶段6，终止（Termination：Exiting the Cycle of Change）　一些成瘾性行为可能有这个阶段。在此阶段，人们建立了高度的自信心，克服了由于行为改变而引起的不良情绪体验，如沮丧、焦虑、无聊、孤独、愤怒或紧张等，他们已经能够抵挡住任何诱惑不再回到过去的不健康的习惯上去。研究表明，经过这个阶段，他们就再不会复发。

以"吸烟者戒烟"为例，阶段变化理论总结如图3-3。

考点： 知-信-行模式、健康信念模式、阶段变化理论的内容。

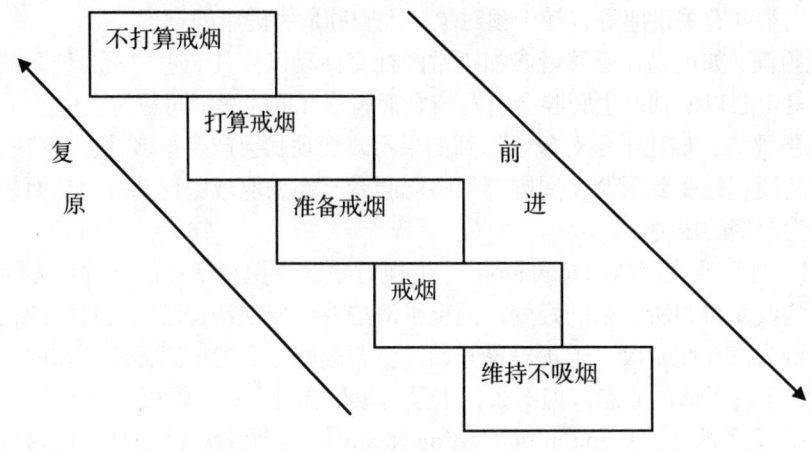

图 3-3 行为改变阶段模式示意图

第三节 社区健康教育与健康促进

一、社区健康教育的概念

社区健康教育是指以社区为单位，以社区人群为教育对象，以健康为中心的全民性教育，贯穿于人类生命的全过程，以促进社区居民健康为目标，有组织、有计划的健康教育活动。其目的是帮助社区居民树立健康意识，及时发现自身、家庭和社区的健康问题，培养促进健康的行为和生活方式，提高个人、家庭及群体的保健能力和健康水平。

考点： 社区健康教育的概念。

二、社区健康教育的特点

社区健康教育不同于医院健康教育，与医院健康教育相比较，其主要特点可归纳为以下三点：

1. **社区健康教育以健康为中心** 以健康为中心、以促进健康为目标，是社区健康教育与医院健康教育的最根本区别。

2. **社区健康教育具有广泛性** 由于社区健康教育的对象不是仅仅限于某一个人或某一群体，而是社区的所有居民。包括患者和健康人，从而决定了其广泛性。在进行社区健康教育的每一个步骤中，既要考虑到整个社区，又要考虑到某一特定人群或某一家庭，甚至某一个人；既要考虑到如何开发领导层，又要考虑到如何协调社会各界力量。因此，社区健康教育比医院健康教育更为广泛。

3. **社区健康教育具有连续性** 由于社区健康教育是以健康为中心，所以它将贯穿人的一生，即从出生到死亡。针对各个年龄阶段，健康教育的内容、形式将有所不同。

考点： 社区健康教育的特点。

三、社区健康教育对象

社区健康教育应面向社区的全体居民。在进行社区健康教育时，为了使健康教育的内容更加有针对性，可将社区居民分为四类：

（一）健康人群

健康人群一般在社区占的比例最大，他们由各个年龄段的人群组成。这类人群中有些人可能对健康教育最缺乏需求，也许会认为疾病距离他们太遥远，对健康教育持排斥态度。对于这类人群，健康教育主要侧重于卫生保健知识。其目的是帮助维持良好的生活方式并保持健康，远离疾病。同时也提醒他们对一些常见疾病提高警惕，不要忽略疾病的预防及早期诊断。

（二）具有某些致病危险因素的高危人群

所谓具有某些致病危险因素的高危人群，主要是指那些目前尚健康，但本身存在某些致病的生物因素或不良行为及生活习惯的人群。致病的生物因素包括个体遗传因素（例如高血压病、糖尿病、乳腺癌等疾病有家族史）、不良的行为及生活习惯（包括高盐、高糖及高脂饮食，吸烟、酗酒等）。

这类人群中可能会有一部分人对疾病过于恐怖，因个体的某种家族病史而过分焦虑，甚至疑虑重重；还可能会有另一部分人对自己的不良行为或生活习惯不以为然，把健康教育看做是老生常谈，甚至是小题大做、故弄玄虚。

针对这类人群，健康教育应侧重于预防性健康教育。从而帮助他们掌握一些自我保健的技能，如乳腺癌的自我检查及一些疾病的早期自我监测等；或帮助他们自觉地纠正不良的行为及生活习惯，积极地消除致病隐患。

（三）患病人群

患病人群包括各种急、慢性疾病的患者。这类人群可根据其疾病的分期分为四种患者，即临床期患者、恢复期患者、残障期患者及临终患者。

临床期患者、恢复期患者、残障期患者一般来说对健康教育比较感兴趣，他们均不同程度地渴望早日摆脱疾病、恢复健康。因此，对于这三种患者，健康教育应侧重于康复知识的教育以帮助他们积极地配合治疗，自觉地进行康复锻炼，从而减少残障，加速康复。

对于临终患者的健康教育实质是死亡教育，其目的是帮助他们正确面对死亡，以减少对死亡的恐惧，尽可能轻松地度过人生的最后阶段。

（四）患者家属及照顾者

患者家属及照顾者与患者接触时间最长，他们中部分人往往因长期护理而产生心理和躯体上的疲惫，甚至厌倦。因此，对他们进行健康教育是十分必要的。

对于这类人群，健康教育应侧重于养病知识、自我监测技能及家庭护理技能的教育。其目的是：一方面提高他们对家庭护理重要性的认识，坚定持续治疗和护理的信念；指导他们掌握家庭护理的基本技能，从而科学地护理、照顾患者。还有一个重要的方面是指导他们掌握自我保健的知识和技能，以在照顾患者的同时，维持和促进自身的身心健康。

考点： 社区健康教育的对象。

四、社区健康教育的内容

《国家基本公共卫生服务规范（2011年版）》指出社区健康教育的内容为：

1. 宣传普及《中国公民健康素养——基本知识与技能（试行）》。配合有关部门开展公民健康素养促进行动。
2. 对青少年、妇女、老年人、残疾人、0~6岁儿童家长、农民工等人群进行健康教育。
3. 开展合理膳食、控制体重、适当运动、心理平衡、改善睡眠、限盐、控烟、限酒、控制药物依赖、戒毒等健康生活方式和可干预危险因素的健康教育。
4. 开展高血压、糖尿病、冠心病、哮喘、乳腺癌和宫颈癌、结核病、肝炎、艾滋病、流感、手足口病和狂犬病、布病等重点疾病健康教育。
5. 开展食品安全、职业卫生、放射卫生、环境卫生、饮水卫生、计划生育、学校卫生等公共卫生问题健康教育。
6. 开展应对突发公共卫生事件应急处置、防灾减灾、家庭急救等健康教育。
7. 宣传普及医疗卫生法律法规及相关政策。

考点：社区健康教育的内容。

五、社区健康教育的方法

（一）社区健康教育的方法

1. 专题讲座法　专题讲座法是一种较正式的传统健康教育方式。一般是由卫生专业技术人员对有关健康的某个专题进行讲座，以口头配合书面的方式，将信息传达给学习者。专题讲座的方式能将健康知识系统地传递给学习者，帮助其了解有关健康的知识或信息，为学习者观念、态度及行为的改变打下一定的基础。适用于受教育者人数较多，需要了解某种基本知识或邀请专家举行专题讲座时。

优缺点

（1）优点：①容易组织（便利）并适合各种大小的团体；②能在有限的时间内，将知识系统完整地传授给许多人（信息传递快捷）；③经济。

（2）缺点：①单向沟通，讲授者无法了解听众对讲授内容的反应；②人数太多时无法达到预期的效果；③学习者缺少参与机会，影响意见和需要的表达，不易引起学习兴趣。

注意事项

（1）预先了解听众的人数、教育程度、职业等基本资料。

（2）讲授者必须具有相当好的专业知识及讲授能力，讲授内容简明扼要。

（3）注意讲授环境的布置，如照明、通风、避免噪音及视听教具的使用。

（4）注意以提问等方式及时取得听众对内容的反馈。

（5）在演讲结束后鼓励听众发问，形成双向沟通。

2. 小组讨论法　讨论法是针对学习者的共同需要或存在的相同的健康问题，以小组或团体的方式所进行的健康信息的沟通及经验交流。大家就共同关心的问题展开讨论，各抒己见。一般小组成员由三人以上组成，共同参与对某一健康问题或主题的讨论。通过小组成员的意见及经验的表达，使学习者得以集思广益，获取及分享知识与感受，扩大个人的经验范围，加深对某一问题的认识及了解，以刺激其态度或行为的改变。

护理人员在讨论性的健康教育中，充当组织者及引导者。一般在开始实现介绍参加人员及讨论主题，在讨论过程中注意调节讨论气氛，在即将结束讨论时应对讨论结果进行简短的归纳及总结。

优缺点

（1）优点：①所有人员共同参与讨论。大家对某一问题根据自己的经验及判断提出自己的看法或意见。组员之间可以相互影响，互相学习；②适用范围广，如高血压患者的居家护理、糖尿病的自护训练、社区妇女的婴幼儿喂养知识讨论等；③容易改变小组人员的态度及行为。

（2）缺点：①小组的组织及讨论较浪费时间；②可能会出现不平衡现象，有人可能过于主导，而有人少参加活动。指导者需要根据讨论的方向，控制局面，以免个别学习者操纵讨论会；③有时会出现小组讨论离题的现象，使应讨论的问题不能得到圆满的解决。

注意事项

（1）小组讨论的人数以 7～8 人为最佳，最多不要超过 15 人。

（2）应选择年龄、健康状况，受教育程度等背景相似的人组成同一小组（同质小组）。

（3）讨论前通知讨论的主题，并拟出讨论的基本内容。

（4）选择的讨论场地应便于交流。

（5）准备有关教具。

3．**角色扮演法** 角色扮演法是一种制造或模拟一定的现实生活片段，由学习者扮演其中的角色，将角色的言语，行为、表情及内心世界表现出来，以学习新的行为或解决问题的方法。它可以用两种方式来进行：一种是预先准备好的角色进行扮演，参加扮演者通过观察、操作、模仿、分析等而学习有关的健康知识及经验；另一种是自发式的角色扮演，预先不做准备，由操作及模仿达到学习的目的。

优缺点

（1）优点：①提供了具体而有兴趣的学习环境；②所有人员都参与了学习过程；③充分表达态度、价值观和情感；④有助于提高沟通技巧。

（2）缺点：①有些成员可能比较羞于参加而有压力；②有时希望或预定表现的内容可能无法表现出来；③需要较多的时间组织安排。

注意事项

（1）角色扮演前，应注意整个扮演主题的选择与编排、角色的分配与排练。

（2）角色扮演时，主持者应报告此项教学活动的目的与意义，并对剧情及有关的表演人员进行简单的介绍。

（3）角色扮演后应进行讨论，可先由表演者谈自己的感受，然后让其他人员积极参加讨论。主持者可以引导参加人员讨论剧中的重点及内容，以使其了解相关的知识及原理。讨论部分为角色扮演的重点，通过讨论，可以让参与者真正获得有关知识。

4．**实地参观法** 带领学习者实际参观某一健康场所，以配合教学内容，使学习者获得第一手的资料。如实地参观结核病防治所，以了解结核病的防治情况。

优缺点

（1）优点：①学习者能在社区了解某一疾病的实际情况；②可刺激学习者寻找更多的学习经验；③在实际参观中，有利有提高学习者的观察技巧。

（2）缺点：①不一定有充分的时间安排参观；②所需的时间较多，由于时间关系，可能有些学习者无法参加；③很难找到合适的参观场所；④行程表可能较难安排。

注意事项

（1）配合教学目标，选择合适的参观地点和内容。

（2）事先需要与参观单位取得联系，沟通参观访问的事宜。

（3）参观前告知参观者参观的目的、重点及注意事项。

5．示范法　示范常应用于教授某项技术或技巧，教学者先对该技术或技巧进行示教，使学习者能仔细的了解该项操作的步骤及要点。然后，在教育者的指导下让学习者进行练习。在结束时让学习者回教，以使教育者评价学习者是否获得了此项技巧。

优缺点

（1）优点：①学习者有机会将理论知识应用于实际，以获得某项技巧或能力；②可根据学习者的具体情况安排示范的速度，也可根据实际情况安排重复示范。

（2）缺点：①有时示范所用的仪器较昂贵且不易搬运，所以不能适用于所有场合的教学；②有时教学场地也有所限制。

注意事项

（1）示范时，动作不要太快，应将动作分解，且让所有参加者能清楚地看到，在示范的同时，应配合口头说明。

（2）鼓励所有的参与者都参加练习。

（3）如所示范的内容较复杂，则可事先利用视听教具，如用录像带，说明此项操作的步骤及原理，然后再示范。

（4）安排一段时间让参与者有练习的机会，并让示范者在旁边指导。

（5）示范者在纠正错误时，切忌使用责备的口气，了解其所存在的困难，并详细说明错误的地方。

6．个别会谈式教育　个别会谈式教育是一种简单易行的健康教育方法，常在家庭访视、及卫生所的诊前及诊后等时采用。此方法便于切入敏感话题（如性病）。一般会谈时应该注意与受教育者建立良好的关系，及时了解其所存在的困难及问题，以便实施正确的健康教育。

实施个别会谈式的教育时应注意：

（1）施教者对受教者的基本背景资料，如姓名、年龄、受教育程度、家庭状态、职业等有一定的了解。会谈应从最熟悉的人或事物谈起，使受教者产生信任感。

（2）施教者对所教育的内容必须熟悉，并事先做好准备。

（3）及时观察及了解受教者对教育内容的反应，并鼓励受教育者积极参与会谈，并尊重对方的想法及判断。

（4）一次教育内容不可过多，以防受教育者发生思维混乱或疲劳。

（5）会谈时，防止谈话内容偏离主题。

（6）视听教材或教具，如录像、小册子等。

（7）会谈结束时，应总结本次的教育内容，并了解受教育者是否确实了解了教育内容，如有必要，预约下次会谈时间。

7．视听教材的应用　视听教材是利用有关教具，如单页材料、小册子、录像、幻灯等，使学习者在最短的时间内对某一教学内容有所了解。常用的健康教育方法包括：单页宣传材料或折叠卡、挂图、幻灯、投影、电影等。

（1）单页宣传材料或折叠卡：这种宣传材料成本低，可大量印刷，可有选择性地分发给所需的人。例如，在门诊、卫生所门口等可以摆放此类宣传材料，供候诊的患者或家属自由取阅。使用时应注意，不要无选择地分发，以免大家随意乱丢而造成浪费。

（2）挂图：挂图主要是用来帮助说明内容，使内容更直观、更具体，一般挂图的文字较少，需要有人在旁边说明或解释。使用挂图时，听众的人数一般不要超过30人，使用挂图应配合教育内容，同时及时注意听众的反应，并可根据挂图的内容引导听众讨论。

（3）幻灯、投影及电影：这类视听材料可根据学习者的兴趣及背景来安排学习，由于利用了学习者的视、听、等其他感觉，能激发学习者的学习兴趣，学习效果提高。

8．计算机辅助教学法　计算机辅助教学（CAI）是一种借助计算机技术进行教学的崭新教学形式。它可以综合利用多种媒体有效地表达传统教学手段难以表现的教学内容，充分使教学内容形象化、多样化，激发学习者的学习兴趣。CAI可以不受时间、地点的限制，针对每个学习者的学习需要和学习特点，将学习者难以理解的理论和难以掌握的方法，通过计算机的信息转换和处理功能，将学习内容形象化和具体化，降低学习难度。把计算机这一现代技术引进健康教育中，不仅有利于加强健康教育的时代性和开拓性，而且也有利于教育者和学习者在健康教育的过程中形成新思想、新观念和新方法。

9．展览法　利用图表、模型、标本的展示，系统地将学习资料提供给学习者，以提高学习者的学习兴趣，提高学习效果。在没有压力及紧张的气氛中，使学习者获得健康知识。

10．护理中其他健康教育方式　健康教育除了应用正规的教育方式外，还可以采用其他各种非正规的方式，如：

（1）护士应用门诊、家庭访视、巡回医疗等机会为公众提供健康教育；
（2）护士在社区诊所内对居民实施健康教育；
（3）利用各种社会团体及民间组织活动的机会进行健康教育；
（4）利用报纸、书刊、杂志、小册子等唤醒公众的健康意识；
（5）利用大众传播媒体如广播、电视等介绍预防保健的知识及健康行为。

（二）健康教育方法选择的原则

1．目的性　所选择的教学方法是达到教学目标的最佳途径。
2．经济性　教学方法的选择必须充分利用当地资源，这样费用较低廉。
3．实用性　教学方法的选择符合学习者的社会及文化背景。
4．综合性　一种教学方法必须与其他方法联合使用，以取得良好的效果。

考点： 社区健康教育方法的种类、各类优缺点、选择原则。

六、社区健康教育原则

为了确保社区健康教育的效果和质量，社区护士在进行健康教育时应遵循以下四项原则：

1．选择适当的教学内容、形式和时间　根据自己的需求进行学习是每一个教育对象的学习动力和愿望。因此，社区护士必须选择与教育对象需求相符合的教学内容，以提高教育对象学习的主动性和积极性。

教学形式的恰当与否将直接影响教学活动的成败。社区护士应根据教育对象的学习能力选择教学形式及教学语言，以保证教学内容能准确地被教育对象理解、接收。

合理安排教学时间是确保教学活动成功的另一重要因素。社区护士应根据教育对象的具体情况安排教学活动的时间及课程的长短。

2．营造良好的学习环境 良好的学习环境将促进教学活动的质量。学习环境一般包括三个方面，即学习的条件、人际关系及学习气氛。

3．鼓励教育对象积极参与教学活动 社区健康教育的主要目的是改变教育对象的不健康的生活行为及方式，所以教育对象的积极参与是保证社区健康教育质量的必要因素。因此，社区健康教育的每一步骤都必须鼓励教育对象积极参与。

对教育对象的鼓励方式很多，比如：对于学习态度认真者给予口头表扬、对于成绩出色者给予物质奖励、对于积极参与者赠送小礼品或纪念品等。

4．及时对教学活动进行评价 及时对教学活动进行评价是保证社区健康教育质量的另一重要因素。因此，教育者或社区护士应通过即时评价和阶段评价及时地对教学活动进行监测及检查。

考点： 社区健康教育原则。

七、社区健康教育程序

社区健康教育程序是护理程序在健康教育工作中的应用。社区健康教育是有组织、有计划、有目的的教育活动，其基本步骤可分为5部分，即评估、诊断、计划、实施及评价。

（一）社区健康教育评估

所谓的评估，即收集资料。社区健康教育评估即是社区健康教育者或社区护士通过各种方式收集有关健康教育对象的资料，为开展健康教育提供依据。

在实际评估中，我们可以从以下6个方面收集有关教育对象的资料：

1．教育对象的生理状况 包括身体状况及生物遗传因素。

2．教育对象的心理状况 包括学习的愿望、态度及心理压力等。

3．教育对象的生活方式 包括吸烟、酗酒、饮食、睡眠、性生活、锻炼等生活习惯。

4．教育对象的学习能力 包括文化程度、学习经历、学习特点及学习方式等。

5．教育对象的生活、学习及社会环境 包括工作职业、经济收入、住房状况、交通设施、学习条件及自然环境等。

6．教育对象的医疗卫生服务 包括医疗卫生机构的地理位置及享受基本医疗卫生服务的状况等。

社区护士应针对不同的对象采取不同的评估方式。常用的评估方式可分为直接评估与间接评估两种。直接评估包括观察、面谈、问卷等方法；间接评估则多为查阅有关档案资料、询问亲朋好友等方法。

（二）社区健康教育的诊断

所谓的诊断，即是确定问题。社区健康教育诊断是指社区健康教育者或社区护士根据已收集的资料，进行认真的分析，从而确定教育对象的现存或潜在的健康问题及相关因素。社区健康教育诊断可以分6步进行：

1．列出教育对象现存或潜在的健康问题 教育者应根据收集的资料，找出教育对象现存的和可能出现的健康问题。

2. 选出可通过健康教育解决或改善的健康问题　教育者在列出的所有健康问题中，排除由生物遗传因素所导致的健康问题，从而挑选出由行为因素导致的、可通过健康教育改善的健康问题。

3. 分析健康问题对教育对象健康所构成的威胁程度　教育者将挑选出的健康问题按其严重程度加以排列。

4. 分析开展健康教育所具备的能力及资源　教育者对社区内及本身所具备开展健康教育的各种人力、物力资源及能力进行分析，从而决定所能开展的健康教育项目。

5. 找出与健康问题相关的行为因素及环境因素和促进教育对象改变行为的相关因素　教育者应对教育对象及其环境进行认真的分析，从而找出与健康问题相关的行为因素及环境因素和促进教育对象改变行为的相关因素。

6. 确定健康教育的首选问题　根据以上一系列分析，教育者最后确定健康教育的首选问题。

（三）制订社区健康教育计划

在完成了对社区健康教育诊断后，即可以制定社区健康教育计划。为了使社区健康教育计划能有效地实施，社区护士应与其他社区卫生服务人员、社区基层组织领导及教育对象共同磋商制定。在制订计划时，一定要以教育对象为中心。计划的内容应包括以下几点：

1. 确定社区健康教育的目标（见表3-3）

（1）长期目标：又称为最终目标或计划目的，是对计划的理想最终结果的描述，是宏观的，给出计划的总体努力方向，一般为几周或几个月。

（2）短期目标：又称为具体目标，是指需要在短时间内实现的目标，一般不超过1周，是为保证长期目标的实现而将长期目标分解成若干个具体的、阶段的、可以测量的目标。目标的制订必须回答4个"W"和2个"H"，即 Who——对谁？What——实现什么变化？When——何时实现或多长时间内实现这种变化？Where——在什么范围内实现这种变化？How much——变化程度有多大？How to measure——如何测量这种变化？

表3-3　长期目标和短期目标

长期目标	短期目标		
降低老年人吸烟率，提高生活质量，延长寿命	社区开展健康教育1年后，60岁以上老年人吸烟人数下降20%	Who	60岁以上老年人
		What	吸烟人数减少
		Where	社区
		When	1年后
		How much	下降20%
		How to measure	吸烟率

（来自陈佩云，周恒忠. 社区护理学.）

2. 实施社区健康教育的时间、地点
3. 对社区健康教育者的培训方案
4. 社区健康教育教材的选择或编写
5. 开展社区健康教育的形式
6. 社区健康教育的评价方式

例如制订吸烟影响人体健康的健康教育计划，可用表3-4表示。

表3-4 吸烟对人体的影响健康教育计划

案例：吸烟对人体的影响健康教育计划			
教育对象：社区内中学生　　教育场所：护理会议室　　日期：＿＿年＿＿月＿＿日			
教育目的： 1．正确说出吸烟对人体的危害 2．能够叙述吸烟的间接影响 3．能够向家属或周围的人宣传戒烟			
教育内容：	教育方法	所需时间	辅助资料
1．烟的成分	讨论	5分钟	投影仪
2．直接吸烟和间接吸烟对人体的影响	讲授讨论	20分钟	新闻报
3．宣传戒烟的方法	讲授讨论	20分钟	投影
4．评价	闭卷考试	5分钟	考试卷
学习活动： 1．导入阶段：提问以前知道的关于吸烟的危害问题 2．展开阶段：利用印刷品先讲授，后提问 3．总结阶段：分组讨论与发表，后概括 4．评价			

（四）社区健康教育计划的实施

所谓实施，即将计划中的各项措施变为实践。在制订了完善的社区健康教育计划后，即可付诸实施。

1．制订实施时间表　为了使项目活动有步骤地落实进行，在计划执行之前，应该制定项目各项工作的时间表。明确规定工作内容、要求、实施时间、地点、负责人、经费预算等内容。如在执行计划中有特殊要求，也应在时间表内列出或说明。

2．建立实施组织　实施组织通常包括项目领导小组与项目技术小组。项目领导小组由与项目执行直接有关的部门领导和项目计划的业务主持负责人组成。领导小组成员应该了解或熟悉计划的目的、意义、主要项目或内容以及工作日程，负责审批计划设计方案，组织项目计划的实施，审批项目计划经费预算，提供政策支持，协助解决计划执行中的重大疑难问题。

项目技术小组是具体执行、实施计划活动的组织。可以由一个专业机构或由业务相关单位抽调人员组成课题组或项目办公室。协调、组织各类人员落实、实施计划，定期检查和监测，确保计划的顺利执行。

建立项目执行组织，应充分利用社会动员和行政干预的功能，协调社区内各有关部门的关系，采取多部门合作方式，这是保证计划顺利实施的重要组织措施。

3．实施质量控制　质量控制主要是对实施过程进行监测和评估来完成。

（1）质量控制的内容：包括对计划工作的进度、计划活动内容、计划活动情况进行监测；

对目标人群的知、信、行及有关行为危险因素变化情况进行监测；对活动经费使用情况进行监测。

(2) 质量控制的方法：包括记录与报告方法、现场考察与参与方法、审计方法、调查方法等。

4．培训执行人员　培训的目的是使项目执行人员全面了解计划执行的目的、意义，掌握计划活动的内容、方法和要求，学习项目工作相关的专业知识和技术，提高工作水平与技能，并激发他们的工作热情。

培训的原则是：时间要短，内容要精，针对性强，要重视技能训练与参与式教学。

制订培训计划要具体规定培训的意义、目标、内容、对象、时间、地点、教师、考评方法、组织与承办单位及经费预算等。培训的组织工作包括教学与后勤两部分；培训评价包括对学员学习效果的评价，对教师教学质量的评价，对组织和后勤工作的评价及对远期效果的评价。

5．配备材料与设备　按照计划的各项活动要求选择订购或自制教材。健康教育设备主要包括：办公设备，如电话机、计算机、打印机、其他办公用品等；音像设备，如照相机、摄像机、录像机、录音机、电视机、VCD 等；教学设备，如幻灯机、投影仪、黑板等；医疗仪器，如身高体重计、血压计、交通工具等。

在具体社区健康教育的实施过程中还应注意做好以下几点工作：
(1) 首先开发领导层，以得到社区基层领导及管理者的支持；
(2) 协调社会各界力量，创造执行计划的良好内、外环境；
(3) 认真做好健康教育者的培训工作；
(4) 培养典型，以点带面；
(5) 不断调查研究，探讨新的教育形式和方法；
(6) 及时总结工作，交流、推广好的经验。

（五）社区健康教育的评价

所谓的评价，即是对照计划进行检查、总结。社区健康教育评价即是对社区的健康教育活动进行全面的监测、核查和控制，是保证社区健康教育计划设计、实施成功的关键措施。因此，社区健康教育的评价应贯穿社区护理教育活动的全过程。

在实际工作中，健康教育评价可以分为3种，即即时评价、阶段评价及效果评价。即时评价是指在进行健康教育时，教育者应通过教育对象的不同形式反馈，如面部表情、提问等，及时修改教育方式及方法。阶段评价是指在健康教育的过程中，教育者应定期对照计划检查教育进度及效果。效果评价则是指在健康教育结束时，教育者应对照计划对教育活动进行全面检查、总结。

在进行健康教育评价时，应注意使用恰当的评价指标及方法。常用的评价指标及评价方法如下。

1．评价指标
(1) 反映个体或人群卫生知识水平的指标
1) 卫生知识及格（满分）率 = 卫生知识测验及格（满分）人数 / 参加测验的人数 ×100%
2) 卫生知识达标率 = 某一范围内卫生知识达标人数 / 该范围内应达标人数 ×100%
(2) 反映个体或人群对卫生保健工作态度的指标
1) 对某卫生保健行为的支持（反对）率，例如：

对戒烟的支持（反对）率 = 被调查范围内支持（反对）戒烟的人数 / 被调查人数 ×100%

2）健康教育活动的自愿参与率，例如：

某疫苗自愿接种率 = 某范围内自愿接种某疫苗人数 / 该范围内应接种某疫苗的总人数 ×100%

(3) 个体或人群卫生习惯或卫生行为形成情况的指标

1) 卫生保健活动参与率 = 某范围内坚持参与某项卫生保健活动人数 / 该范围内有能力参与卫生保健活动的总人数 ×100%

2) 不良行为或习惯转变率 = 某范围内已改变或纠正某种不良行为或习惯人数 / 该范围内有某种不良行为或习惯的人数 ×100%

(4) 反映健康教育深度和广度的指标

1) 卫生知识普及率 = 某范围内已达到卫生知识普及要求的人数 / 该范围内总人数 ×100%

2) 健康教育覆盖率 = 某范围内接受某种形式健康教育的人数 / 该范围内总人数 ×100%

(5) 反映人群健康水平的指标：发病率、患病率、死亡率、平均寿命及少年儿童的生长发育指标等。

2．评价方法　评价的主要方法有：座谈会、家庭访问、问卷调查、卫生学调查、卫生知识小测验以及卫生统计方法等。在实际工作中应根据社区健康教育的对象及客观条件采取适当的评价方法，以达到良好的效果。

3．影响评价的因素　评价将贯穿社区健康教育的整个过程，它是确保社区健康教育成功的重要保证。但是，在评价时要特别注意防止偏倚因素的影响。常见的偏倚因素有以下5种：

(1) 历史性因素：所谓的历史性因素是指在评价过程中发生的重大的、可能对目标人群产生影响的事件，如新卫生政策的颁布、自然灾害或社会灾害等。在评价时，可通过设立对照组和过程追踪来排除历史性因素对评价结果正确性的影响。

(2) 测试或观测因素：在评价过程中，测试者本身的态度、工作人员对有关知识和技能的熟练程度、测量工具的有效性和准确性及目标人群的成熟性对评价结果的正确性均有影响。

(3) 回归因素：回归因素是指由于偶然因素，个别被测试对象的某特征水平过高或过低，但在以后的测试中可能又恢复到原有的实际水平的现象。在测试中，可采用重复测量的方法以减少回归因素对评价结果正确性的影响。

(4) 选择因素：在评价阶段，如果干预组和对照组选择不均衡，可引起选择偏倚，从而影响观察结果的正确性。但在评价中，可通过随机化或配对选择的方法防止或减少选择偏倚对评价结果正确性的影响。

(5) 失访：失访是指在实施健康教育过程中或评价阶段，目标人群或教育对象由于各种原因而中断被干预或评价。如果目标人群失访比例过高（超过10%），便可造成偏倚。

例：对高血压病的健康教育计划的评价，见图3-4。

考点： 社区健康教育评估内容、诊断步骤、计划内容、实施步骤、评价方法。

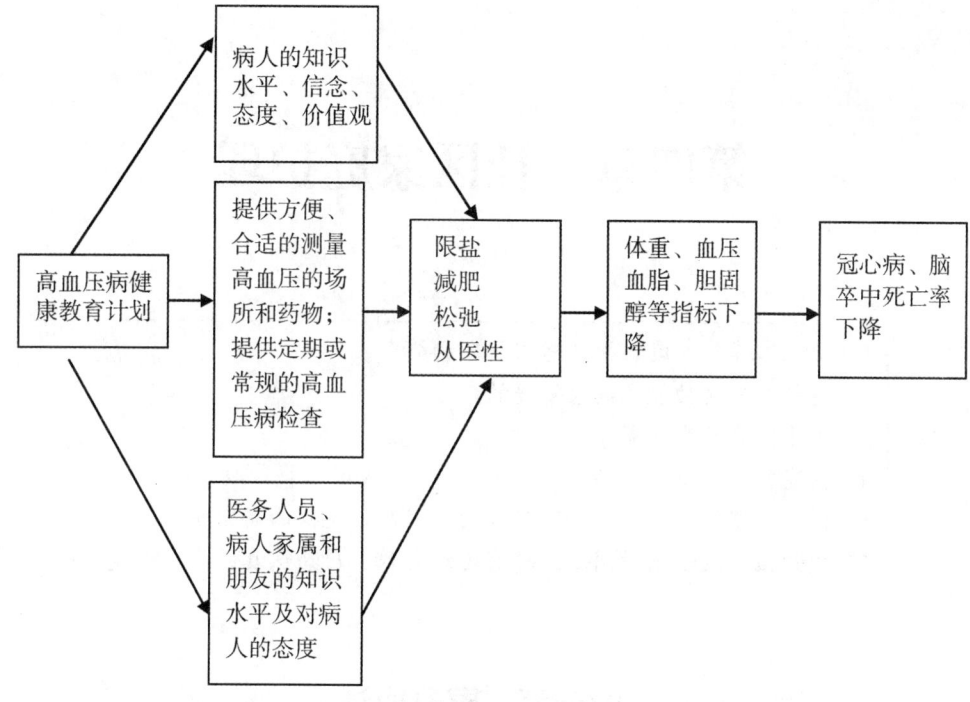

图 3-4　以高血压病为例的慢性病防治健康教育计划的评价
（摘自王燕玲，钮文异．常见慢性病社区综合防治管理手册：健康教育指导分册．）

小结	1. 健康教育是通过信息传播和行为干预，帮助个人和群体掌握卫生保健知识、树立健康观念，合理利用资源，自愿采纳有利于健康行为和生活方式的教育活动与过程。 2. 健康促进是促使人们提高、维护和改善他们自身健康的过程。 3. 健康教育与健康促进的意义：①健康教育和健康促进是实现初级卫生保健的先导；②健康教育和健康促进是卫生保健事业发展的必然趋势；③健康教育和健康促进是一项低投入、高产出的保健措；④施健康教育和健康促进是提供群众自我保健意识的重要渠道。 4. 健康相关行为改变的理论：①知-信-行模式（KABP 或 KAP）；②健康信念模式（HBM）；③行为阶段变化理论（SCT）。 5. 社区健康教育是指以社区为单位，社区人群为教育对象，以健康为中心的全民性教育，贯穿于人类生命的全过程，以促进社区居民健康为目标，有组织、有计划的健康教育活动。社区健康教育的特点是：①社区健康教育以健康为中心；②社区健康教育具有广泛性；③社区健康教育具有连续性。社区健康教育的对象是：①健康人群；②具有某些致病危险因素的高危人群；③患患者群；④患者家属及照顾者。社区健康教育程序可分为 5 部分，即评估、诊断、计划、实施及评价。

（李淑玲）

第四章 社区家庭护理

学习目标	1. 熟记家庭、家庭访视及居家护理的概念。 2. 解释家庭的功能及健康家庭的内容。 3. 说出家庭的生活周期。 4. 描述家庭访视的程序。 5. 说出居家护理形式、居家护理的技术及常见病的居家护理。 6. 能积极、主动思考问题，具有团结协作、严谨认真的学习态度。

第一节 家庭概述

案例 ——— 哭泣的女孩

孙某，女，8岁，小学生，因不停地哭泣很长时间，其母怎么劝也劝不好，来社区卫生服务站寻求帮助。

护士与小女孩交谈时得知，小女孩平时性格内向，不爱说话，哭泣的原因是小女孩在路上捡了一只因生病而被遗弃的小狗，哭着交给了班主任，希望老师能帮她照顾小狗，老师对其进行一番安慰后，将小狗送给了别人，小女孩得知后一直哭泣。谈话中，她表示自己害怕会和小狗一样，等自己生病了，或者是不听话了，妈妈就会不要她了。护士还了解到小女孩的家庭背景，其父母是外来务工人员，从小就随父母居住在打工区，父亲游手好闲，家里经济来源主要靠母亲做家政来维持，父母关系紧张，今年刚离婚，小女孩随母亲生活。

思考：1. 小女孩为什么紧张害怕哭泣？
2. 什么是家庭？家庭的功能有哪些？什么是健康家庭？

一、家庭的概念

（一）家庭的定义

家庭是个人生活的场所。个人的人生观、价值观、生活习惯、饮食习惯和分析问题、判断问题、解决问题的方式在很大程度上受家庭环境的影响。因此，家庭健康很重要，它直接影响着家庭成员的健康。

不同时代、不同国家、不同民族对家庭的认识是不同的，总体归纳有两种倾向，即传统意义的家庭和现代意义的家庭。传统意义的家庭是指在同一处居住，靠血缘、婚姻或收养关系联系在一起，由两人以上所组成的社会基本单位。但是随着社会的发展变化，人们对家庭的概念有了新的认识，也承认由多个朋友组成的具有家庭功能的家庭，即现代意义的家庭。在我国，多数家庭是以婚姻为基础、法律为保障传统意义的家庭，家庭关系比较稳定。

总之，家庭是社会的基本单位，也是社会生活的组织形式，是个人与社会联系的最基本单位，也是社区护士最需要考虑和关注的服务单位。

考点： 传统意义家庭的概念。

(二) 家庭的类型

1. 核心家庭　是指由父母及其未婚子女组成的家庭，也包括无子女夫妇家庭（无生育或不生育）以及养父母和养子女组成的家庭。

核心家庭的特点是：人数少，结构简单，关系单纯，比较稳定，但是可利用的家庭资源少，家庭关系具有亲密和脆弱的双重性，出现家庭危机时获得家庭支持很少。核心家庭逐渐成为现代社会家庭的主要类型。

2. 扩展家庭　是指由两对或两对以上的夫妇及其未婚子女组成的家庭，又可分为主干家庭与联合家庭。

（1）主干家庭：由一对夫妇与父母、未婚子女或未婚兄弟姐妹构成的家庭。

（2）联合家庭：由至少两对或两对以上同代夫妇及其未婚子女组成的家庭，包括年长的父母与已婚子女及孙子女构成的家庭。

扩展家庭的特点是：人口多，关系复杂，不太容易相处，家庭关系不稳定，当家庭遇到危机时，有较多的家庭支持。

3. 其他类型家庭　包括单身家庭、单亲家庭、残缺家庭、同居家庭、断代家庭、同性恋家庭等。

此类家庭的特点是：经济困难、问题偏多、缺乏照顾、孤独等。

我国的家庭发展趋向于小规模和多样化，夫妻制的核心家庭较多，老夫妇的家庭和老夫妇一方丧偶和子女一同生活的三代家庭增多。由于生活水平和住房水平的提高，交通工具和通讯信息的发达，出现了家庭类型的变迁，即子女婚后建立的核心家庭与父母家庭距离很近，两个家庭之间保持相当密切的关系，在精神、生活、经济、健康照顾等方面家庭之间承担着相互帮助的责任，有利于家庭的健康发展。

案例

患者，女，15岁，学生，由母亲陪同来就诊，确诊为糖尿病，采用药物治疗，定期复查，医生要求其母亲督促用药，并且控制糖的摄入。然而，复查后发现血糖没有控制在正常范围之内，问其原因，其父亲认为女儿年纪轻轻的，不需要药物治疗、控制饮食，多锻炼就行了，母亲依从父亲的说法，没有监督女儿用药。

问题：哪种家庭权力结构对患者的病情造成影响？

考点： 家庭的类型。

二、家庭结构及功能

（一）家庭结构

家庭结构分为家庭外在结构和家庭内在结构。家庭外在结构范围很广，包括经济来源、教育、医疗、住房、娱乐等。家庭内在结构包括家庭角色、家庭权利、沟通方式和家庭价值系统等。

1．家庭权利结构

（1）传统权威型：由家庭所在的社会文化传统决定。如在男性主导社会，父亲往往是一家之主，家庭成员认可他的权威性，而不考虑其社会地位、收入、职业等。

（2）工具权威型：在家庭中，负责养家糊口，掌握经济大权的人被认为是权威人物，妻子或子女若能处在这种位置上，也会成为家庭的决策者。

（3）分享权威型：家庭成员分享权利，共同协商，做出决策，由个人的能力、特长、爱好和兴趣来决定每位成员在家庭中所承担的责任，是现代社会所推崇的类型，这种家庭又称为民主家庭。

（4）情感权威型：在家庭情感生活中具有凝聚力的个人担当决策者，其他家庭成员因他的感情承认其权威性，如妻管严。

> **案例**
>
> 16岁的小明从小性格内向，不爱说话，喜欢自己玩，非常听话，从来不惹是生非。母亲是单位的领导，回到家里就训斥丈夫，对小明也是以命令的口吻说话，小明非常反感，母亲对小明的学习要求很高，达不到要求就是体罚或者是大声训斥。到了初中，小明开始顶撞母亲了，父亲也不敢多说话，家庭气氛比较紧张，父母也因小明的学习经常吵架。
>
> 问题：从家庭角色和家庭沟通的角度分析，该家庭的问题出在哪里。

2．家庭角色　角色是指个体在一定社会位置中所期盼的行为。具体说是职能，是一种对每个处在这个位置的人所期待的、符合规范的行为模式。家庭个体成员往往也同时扮演几种角色，如母亲、妻子、女儿等角色。

3．家庭沟通　是指家庭成员之间对感情、愿望、价值观、意见和信息进行交换的过程。

4．家庭的价值观　是家庭在价值观方面所特有的一种思想、态度和信念，他受家庭所处的文化背景、宗教信仰和社会价值观的影响。

> **案例**
>
> 韩某，女，56岁，公公84岁，婆婆82岁，儿子30岁，丈夫58岁。韩某与儿子发生家庭冲突事件，社区护士进行家庭访视。在交谈过程当中，得知韩某与公公婆婆、儿子、儿媳住在一起，孙子今年2岁。
>
> 问题：请说出韩某目前承担的家庭角色。

（二）家庭的功能

案例

小丽，女，10岁，留守儿童，和爷爷奶奶一起生活，父母常年在外打工，很少回家，每个月会给小丽寄较多的零花钱。小丽平时很听话，但很少说话，经常吵着想妈妈，想爸爸，学习有所下降。

问题：从家庭的功能考虑，这个家庭缺失的功能是什么？

家庭是社会的基本单位，是人与社会的连接点，家庭具有满足家庭成员需求的功能。家庭的功能是多样性、基础性、独立性的。社区护士要了解家庭的功能，利用家庭资源开展护理服务，促进家庭健康。

1．情感功能　情感是形成和维持家庭的重要基础。以血缘和婚姻为纽带，家庭成员生活在一起，相互理解、支持，从而满足各自的归属感、安全感等情感需求，并保持家庭成员之间和谐的心态，促进心理健康。

2．社会化功能　家庭可提供社会教育，帮助子女完成社会化过程，并依据国家制定的法律、法规和民族习俗，约束家庭成员的行为表现，给予家庭成员以文化素质教育，使其具有正确的人生观、价值观和信念。

3．生殖功能　家庭是生育子女、繁衍后代的基本单位。它体现了人类作为生物世代延续种群的本能与延续种群的需要。

4．经济功能　家庭的主要功能之一就是经营生活，经营生活需要供给经济资源，包括金钱、物质等，满足各方面的生活需求。

5．健康照顾的功能　保护家庭成员的健康，并且在家庭成员生病时，能提供多方面的照顾。健康照顾的主要内容是提供适当的饮食、居住条件和衣物，提供健康的生活居住环境等。

三、家庭的生活周期及健康家庭的标准

（一）家庭生活周期

案例

在儿童健康体检时，小李家5个月的儿子对声音反应迟钝，在医院做了进一步检查，目前正在等待检查结果。小李抱着孩子来到社区卫生服务站，向护士咨询孩子耳朵会不会聋，护士看到她除担心外，还很忧愁，于是决定进行家庭访视。

在家庭访视时，了解到在儿子出生不久，小李就随丈夫调转工作来到现在的社区。小李的丈夫是某计算机软件公司的职员，小李的周围没有婴幼儿的家庭，由于新搬到此地，邻居不熟，也没有朋友，她打算等孩子1周岁后再上班。目前和孩子呆在家中，社区护士看到小李不和孩子说话，也不抱孩子，只是自己呆呆地坐在那里，好像很疲劳。

问题：1．此家庭处于哪个发展阶段？
　　　2．此家庭现阶段的家庭发展任务是什么？

人有生命周期，家庭也和人一样，具有家庭周期，家庭也存在着诞生到兴旺最终衰老死亡的循环周期。一般来说，家庭的发展阶段从夫妻结婚组成家庭开始，孩子出生、成长、工作、结婚成家，夫妻又回到二人世界，最后夫妻相继去世。如此这般，新的家庭诞生，旧的家庭终结，形成家庭的周期循环。

家庭发展任务是指家庭在各个发展阶段所面临的、普遍出现的、正常变化所致的与家庭健康有关的问题。家庭的每个发展阶段都有其特定的不同角色和责任，健康的家庭会妥善处理各阶段的发展任务，使家庭逐渐成熟，而问题家庭就会出现矛盾，使家庭成员中产生相应的健康问题。社区护士的主要任务就是帮助家庭找出家庭问题，并解决问题，促进家庭健康。

关于家庭发展阶段的学说有多种，各有差异，我国较普遍用的是Duvall的家庭发展阶段学说（表4-1）。

表4-1 家庭发展阶段的常规变化和发展任务

家庭发展阶段	家庭出现的变化	家庭面临的发展任务
第一阶段	新婚家庭，夫妇结合尚无孩子出生	适应新婚生活 计划生育 建立经济基础 适应家务活动 准备怀孕 产前准备
第二阶段	婴幼儿家庭阶段，第一个孩子成长（0~3岁）	养育教育子女 建立健康的父子、母子及夫妻关系 母亲育婴负担 经济基础的维持
第三阶段	学龄前儿童家庭（3~6岁）	维持良好的夫妻关系和亲子关系，家庭教育，促使孩子社会化
第四阶段	有学龄儿童家庭（6~13岁）	儿童身心发展、亲子关系的教育和学校教育，促使孩子社会化
第五阶段	有青少年家庭（13~20岁）	维持良好的亲子关系，青少年的教育
第六阶段	中年家庭	维持良好的夫妻关系，适应进入更年期
第七阶段	老年家庭	适应老化，维持亲子关系
第八阶段	退休或死亡	适应丧偶，面对死亡，应对家庭关系的改变

（二）健康家庭

健康家庭是充满活力、温馨和谐的，一个健康的家庭是家庭成员身心健康的重要条件，尽管家庭健康的定义没有统一，但是一个健康家庭必须具备以下5个特征：

知识链接　　　　　　**健康家庭生活的五种方式**

密切、和谐的沟通习惯。现代人生活的压力越来越大，新世纪将要迎接更大的挑战，家庭成员之间密切和谐的沟通，应成为人们缓解压力、释放紧张、情绪稳定、精神健康的重要方式。

共同散步的生活方式。糖尿病、肥胖病、心脑血管病等会越来越成为影响人们健康的重要疾病，这主要是由于人们养尊处优，活动太少。

建立无吸烟家庭。据世界卫生组织调查，吸烟已经成为人类的第一死亡因素。妻子被动吸烟，患肺癌的可能性将增加50%。吸烟有百害无一利，家庭生活应当无烟。

家庭成员间适宜经常干杯。科学证明，长期少量饮酒对心脑血管有保健作用。家庭成员一般若选择白酒，以单人每天总量不多于50g为宜；若是葡萄酒，则以不超过150g为佳；如果是啤酒，则应低于350ml。

建立家庭膳食平衡的习惯。家庭成员的膳食结构应按照如下科学配置才利于健康：以粮食、蔬菜和水果为主要摄入量，以瘦肉、鱼肉、鸡蛋、牛奶、豆制品为次之，以油脂、糖、调料最少。

1．良好的交流气氛　家庭成员之间能进行有效的沟通和交流，彼此分享感情、理想，相互关心、照顾，及时化解矛盾和冲突，共同分享成功与快乐。

2．促进家庭成员的发展　健康家庭给家庭每个成员有足够的自由空间和情感支持，使家庭成员有逐渐成长的机会，能够随着家庭的改变而调整自己的角色并适应角色。

3．能积极面对矛盾并解决问题　当家庭出现问题时，健康家庭会主动承担责任并寻求解决问题的方法，遇到解决不了的问题时，不回避矛盾并寻求外援帮助。

4．有健康的居住环境及生活方式　健康家庭能为家庭成员提供安全舒适的生活环境，能认识到平衡膳食、锻炼身体的重要性。

5．与社区保持联系　人是生活在群体中的，离开了社会群体就不能健康的生活，所以家庭不能脱离社会，要充分利用社会网络，利用社会资源满足家庭成员的需要。

案例

小亮，男，7岁，出生后一直身体健康，没患过严重的疾病。去年春天反复腹痛，多次检查无重大阳性发现，治疗效果不明显，病情没有好转，小亮的脾气变得越来越暴躁，爱发脾气，但不爱多说话，小亮的母亲带他来到社区卫生服务中心求助。

护士给小亮做了全面检查，没有发现问题，但发现小亮情绪低落，不爱多说话。小亮的母亲解释说，他们的家庭长期处于紧张压抑状态，因怀疑丈夫有外遇，夫妻经常吵架，家庭氛围紧张，已经分居。

问题：此家庭健康吗？通过什么方式促进此家庭的健康？

（三）家庭危机

压力事件是会造成心理失衡的刺激性事件，而家庭是一个系统，个人或家庭的压力事件都会对整个家庭造成一定的影响。家庭资源的多少决定家庭对压力的调试,如果资源不足、调适不佳,引起家庭失衡,即称家庭危机。家庭危机包括意外事件引发的危机、家庭发展伴随的危机、与照料者有关的危机和家庭结构本身造成的危机。

1. 意外事件引发的危机　这一类危机是指由意外事件造成的家庭失衡,一般无法预料,是各类危机中最不常发生、最单纯的一种,如天灾、车祸、死亡等。

2. 家庭发展伴随的危机　此类危机是由于家庭发展过程的非意外事件不能很好地调适造成的,具有可预见的特点,如结婚、生子、退休、更年期综合征、中年时的离婚等。

3. 与照料者有关的危机　这是由于家庭因某些原因而单方面的长期依赖外部力量造成的危机。如家庭长期靠福利机构救济生活、家庭内有慢性病患者长期需要照顾等。

4. 家庭结构本身造成的危机　这类危机的根源埋伏在家庭结构内部,可以造成家庭矛盾的突然恶化。发生时,可伴有或不伴有压力事件,并且具有反复发作的特点。常见的有酗酒家庭、暴力家庭、自杀、离家出走等。

案例

女儿58岁,小学教师,已退休;父亲79岁,瘫痪卧床1年多,生活不能自理,目前在家中由女儿护理。护理者(女儿)出现腰痛、肩痛和头痛。从家庭访视的现场观察中发现:尽管患者(父亲)下肢有部分活动能力,但在移动时,其女儿为了不让父亲多用力,把全部的重力压在自己身上。同时也发现其父亲依赖性很强,不主动做力所能及的事,把所有的事情都留给女儿去做。此外,患者的床太低,导致护理者护理时弯腰过度。护理者认为护理工作实在太辛苦了,感到生活暗淡、烦躁和苦恼,自己有些承受不了。但由于责任心和亲情的关系,依然每天坚持护理父亲。

问题:此家庭的家庭危机是什么?如何促进此家庭的健康?

第二节　家庭访视

案例

王先生,男,52岁,来到社区卫生服务中心,希望社区护士给予弟弟帮助。王先生主诉的情况是:弟弟王某,男,50岁,2年前确诊为重症肌无力,每周1次由其妻陪同去医院就诊,生活完全依赖于他人照顾和护理。弟弟最近出现夜间痰量增多,咳痰困难,弟媳因为护理工作繁重,每日备感疲劳。王先生担心这样继续下去会拖垮弟弟的家庭,来站请求社区护士的帮助。

思考:

1. 根据以上资料,请说出社区护士进行家庭访视前最应做的事情是什么?
2. 第一次访视最需要收集的资料是什么?

当家庭访视进行至两个月时,主治医师说:"由于病情逐渐加重,考虑今后病情会有突然恶化的可能,以及妻子护理负担过重,希望住院治疗。"

3. 此时的社区护士应最优先做什么事情?

一、家庭访视概述

（一）家庭访视的定义

家庭访视简称家访。是指为维护和促进个体、家庭、社区、社会的健康，在服务对象的家里进行的护理活动，是社区护士用来接触、了解社区居民健康状况和对各家庭进行健康评估、开展社区护理的重要工具。

（二）家庭访视的服务对象

家庭访视的服务对象是存在健康问题或潜在健康问题的个人或家庭，他们在社区内是弱势群体，这些弱势群体主要包括特困家庭、有遗传性疾病家庭、有慢性病患者且缺少社会援助的家庭、有残疾人的家庭等。其中还包括家庭中有急症患者、有新生儿的家庭、家庭成员中有心理问题的家庭及有临终患者的家庭等。

（三）家庭访视的类型

1．预防性家访　目的是预防疾病和健康促进，主要用于妇幼保健性家访与计划免疫。

2．评估性家访　目的是对照顾对象的家庭进行评估。常用于有家庭危机或心理问题的家庭，以及有老年人、体弱者、残疾人的家庭。

3．连续照顾性家访　目的是为患者提供连续性照顾。主要用于患有慢性病或需要康复护理的患者及临终关怀的患者家庭。

4．急诊性家访　目的是对患者出现的临时性问题或紧急情况进行家访。

（四）家庭访视的意义

1．早期发现访视家庭的健康问题。

2．能够配合家庭情况，提供切实可行的方法。

3．比较有充足的时间可以利用。

（五）家庭访视的技巧

1．了解访视对象的基本情况　社区护士要用语言和非语言交流技巧了解访视对象的基本情况，同时也要了解访视对象家庭成员的基本情况及家庭成员之间的关系，在交流过程当中应鼓励访视对象自由倾吐自己对健康问题的看法和体验，从而了解更多资料。

2．认真倾听　要善于倾听访视对象的讲话，在倾听过程中要精力集中，同时给予适当的回应。认真倾听是社区护士对访视对象的尊重，同时也有利于建立良好的交流关系。

3．诚信的态度　社区护士在交流过程当中要关心、体贴、理解访视对象，表现出高度的责任感和同情心，才能得到访视对象的信任。

4．使用通俗易懂的语言　和访视对象交流沟通时问题要简短、易懂、易回答，对文化程度低的避免使用医学术语，必要时可以使用画板或写字板和访视对象交流。

（六）家庭访视时社区护士的安全

家庭访视时，护士可能会遇到一些情绪失控、发怒的服务对象，而且不能有效控制失控的场面，所以社区护士在做家庭访视时要注意人身安全。

1．访视前的安全　如果访视地点是偏远的地方、小胡同、地下室、准备拆迁的危房，护士有权提出变换访视地点，一定要去时最好有一人陪同；如果被访视家庭是单独的异性，护士有权要求有一个陪同者同行；穿着合适、得体，穿舒适的鞋子，必要时能够跑动；访视前将自己的访视路线、访视家庭的地址、电话、时间交给同事一份，以备联系。

2．访视中的安全　社区护士在家庭访视时要注意交通安全，防意外情况的发生；如果社区护士在做家庭访视时遇到打架、酗酒、吸毒等不安全因素，可立即离开；如果有成员可能有危险或受伤，离开访视家庭后应立即报警或通知急救站；护理箱应放在社区护士的视野内，不用时盖好，以免小孩好奇玩弄。

二、家庭访视程序

家庭访视的程序可分为访视前的准备、访视中的工作和访视后的工作，这些步骤是循环的、周而复始的流程。

> **案例**
>
> 杨某，女，46岁，两天前查体发现乳房肿块，疑患乳腺癌收住社区医院。既往体健，无乳腺癌家族史。
>
> 杨某在济南一家造纸厂工作，月收入2000元，有医疗保险，两年前离异，独自抚养20岁、正在北京读大学的女儿。杨某父母现年70余岁，体健，与杨某一起住在造纸厂附近一处普通居民小区，小区位于城郊，环境较差，人员流动性大，没有完善的社区管理系统。两位老人小学文化，对保健知识了解很少。
>
> 问题：根据以上资料，社区护士做家庭访视前应做哪些工作？第一次家庭访视需要收集哪些资料？

> **案例**
>
> 社区某家庭，父亲78岁，退休干部，患高血压、冠心病、糖尿病，一直坚持服药，日常生活基本能自理。母亲70岁，教师，类风湿关节炎病史20年，发病期间生活不能自理，缓解期能做简单家务。夫妻有一女儿，结婚后与父母分开居住。
>
> 问题：根据以上资料，社区护士如何做家庭访视？社区护士应优先访视哪个家庭？

（一）家庭访视的过程

1．访视前的准备

访视前的准备工作非常重要，它是关系到访视成功与否的重要环节，准备工作主要包括选择访视对象、确定访视目标、准备访视用品、安排访视路线。

（1）选择访视对象：当社区护士负责访视家庭的数量较多时，应在有限的时间和精力下有计划、有目的、有重点地安排家庭访视，主要原则就是遵循优先顺序原则。

1）影响人数的多少：安排优先访视首先要考虑健康问题影响人数的多少。如果影响人数多，如传染病，就优先考虑，否则会导致更多人感染此病。

2）对生命的影响：社区中致死率高的疾病视为优先访视。如对于先天性心脏病的小儿和侏儒症的小儿，优先访视先心病的小儿。

3）是否留有后遗症：疾病的后遗症会影响社区居民的生活质量，增加家庭和社会的负担。如心肌梗死的患者和脑卒中的患者都出院，应优先访视脑卒中的患者。

（2）确定访视目标：社区护士在访视之前，必须先明确访视目的，再制订访视中的具体程序。

（3）准备访视用品：社区护士在进行家庭访视时需携带护理包，包内基本用物有体温计、血压计、听诊器、纱布、注射器、酒精棉球、剪刀、口罩、量尺等。再根据不同的访视对象增加物品。

（4）安排访视路线：安排访视路线的先后，以节省时间顺路为原则，可以由远而近或由近到远。

2．访视中的工作　访视中通过交流沟通，了解每位家庭成员的健康状况，判断家庭存在的健康问题，制订支持计划，与相关部门进行协调，指导对患者和身体衰弱者进行护理，指导营造安全卫生的家庭环境，并提供如何利用社会援助来促进家庭健康。

3．访视后的工作　访视回来后，洗手，补充护理包中的物品，做记录，写总结，并和其他社区护理人员交流访视中的情况。

（二）家庭访视时的注意事项

1．预约　原则上需要与被访视家庭事先预约，在访视前再核对访视时间。

2．自我介绍　初次访视时要向访视对象作自我介绍，原则上不要站在门口进行询问和指导，护士应想办法自然地进入室内指导，同时不要硬闯入室内进行指导。

3．访视时间的安排　如果访视时间少于 20 分钟，最好此次访视和其他访视合并，如果访视时间超过 1 小时，最好分成两次访视。访视时避开吃饭时间和会客时间，不接收礼金。

考点：家庭访视的过程

第三节　居家护理

案例

高奶奶，86 岁，左侧偏瘫快 7 年了，由于长期卧床导致左侧肢体肌肉萎缩，活动受限，自己不能翻身；左侧髂骨部和踝关节有轻度压红；经常便秘；语言交流较少，心情抑郁。

思考：如何对高奶奶进行居家护理？应达到什么效果？

一、居家护理定义

居家护理是对需要照顾的个人及其家庭，在自己居家环境中，获得定期的专业健康照顾和护理服务，达到促进健康、维护健康及预防疾病的目的。居家护理的服务对象有需要生活照顾的老年患者、长期慢性病患者、需要做基础护理和特殊护理的患者等。

二、居家护理形式

（一）家庭病床

1．家庭病床的定义　家庭病床是以患者家庭为基本医疗护理单元设立病床，在家庭为患者开展连续的、系统的基本医疗护理服务，是医院住院服务的院外补充形式，是基本的医疗服务项目。家庭病床是以家庭作为治疗护理场所，选择适宜在家庭环境下进行医疗或康复的病种，使患者在熟悉的环境中接受医疗和护理。医务人员在建立家庭病床后，走出医院大门，最大限度地满足社区护理要求，同时也扩大了服务内容，如健康教育、健康咨询、预防保健等。家庭病床是我国最常见的居家护理形式。

2．家庭病床的分类　为了便于管理，可根据收治患者的种类将家庭病床分为：

（1）老年病床：指年龄在60岁以上的常见病，如脑血管病、冠心病、高血压、肺心病等。

（2）各种慢性病床：如慢性肝炎、结核病、慢性支气管炎、关节炎。

（3）晚期癌症（包括术后需放疗、化疗者）给予支持治疗者病床。

（4）康复病床：指为消除或减轻各种原因引起的伤病或残疾身体、精神上的功能欠缺，最大限度地恢复生活和工作能力而设的家庭病床。例如慢性病的心理测试和心理治疗，脑血管疾病后遗症偏瘫治疗等。

（5）普通家庭病床：指一般常见的不列为以上情况的其他适合在家庭病床治疗的疾病。例如肺炎、急性胃炎等。

（二）家庭护理服务中心　家庭护理服务中心是为家庭中需要护理服务的人提供护理的机构，国外的居家护理服务形式主要是家庭护理服务中心，常由家庭护理服务中心派遣社区护士进行居家护理，目前我国尚未开展这种居家护理形式。

> **考点**：居家护理形式

三、居家护理内容

（一）病情监测

主要是指体温、脉搏、呼吸、血压、瞳孔等，这些生命体征的变化都反映出疾病的好转或者恶化。此外，还应注意皮肤、黏膜的变化和呕吐物及大小便的颜色、量、性状、次数等。

（二）医疗护理

1．治疗护理　如退热、输液、输氧、排痰、导尿等治疗手段的护理。

2．用药的护理　督促患者正确用药，并观察药物的不良反应。

3．诊察护理　化验标本的正确采集，做各类检查的注意事项。

（三）生活护理

生活护理内容主要是照顾患者的清洁卫生，如洗头、口腔清洁、淋浴、更衣、铺床、修剪指（趾）甲等，以及一些必要的消毒。

（四）饮食护理

根据患者病种病情的需要，制作特定的病号饭，科学合理安排患者饮食，以补充足够营养，促进机体恢复。

（五）休息与睡眠

任何疾病的好转、康复都需要充足的休息和睡眠，因此，必须创造安宁的环境，保证患者充分的休息与睡眠。

（六）心理护理

当人患病后，特别是一些较严重的疾病会使人产生不同程度的心理负担，如恐惧、焦虑，这些都将影响患者的康复。因此，减轻患者心理压力也是居家护理的内容之一。

四、常见疾病的居家护理

案例

李大爷今年67岁,体重80kg,身高175cm,最近1个月体重迅速减轻10kg,医院检查空腹血糖为13.5mmol/L,诊断为2型糖尿病,经过治疗后现体重已增加5kg,但有时还会感觉身体乏力,偶有视物不清,双下肢无力,易饿,劳动后易头晕,老人不能接受自己患病的事实,情绪低落。

问题:如何对李大爷进行居家护理?居家护理达到的效果有哪些?

(一)糖尿病患者的居家护理

1．并发症的护理

(1)低血糖:是糖尿病治疗过程中常见的并发症。轻度低血糖时可出现心慌、手抖、饥饿、出冷汗等表现。严重时可昏迷,甚至死亡。预防低血糖应注意以下几点:药物治疗逐渐加量,谨慎进行调整;定时、定量进食;在体力活动前吃一些碳水化合物食物;不要饮酒过多。如出现上述低血糖症状,意识清醒的患者应尽快口服含糖饮料,如橙汁、糖水、可乐等,或吃一些糖果、点心。意识不清的患者应立即送医院治疗。要注意检查低血糖的原因,予以纠正。

(2)糖尿病足:糖尿病患者因血管病变和神经病变造成足部供血不足,感觉缺失并伴有感染。糖尿病足的主要表现有下肢疼痛、皮肤溃疡、间歇跛行和足部坏疽。创口久不愈合,严重者不得不截肢致残。预防糖尿病足要做到经常检查双脚,使鞋袜舒适,正确修剪脚趾甲,每天坚持小腿和足部运动30～60分钟;小心处理伤口。对于小伤口应先用消毒剂(如酒精)彻底清洁,然后用无菌纱布覆盖。避免使用碘酒等强烈刺激性的消毒剂。不要使用紫药水等深色消毒剂,因为药品的颜色会遮盖伤口感染的征兆。不要使用鸡眼膏等腐蚀性药物,以免发生皮肤溃疡。若伤口在2～3天仍未愈合,应尽早就医。

2．糖尿病教育　教育可以提高患者对糖尿病的认识,了解持久高血糖的危害性以及控制高血糖的可能性和重要性,加强自我监护和自我保健能力,主动与医务人员配合治疗。控制糖尿病需要患者、家属和医务人员之间的密切合作,应为每一位患者制订一份有针对性的教育计划。

3．饮食疗法的原则　平衡膳食,保证营养需要;避免高糖食物、油腻食物,多吃富含食物纤维的食品;烹调以清淡为主;定时定量,少量多餐。

4．运动疗法　可以降低血脂,减少血栓形成,防治轻、中度高血压,降低体重,防治骨质疏松。糖尿病患者运动应循序渐进,持之以恒;不宜参加比赛和剧烈活动。运动场地应空气新鲜,地面平整。最好与他人一起运动,发生意外时可得到及时救助;选择自己喜爱的运动;运动时间每周至少4次以上,每次30～60分钟。运动强度以轻中度的有氧运动为宜,以身体能耐受,无不良反应为准。运动时间相对固定;运动前后应测血糖;穿着舒适的鞋袜;发生低血糖时应立即停止运动,口服含糖饮料或食品,若不能缓解,应立即就医;随身携带糖尿病急救卡,注明姓名、地址、电话号码等。病情控制不佳的患者、有急性并发症的患者、慢性并发症在进展期的患者不宜参加运动。

（二）脑卒中患者的居家护理

脑血管疾病病程长，治疗效果差，恢复慢，并发症多，在家中除用药物治疗外，还需加强护理。良好的护理在某些方面起到药物起不到的作用，从而促进康复。

案例

王奶奶，80岁，右侧偏瘫8年，由于长期卧床导致右侧肢体肌肉萎缩，活动受限，自己不能翻身；右侧髂骨部和踝关节有轻度压红；经常便秘；语言交流较少，心情抑郁。

问题：如何对王奶奶进行居家护理？达到什么效果？

1．**发病时的家庭救护** 注意保持患者的心脏功能，尽快清除患者口鼻中的黏液、呕吐物，使昏迷患者头偏向一侧以保持呼吸道通畅。搬运患者时，不要让患者坐起或站起，在搬动患者下楼梯时应注意使其头部向上，以减少脑部充血。

2．**康复护理** 到患者家中进行康复护理，指导照顾者帮助患者被动运动，协助患者练习床上翻身、床上坐起、床边行走、室内行走以及一些小关节的精细运动。与患者、照顾者一起制订康复护理计划，使患者主动活动和被动活动相结合，床上锻炼和下地锻炼相结合，全身锻炼和局部锻炼相结合。身体条件允许的患者可以到社区医院的康复训练室，在专业康复师的指导下，进行康复训练。

3．**居家环境的评估** 社区护士在对脑卒中患者进行家庭访视时，要注意评估患者的居住环境，居室内是否有不利于患者活动的障碍物或可能导致患者受伤的隐患。例如，门槛可能会绊倒患者，也不方便轮椅的出入；带轮子的桌椅可能会使患者摔倒；蹲式厕所不利于患者自己处理排泄问题等。护士应指导家属进行必要的改造，以方便患者的活动，保障患者的安全。

4．**并发症的预防** 脑卒中的患者由于长期卧床，容易出现压疮、泌尿系感染、肺炎、便秘等并发症。护士在家庭访视时要注意观察患者有无并发症的早期表现，指导照顾者掌握预防并发症的护理要点及方法。

5．**心理问题** 脑卒中的患者由于自理能力受限，病程较长，容易对治疗产生急躁情绪，或失去信心。护士应让患者参与康复护理计划的制订，所提目标要切合实际，不要过高，以免影响患者的情绪。当患者取得进步时，要及时鼓励。

（三）高血压患者的居家护理

案例

刘奶奶，56岁，患高血压15年，最高达到190/110mmHg，长期不规律服药，导致血压一直不稳，常有头痛、眩晕感，不注重饮食和运动等对高血压的影响，经常情绪不稳定。

问题：如何对刘奶奶进行居家护理？应达到什么效果？

1．高血压患者的饮食要做到低盐、低脂、补钙、补钾。盐的摄入量应控制在每日5g以内，合理搭配脂肪、蛋白质和碳水化合物的热能比。适当补充微量元素。每日多食水果、蔬菜，注意粗细搭配。减少热量摄入，增加运动，将体重指数保持在20～24。不吸烟、不酗酒。

2. 患者血压稳定且无明显并发症时，可进行适当运动，如快步走、慢跑、骑自行车散步、做操、打太极拳等。

3. 避免各种不良刺激的影响，鼓励患者选择适合个体的文娱活动，增加社交机会，提高生活质量。

4. 督促患者遵医嘱服药，定期测量血压。为患者建立健康手册，记录血压变化及服药情况，社区护士应定期对血压控制情况进行评价，及时发现问题，给予干预。

（四）冠心病患者的居家护理

> **案例**
>
> 患者，男，60岁，有心绞痛发作史3年多，每次发作时间3～5分钟，就地休息或舌下含服硝酸甘油后立即缓解。1小时前和同学聚会，饮酒后突感左胸部压榨样剧痛，同时向左侧颈部、臂部放射。
>
> 问题：如何进行急救？在家庭中如何护理此患者？

冠状动脉粥样硬化性心脏病简称冠心病，是指由于脂质代谢不正常，血液中的脂质沉着在原本光滑的动脉内膜上，在动脉内膜一些类似粥样的脂类物质堆积而成白色斑块，称为动脉粥样硬化病变。这些斑块渐渐增多造成动脉腔狭窄，使血流受阻，导致心脏缺血，产生心绞痛。

1. 家庭急救　休息和舌下含化硝酸甘油。一旦发生了心绞痛的症状，要立即休息，同时要舌下含化一片硝酸甘油，一般经休息或含化硝酸甘油，一两分钟内心绞痛就可以缓解。也可含化或服用中药复方丹参滴丸，但其缓解心绞痛需要的时间较长。如果含化硝酸甘油五分钟仍不缓解，可再含化一片硝酸甘油。如果是初次发生了心绞痛，无论药物能否缓解，均需尽快到医院去就医，因为初次发生心绞痛，有发生心肌梗死的危险性。

2. 家庭护理
（1）起居有常：早睡早起，避免熬夜工作，临睡前不看紧张、恐怖的小说和电视。
（2）身心愉快：忌暴怒、惊恐、过度思考或过喜。
（3）控制饮食：饮食清淡、易消化。多食蔬菜和水果，少食多餐，晚餐量少，不宜喝浓茶、咖啡。
（4）戒烟限酒：吸烟是造成心肌梗死、卒中的重要因素，应绝对戒烟，少量饮啤酒、黄酒、葡萄酒等低度酒可促进血脉流通，气血调和，但不能喝烈性酒。
（5）劳逸结合：避免重体力劳动或突然用力，饱餐后不宜运动。
（6）体育锻炼：运动应根据各人自身的身体条件、兴趣爱好选择，如打太极拳、乒乓球、健身操等。要量力而行，使全身气血流通，减轻心脏负担。

考点：常见病的居家护理。

小结

　　社区护理研究的对象是个人、家庭、群体组织和社区，达到的目标是维护和促进个人健康、家庭健康、群体组织健康和社区健康，最终是促进整个社会健康。家庭是介于个人和社会之间的一种社会组织，它是社会的细胞，所以家庭健康很重要，它关系到个人健康和社会健康。

　　通过本章的学习，使学生掌握家庭、健康家庭、家庭危机的概念，了解家庭的功能、家庭生活周期的内容及居家护理的形式和技术，同时也懂得家庭发生家庭危机时采取的主要方法就是家庭访视。家庭访视是开展社区护理的重要手段，常见的家访有预防性家访、评估性家访、连续照顾性家访和急诊性家访，工作程序包括访视前准备、访视中的工作和访视后的工作。社区护士通过家庭访视发现家庭健康问题，制订和实施护理计划，解决家庭及家庭成员的健康问题，从而维护和促进家庭健康。同时也使学生掌握了常见病的居家护理措施，为做家庭访视奠定了良好基础。

（周传荣）

第五章　社区人群的卫生保健

学习目标	1. 归纳儿童各期的特点。 2. 熟记母乳喂养的好处、辅食添加的原则及断奶注意事项。 3. 归纳儿童各期日常护理、早教要点。 4. 熟记儿童计划免疫程序及注意事项。 5. 描述妇女青春期心理保健的内容。 6. 归纳围婚期的保健要点。 7. 归纳围生期的保健要点。 8. 说出老年人生理、心理变化及患病特点。 9. 归纳老年人的保健要点。

第一节　社区儿童保健

一、新生儿期保健

案例

团团，男婴，7天，足月顺产。
问题：作为社区护士，对其进行家庭访视时的主要内容有哪些？

新生儿期是指从小儿出生至满28天前的这段时间。这段时间新生儿各系统脏器功能发育尚未成熟，免疫功能低下，体温调节功能较差，因而易感染，护理起来必须细心、科学、合理。

（一）保暖

新生儿房间应阳光充足，通风良好。温、湿度适宜，室内温度保持在 22～24℃，湿度55%～65%。要随着气温的变化，调节环境温度，增减衣被、包裹。

（二）合理喂养

母乳是新生儿的最佳食品，应鼓励和支持母亲母乳喂养。

1. 母乳喂养的好处　①母乳中营养素种类齐全，富含蛋白质、脂肪和糖类，钙、磷比例适宜，有利于新生儿的消化吸收，促进新生儿健康发育。②母乳尤其是初乳中含有多种免疫因子，能提高新生儿抵抗力。③母乳干净、卫生、安全，可大大减少婴儿的各种过敏现象的发生。④母乳喂养经济实惠、方便快捷。⑤母乳喂养能促进产妇的子宫复原、有助于产妇的体型恢复。⑥母乳喂养有利于增进母子情感。⑦母乳喂养可减少女性患卵巢癌、乳腺癌的概率。

2．母乳喂养的方法　正常分娩的新生儿生后半小时内应开始吸吮母亲乳头，一般不迟于生后2小时，按需哺乳，低体重儿吸吮力强者可按正常新生儿的喂养方法进行。如果因某些原因无法母乳喂养，可采用配方奶喂养，每4小时喂一次，每次60～90mL。食后右侧卧位，床头略抬高，避免溢奶引起窒息。

(三) 日常护理

1．清洁卫生　每日早晚给新生儿擦洗，如洗脸、洗脚和臀部。勤换衣裤，用尿布保护会阴皮肤清洁。有条件者每日沐浴，天气炎热、出汗多时应酌情增加沐浴次数。

2．衣着　应简单、宽松、少接缝，以避免摩擦皮肤和便于穿脱及四肢活动。上衣可用圆领，不用松紧腰裤，最好穿连衣裤或背带裤，以利胸廓发育。

3．睡眠　新生儿每天的睡眠时间可长达20个小时，除了吃奶、大小便外，新生儿睡眠几乎占了他生活的全部时间。随年龄增长睡眠时间逐渐减少，且两次睡眠的间隔时间延长。侧卧是最安全和舒适的。侧卧时要注意两侧经常更换，以免面部或头部变形。

4．脐带护理　脐带一般生后5～7天脱落。在脐带未脱落以前，需保持局部清洁干燥，要经常检查包扎的纱布外面有无渗血，每天用75%乙醇棉签轻拭脐带根部。脐带脱落后用75%乙醇棉签卷清脐窝，然后盖上消毒纱布。

5．口腔、眼睛、皮肤的护理　新生儿娩出后双眼滴0.25%氯霉素眼药水；口鼻腔可用消毒棉签蘸等渗盐水或温开水轻拭；头面部、颈部、腋下等皮肤褶皱处的胎脂用消毒纱布蘸植物油或温开水轻轻擦净。

(四) 早期教养

新生儿的视、听、触觉已初步发展，在此基础上，可通过反复的视觉和听觉训练，建立各种条件反射，培养新生儿对周围环境的定向力以及反应能力。

(五) 新生儿期的特殊生理表现及处理

1．生理性体重下降　新生儿生后2～3天出现暂时性体重下降，在生后7～10天恢复到出生时的体重，这称为生理性体重下降。如果体重下降超过出生体重的10%以上，或在出生后第10天仍未恢复到出生时的体重，为不正常的现象，应进一步检查。

2．生理性黄疸　出生后第2～3天可出现新生儿黄疸，表现为巩膜、皮肤发黄，4～6天时黄疸明显，在出生后第10～14天消退。如果黄疸在生后24小时之内出现且程度严重，血清胆红素大于205μmol/L，黄疸持续2周以上不退，或黄疸消退后又重新出现或进行性加重，要考虑为病理性黄疸，应请医生查找原因，进行治疗。

3．假月经　生后第5～7天可能见少量阴道出血，持续1～2天后停止，不需要处理。

4．乳腺肿大及泌乳　由于母亲妊娠后期雌激素对胎儿的影响，在新生儿出生1周内，不论男孩、女孩都可出现乳腺肿大，可有蚕豆到小鹌鹑蛋样大小，还可见乳晕颜色变深及泌乳。一般出生后第2～3周才自行消退，不需要处理。

5．"马牙"和"板牙"　牙龈部可见散在淡黄色米粒样隆起颗粒，这是上皮细胞堆积所致，称为"马牙"。如在齿龈黏膜下见到白色斑块，是黏液腺滞留所致，称为"板牙"。这些在数月内会自然消退，不必进行处理。

（六）新生儿筛查

新生儿筛查是出生后预防和治疗某些遗传病的有效方法。新生儿筛查一般是在新生儿出生后三天采取脐血或足跟血进行。用快速、敏感的实验室方法对新生儿的遗传代谢病、先天性内分泌异常以及某些危害严重的遗传性疾病进行筛查，目的是对那些患病的新生儿在临床症状尚未表现之前或表现轻微时通过筛查，得以早期诊断、早期治疗，防止机体组织器官发生不可逆的损伤，避免患儿发生智力低下、严重的疾病或死亡。自2009年6月1日起施行的《新生儿疾病筛查管理办法》规定，"全国新生儿疾病筛查病种包括先天性甲状腺功能减低症、苯丙酮尿症等新生儿遗传代谢病和听力障碍"。

（七）新生儿家庭访视

访视目的：定期对新生儿进行健康检查，使问题及早被发现，及时处理，降低新生儿发病率和死亡率，指导家长科学育儿。

访视时间（频率）：第一次访视为新生儿出生后7d或出院后1～3d。第二次访视为新生儿出生后12～14d。第三次访视为新生儿出生后28d。如发现异常则增加访视次数。

准备用具：访视包、秤、皮尺、脐带消毒棉签、包扎纱布、75%乙醇、甲紫、碘酒、体温表、听诊器、压舌板等。

访视内容：第一次访视，询问新生儿出生情况，出生方式，有无窒息史，出生时的体重，有无接种卡介苗、乙肝疫苗，以及哺乳、睡眠、大小便情况。观察新生儿面色和皮肤颜色，有无黄疸，并鉴别其为生理性还是病理性，后者则需送医院治疗。注意脐带残端是否脱落，有无渗液，发现感染及时处理。称小儿的体重，观察生理性下降的程度，指导母乳喂养，宣传新生儿期的家庭护理知识，并填写访视卡。

第二次访视，观察和了解新生儿一般情况，如脐窝是否正常，黄疸是否消退，体重是否恢复到出生时体重；了解喂养及护理中出现的新问题，并帮助分析原因，给予及时指导。指导加喂浓缩鱼肝油的方法、剂量。

第三次访视，对新生儿进行全面体格检查。测量体重，若增重不足500g者，应分析原因，给予指导，并纳入体弱儿管理，预约每个月一次的儿童保健门诊的检查。

考点：新生儿期儿童保健措施；新生儿家庭访视的目的、内容、程序。

二、婴儿期保健

案例

团团，男婴，4个月大，身长62cm，体重6kg，流涎。扶着髋部时能做，坐位时头能竖直，俯卧位时可用两手撑抬起胸部。卧位时手能持玩具，抓前面的物体，自己弄手玩。能有意识地哭和笑，见食物表示喜悦，会大声笑。其母亲咨询该婴儿是否正常。

问题：请分析其生长发育情况并提出保健方案。

婴儿期是指从满28天至出生后1年的时期。此期是人的一生生长发育速度最快的阶段，对能量和蛋白质的要求也很高，而消化和吸收功能发育尚不完善，容易出现消化系统功能紊乱和营养不良等疾病；同时婴儿从母体获得的免疫能力逐渐消失，而后天的免疫能力尚未产生,容易患肺炎等感染性疾病和传染病,所以此期间儿童的发病率和死亡率仍高,做好婴儿期保健至关重要。

(一)提倡母乳喂养、合理添加辅食,指导适时断奶

1. 坚持母乳喂养　母乳能完全满足6个月内婴儿的营养需求,所以建议坚持母乳喂养。世界卫生组织(WHO)和联合国儿童基金会建议母乳喂养要持续1.5~2年。

2. 添加辅食　4~6个月以上的婴儿开始添加辅食

(1) 添加辅食目的:①补充营养素不足。②锻炼婴儿吞咽、咀嚼食物的能力。③为婴儿的语言打好基础。④为断奶做准备。

(2) 遵循的原则:①从一种到多种,适应一种食物后,再添加另一种食物。②从少量到多量,比如添加鸡蛋黄,先添加1/4,适应后,再添加到1/3,逐步加到1/2、3/4,最后加到一个。③从稀到稠,如先烂稀饭、烂面条,最后才能添加干饭、碎菜、肉糜等食物。④从细到粗,比如先将食物做成细泥状后逐渐做成碎末状或糜状最后做成较大块状的食物。⑤要在孩子健康的时候添加。如孩子生病或对某种食品不消化,应不添加或暂缓添加为宜。

(3) 添加顺序见表5-1。在添加辅食的过程中,家长要注意观察婴儿的粪便,及时判断辅食的添加是否恰当。

表5-1　婴幼儿辅食添加顺序表

月龄	名称	每月量
满月	浓缩鱼肝油(含维生素AD)	2滴渐渐增至5滴
	维生素C	30~50mg
	钙片(按含钙量计算)	200~300mg
2~3个月	菜汤、果汁、果酱、米汤	200~300mg
	鱼泥或鱼糊	3~6汤匙
4~6个月	米糊、奶糕、稀粥	1~2汤匙
	蛋黄	由1/4个增至一个
	菜末	2茶匙增至半小碗
7~9个月	菜泥、土豆泥、胡萝卜泥	适量加入米糊或粥中
	香蕉泥、苹果泥	2汤匙加入粥中
	粥烂面	2汤匙
	豆腐	半小碗至1小碗
	饼干、烤馒头或窝头片	适量从泥状至小块
	蒸鸡蛋羹	少量
	肉末、肝泥	1个
10~12个月	软饭、面条、鱼肉、肉块、带馅食品、豆制品、水果鸡蛋	根据食欲及消化情况,安排2~3餐或加2次点心

(引自舒剑萍.妇婴保健.)

3. 根据具体情况指导断奶　添加辅食成功4～6个月后，婴儿月龄10～12个月时，就可断奶。断奶的注意事项包括：

（1）选择好断奶季节：断奶最好选择在春秋季节，不要在夏季断奶，因为婴儿胃肠道比较娇嫩，消化能力比较差，夏天天气炎热，食欲差，且加工食物容易受到污染，会导致胃肠道疾病发生。

（2）不要患病期间断奶：患病时抵抗力差，消化功能不好，身体很虚弱，如果这时断奶，肯定会影响身体的康复，甚至加重病情。

（3）做好美味的辅食：应该把辅食做得美味可口，引起婴儿的兴趣，使孩子喜欢吃，久而久之，孩子就不愿再吃奶了。

（4）要加强护理：孩子断奶期间，要加强护理，注意观察孩子的各方面情况，比如大便是否正常，体重是否减轻，睡觉是否规律，如果发现不对劲的地方，要及时处理。

（5）循序渐进：在断奶前一段时间让孩子逐步形成以其他食品为主的饮食习惯，饮食要定时、定量，把米粥、面食作为主食，慢慢改变孩子的饮食。

（6）注意保护母亲的乳房：断奶后可能会出现不同程度的胀奶，保护不好会使乳腺发炎。可以用吸奶器把奶吸出或者用手将奶挤出，也可以采取一些方法进行回奶。

4. 喂养习惯　自添加辅食起，应训练用勺进食；7～8个月后学习用杯子喝奶和水，以促进咀嚼、吞咽及口腔协调动作的发育；9～10个月的婴儿开始有主动进食的要求，可先训练其自己抓取食物的能力，尽早让婴儿学习自己用勺进食，促进眼、手协调动作的发展，并有益于手部肌肉的发育。

（二）定期健康检查和体格测量

定期健康检查就是使婴儿从一出生，即在医生的监护下得到良好的保健，预防疾病发生，并促进身心健康成长。

定期健康检查的次数，年龄越小检查次数越多。我国卫生部规定：1岁以内婴儿，每3个月检查一次，即3、6、9、12月或2、5、8、12月进行。如发现有疾病及异常情况，如维生素D缺乏性佝偻病、缺铁性贫血等，则需要每个月检查一次，以便得到及时治疗。

检查内容有：婴儿的身长、体重和头围等，还应检查婴儿智力发育情况，对婴儿的语言、手的精细动作、大运动以及社会适应能力进行测定。

（三）体格锻炼

体格锻炼可增强小儿适应外界环境变化的能力，增强体质，预防疾病，促进健康。生后2周至1个月就开始，随年龄循序渐进。一经开始即应坚持，不可轻易中断。锻炼方式方法按年龄大小、体质强弱而异。有条件应充分利用新鲜空气、日光和水开展空气浴、日光浴和水浴，可结合体育同时进行。

（四）早期教育

1. 大小便训练　婴儿3个月后可以把尿，会坐后可以练习大小便坐盆，每次3～5分钟。小便训练可从6个月开始。先训练白天不用尿布，然后是夜间按时叫醒坐盆小便，最后晚上也不用尿布。在此期间，婴儿应穿易脱的裤子，以利培养排便习惯。

2. 视、听能力训练　对3个月内的婴儿，可以在婴儿床上悬吊颜色鲜艳、能发声及转动的玩具，逗引婴儿注意；每天定时放悦耳的音乐；家人经常面对婴儿说话、唱歌。3～6个月婴儿需进一步完善视、听觉，可选择各种颜色、形状、发声的玩具，逗引婴儿看、摸和听。培养分辨声调和好坏的能力，用温柔的声音表示赞许、鼓励，用严厉的声音表示禁止、批评。对6～12个月的婴儿应培养其稍长时间的注意力,引导其观察周围事物,促使其逐渐认识和熟悉常见的事物;以询问方式让其看、指、找,从而使其视觉、听觉与心理活动紧密联系起来。

3．动作的发展 家长应为婴儿提供运动的空间和机会。2个月时,婴儿可开始练习空腹俯卧,并逐渐延长俯卧的时间,培养俯卧抬头,扩大婴儿的视野。3～6个月,婴儿喜欢注视和玩弄自己的小手,能够抓握细小的玩具,应用玩具练习婴儿的抓握能力;训练翻身。7～9个月,用能够滚动的、颜色鲜艳的软球等玩具逗引婴儿爬行,同时练习婴儿站立、坐下和迈步,以增强婴儿的活动能力和扩大其活动范围。10～12个月,婴儿会玩"躲猫猫"的游戏,鼓励婴儿学走路。

4．语言的培养 语言的发展是一个连续的有序过程。最先是练习发音,然后是感受语言或理解语言,最后才是用语言表达,也就是会说话。婴儿出生后,家长就要利用一切机会和婴儿说话或逗引婴儿"咿呀"学语,利用日常接触的人和物,引导婴儿把语言同人和物及动作联系起来。5、6个月开始培养婴儿对简单语言做出动作反应,如用眼睛找询问的物品,用动作回答简单的要求,以发展理解语言的能力。9个月开始注意培养有意识地模仿发音,如"爸爸"、"妈妈"等。

(五) 预防接种

参见《传染病护理学》教材。

儿童计划免疫(简称"计划免疫")是根据儿童的免疫特点和传染病发生的情况制定的免疫程序,有针对性地将生物制品接种到婴幼儿体中,严格实施基础免疫(即全程足量的初种)及随后适时的"加强"免疫(即复种),以确保儿童获得可靠的免疫,达到预防、控制和消灭相应传染病发生的目的。

1．免疫程序 卫生部于二〇〇七年十二月二十九日印发《扩大国家免疫规划实施方案》,免疫程序见表5-2。

表5-2 扩大国家免疫规划实施方案

疫苗	接种对象月(年)龄	接种剂次	接种部位	接种途径	接种剂量/剂次	备注
乙肝疫苗	0、1、6月龄	3	上臂三角肌	肌内注射	酵母苗5μg/0.5ml,CHO苗10μg/1ml、20μg/1ml	出生后24小时内接种第1剂次,第1、2剂次间隔≥28天
卡介苗	出生时	1	上臂三角肌中部略下处	皮内注射	0.1ml	
脊髓灰质炎疫苗	2、3、4月龄,4周岁	4		口服	1粒	第1、2剂次,第2、3剂次间隔均≥28天
百白破疫苗	3、4、5月龄,18～24月龄	4	上臂外侧三角肌	肌内注射	0.5ml	第1、2剂次,第2、3剂次间隔均≥28天

续表

疫苗	接种对象月（年）龄	接种剂次	接种部位	接种途径	接种剂量/剂次	备注
白破疫苗	6周岁	1	上臂三角肌	肌内注射	0.5ml	
麻风疫苗（麻疹疫苗）	8月龄	1	上臂外侧三角肌下缘附着处	皮下注射	0.5ml	
麻腮风疫苗（麻腮疫苗、麻疹疫苗）	18～24月龄	1	上臂外侧三角肌下缘附着处	皮下注射	0.5ml	
乙脑减毒活疫苗	8月龄，2周岁	2	上臂外侧三角肌下缘附着处	皮下注射	0.5ml	
A群流脑疫苗	6～18月龄	2	上臂外侧三角肌附着处	皮下注射	30μg/0.5ml	第1、2剂次间隔3个月
A+C流脑疫苗	3周岁，6周岁	2	上臂外侧三角肌附着处	皮下注射	100μg/0.5ml	2剂次间隔≥3年；第1剂次与A群流脑疫苗第2剂次间隔≥12个月
甲肝减毒活疫苗	18月龄	1	上臂外侧三角肌附着处	皮下注射	1ml	
出血热疫苗（双价）	16～60周岁	3	上臂外侧三角肌	肌内注射	1ml	接种第1剂次后14天接种第2剂次，第3剂次在第1剂次接种后6个月接种
炭疽疫苗	炭疽疫情发生时，病例或病畜间接接触者及疫点周围高危人群	1	上臂外侧三角肌附着处	皮上划痕	0.05ml（2滴）	病例或病畜的直接接触者不能接种
钩体疫苗	流行地区可能接触疫水的7～60岁高危人群	2	上臂外侧三角肌附着处	皮下注射	成人第1剂0.5ml，第2剂1.0ml 7～13岁剂量减半，必要时7岁以下儿童依据年龄、体重酌量注射，不超过成人剂量1/4	接种第1剂次后7～10天接种第2剂次

续表

疫苗	接种对象月（年）龄	接种剂次	接种部位	接种途径	接种剂量/剂次	备注
乙脑灭活疫苗	8月龄（2剂次），2周岁，6周岁	4	上臂外侧三角肌下缘附着处	皮下注射	0.5ml	第1、2剂次间隔7～10天
甲肝灭活疫苗	18月龄，24～30月龄	2	上臂三角肌附着处	肌内注射	0.5ml	2剂次间隔≥6个月

注：1．CHO疫苗用于新生儿母婴阻断的剂量为20μg/ml。

2．未收入药典的疫苗，其接种部位、途径和剂量参见疫苗使用说明书。

（来自卫生部官方网站）

2．预防接种的注意事项

（1）接种过程中的注意事项

1）安排适当场所：接种场所应光线明亮，空气流通，冬季室内应温暖。接种用品及急救用品摆放有序。

2）仔细解释：作好解释、宣传工作，消除紧张、恐惧心理，争取家长和儿童的合作。接种最好在饭后进行，以免晕针。

3）生物制品的准备和处理：检查制品标签，包括名称、批号、有效期及生产单位，并做好登记；检查安瓿有无裂痕，药液有无发霉、异物、凝块、变色或冻结等；按照规定方法稀释、溶解、摇匀后使用。

4）严格无菌操作：要做到每人1副无菌注射器、1个无菌针头；抽吸后安瓿内如有剩余药液，需用无菌干纱布覆盖安瓿口，在空气中放置不能超过2小时；接种后剩余药液应废弃，活菌苗应烧毁。

5）严格查对：仔细核对儿童姓名、年龄以及疫苗名称；详细询问儿童的病史及传染病接触史等健康情况，严格掌握禁忌证。必要时先进行体格检查；严格执行规定的接种剂量和途径；注意预防接种的次数。按使用说明完成全程和加强免疫，按各种制品要求的间隔时间接种，一般接种活疫苗后需隔4周，接种死疫苗后需隔2周，再接种其他活或死疫苗。

6）局部消毒：用2%碘酊及75%乙醇或0.5%碘附消毒皮肤，待干后注射；接种活疫苗、菌苗时，只用75%乙醇消毒，因活疫苗、菌苗易被碘酊杀死，影响接种效果。

7）及时记录及预约：保证接种及时、全程、足量，避免重种、漏种，未接种者须注明原因，必要时进行补种。

（2）严格掌握禁忌证

1）患自身免疫性疾病、免疫缺陷者。

2）有明确过敏史者禁种白喉类毒素、破伤风类毒素、麻疹疫苗（特别是对鸡蛋过敏者）、脊髓灰质炎糖丸疫苗（对牛奶或奶制品过敏）、乙肝疫苗（对酵母过敏或疫苗中任何成分过敏）。

3）患有结核病、急性传染病、肾炎、心脏病、湿疹及其他皮肤病患者不予接种卡介苗。

4）在接受免疫抑制剂治疗（如放射治疗、糖皮质激素、抗代谢药物和细胞毒性药物）期间、发热、腹泻和急性传染病期忌服脊髓灰质炎疫苗。

5）因百日咳菌苗可产生神经系统严重并发症，故儿童及家庭成员患癫痫、神经系统疾病，有抽搐史者禁用百日咳菌苗。

6）患有肝炎、急性传染病（包括有接触史而未过检疫期者）或其他严重疾病者不宜进行免疫接种。

3．预防接种的反应及处理

（1）一般反应：又分为局部反应和全身反应。

多数儿童的局部和（或）全身反应是轻微的，无需特殊处理，注意适当休息、多饮水即可。局部反应较重时，用干净毛巾热敷；全身反应可对症处理。如局部红肿继续扩大，高热持续不退，应到医院诊治。

（2）异常反应：发生于少数人，临床症状较重。

1）过敏性休克：于注射免疫制剂后数秒钟或数分钟内发生。表现为烦躁不安、面色苍白、口周青紫、四肢湿冷、呼吸困难、脉细速、恶心呕吐、惊厥、大小便失禁，以至昏迷。如不及时抢救，可在短期内危及生命。此时应使患儿平卧，头稍低，注意保暖，给予氧气吸入，并立即皮下或静脉注射 1∶1000 肾上腺素 0.5～1ml，必要时可重复注射。

2）晕针：是由于各种刺激引起反射性周围血管扩张所致的一过性脑缺血。儿童在空腹、疲劳、室内闷热、紧张或恐惧等情况下，在接种时或几分钟内，出现头晕、心慌、面色苍白、出冷汗、手足冰凉、心率加快等症状，重者心率、呼吸减慢，血压下降，知觉丧失。此时应立即使患儿平卧，头稍低，保持安静，饮少量热开水或糖水，必要时可针刺人中、合谷穴，一般即可恢复正常。数分钟后不恢复正常者，皮下注射 1∶1000 肾上腺素，每次 0.5～1ml。

3）过敏性皮疹：荨麻疹最为多见，一般于接种后几小时至几天内出现，经服用抗组胺药物后即可痊愈。

4）全身感染：有严重原发性免疫缺陷或继发性免疫功能遭受破坏者，接种活菌（疫）苗后可扩散为全身感染。如出现这种反应，须注射特异性免疫球蛋白或输血，并及时送医。

考点： 婴儿期儿童保健措施；儿童扩大免疫规划程序、注意事项。

三、幼儿期保健

案例

团团，男，13 个月，最近刚刚断奶。断奶后，妈妈让他和大人一起吃饭，三餐不定时。最近发现孩子食欲差，大小便不规律，体重不增。妈妈着急，特来咨询。

问题：请帮妈妈找出原因，并给予保健指导。

孩子满 1 周岁到 3 岁之前为幼儿期。这一时期孩子体格生长速度变缓，中枢神经系统发育也开始减慢。语言、行动与表达能力明显发展，但识别危险的能力尚不足，故应注意防止发生意外创伤和中毒。此期饮食已从乳汁转换为饭菜，逐渐过渡到成人饮食，但仍需注意营养，防止营养缺乏和消化紊乱。此时接触外界较广，而自身免疫力仍低，传染病发病率增高，所以要按时做好各项预防接种，防病仍为保健重点。

（一）合理安排膳食

食物应细、软、烂。食物的种类和制作方法需经常变换，做到多样化，菜色美观。避免挑食和偏食。注意培养良好的进食习惯。

（二）日常护理

1．衣着　幼儿衣着应颜色鲜艳，便于识别；宽松、保暖、轻便，易于活动；穿脱简便，便于自理。

2．睡眠　幼儿的睡眠时间随年龄的增长而减少。一般每晚可睡10~12小时，白天小睡1~2次。幼儿睡前常需有人陪伴，或带一个喜欢的玩具上床，以使他们有安全感。

3．口腔保健　幼儿不能自理时，家长可用软布轻轻清洁幼儿牙齿表面，逐渐改用软毛牙刷。

（三）早期教育

1．大、小便训练　18~24个月时，幼儿开始能够自主控制肛门和尿道括约肌，而且认知的发展使他们能够表示便意，为大小便训练做好了生理和心理的准备。在训练过程中，家长应注意多采用赞赏和鼓励的方式，训练失败时不要表示失望或责备幼儿。

2．动作的发展　1~2岁幼儿要选择发展走、跳、投掷、攀登和发展肌肉活动的玩具，如球类、拖拉车、积木、滑梯等。2岁后的幼儿开始模仿成人的活动，玩水、沙土、橡皮泥，在纸上随意涂画，喜欢奔跑、蹦跳等激烈、刺激性的运动，故2~3岁幼儿要选择能发展动作、注意、想象、思维等能力的玩具，如形象玩具（积木、娃娃等）、能拆能装的玩具、三轮车、攀登架等。

3．语言的发展　幼儿有强烈的好奇心、求知欲和表现欲，喜欢问问题、唱简单的歌谣、翻看故事书或看动画片等。成人应满足其欲望，经常与其交谈，鼓励其多说话，通过游戏、讲故事、唱歌等促进幼儿语言发育，并借助于动画片等电视节目扩大其词汇量，纠正其发音。

4．卫生习惯的培养　培养幼儿养成饭前便后洗手。不吃生水和未洗净的瓜果，不食掉在地上的食物，不随地吐痰和大小便，不乱扔瓜果、纸屑等习惯。

5．品德教育　幼儿应学习与他人分享，互助友爱，尊敬长辈，使用礼貌用语等。

（四）预防疾病和意外

继续加强预防接种和防病工作，每3~6个月为幼儿做健康检查一次，预防龋齿，筛查听、视力异常，进行生长发育监测。指导家长防止意外发生，如异物吸入、烫伤、跌伤、中毒、电击伤等。

（五）防治常见的心理行为问题

幼儿常见的心理行为问题包括执拗、发脾气和破坏性行为，家长应针对原因采取有效措施。

考点：幼儿期儿童的保健措施。

四、学龄前期保健

案例

元元,4岁,是一个非常聪明的小男孩,有很强的记忆力,学知识很快。他从小跟奶奶在一起生活,老人对孩子照顾得无微不至,从不放手让孩子自己去玩,对孩子百依百顺。孩子的父母由于工作忙,对孩子的照顾甚少。最近发现元元存在如下问题:①心理脆弱,经常放声大哭。②自理能力差,不会学穿衣服。③不和小朋友交往,不肯参加班里的活动。

问题:请帮助元元家人查找原因,并给出保健指导方案。

从3周岁后至6~7周岁之间的儿童时期称为学龄前期。此期体格发育速度又减慢,智力发育更趋完善,求知欲强,好奇、好问、好模仿,此期小儿的可塑性较大,因此应注意培养良好的道德品质及生活习惯。此期机体抗病能力逐渐增强,传染病的发病率逐渐减少,但由于活动范围的扩大而生活经验不足,意外的创伤和中毒等的机会增多,更应注意预防。

(一)合理营养

学龄前儿童饮食接近成人,食品制作要多样化,并做到粗、细、荤、素食品搭配,保证热能和蛋白质的摄入。

(二)日常护理

学龄前儿童已有部分自理能力,如进食、洗脸、刷牙、穿衣、如厕等,但其动作缓慢、不协调,常需他人帮助,可能要花费成人更多的时间和精力,此时应鼓励儿童自理,不能包办。

(三)早期教育

1. 品德教育 培养儿童关心集体、遵守纪律、团结协作,热爱劳动等好品质。安排儿童学习手工制作、歌和跳舞、参观博物馆等活动,培养他们多方面的兴趣和想象,陶冶情操。

2. 智力发展 学龄前儿童绘画、搭积木、剪贴和做模型的复杂性和技巧性明显增加。成人应有意识地引导儿童进行较复杂的智力游戏,增强其思维能力和动手能力。

(四)预防疾病和意外

儿童应每年进行1~2次健康检查和体格测量,筛查与矫治近视、龋齿、缺铁性贫血、寄生虫病等常见病,继续监测生长发育,预防接种可在此期进行加强。

对学龄前儿童开展安全教育,采取相应的安全措施,以预防外伤、溺水、中毒、交通事故等意外发生。

(五)防治常见的心理行为问题

学龄前期常见的心理行为问题包括吮拇指和咬指甲、遗尿、手淫、攻击性或破坏性行为等,家长应针对原因采取有效措施。

考点: 学龄前期儿童保健措施。

五、学龄期保健

案例

亮亮，7岁，男，上小学一年级。由于父母工作忙，他经常不吃早饭，中午在学校附近的摊点随便买着吃，晚饭也不规律。放学后，亮亮做完作业或看电视或玩电脑，从不出门活动。最近学校查体发现亮亮的身高、体重中等偏下，视力明显下降。

问题：请给亮亮的父母提出健康指导方案。

学龄期是指6～7岁入小学起至12～14岁进入青春期为止的一个年龄段（相当于小学学龄期）。此期小儿体格生长仍稳步增长，除生殖系统外，其他器官的发育到本期末已接近成人水平。脑的形态已基本与成人相同，智能发育较前更成熟，控制、理解、分析、综合能力增强，是长知识、接受文化科学教育的重要时期。这个时期发病率较前为低，但要注意预防近视眼和龋齿，矫治慢性病灶，端正坐、立、行姿势，安排有规律的生活、学习和锻炼，保证充足的营养和休息，注意情绪和行为变化，避免思想过度紧张。

（一）合理营养

学龄期膳食要求营养充分而均衡，以满足儿童体格生长、心理和智力发展、紧张学习和体力活动等需求。要重视早餐和课间加餐，同时，要特别重视补充强化铁食品，以减低贫血发病率。家长在安排饮食时，可让儿童参与制订菜谱和准备食物，以增加食欲。吃饭应定时、定量，不喝生水。不吃腐烂变质和不洁的食物，不用别人的餐具。

（二）体格锻炼

学龄儿童应每天进行户外活动和体格锻炼。体格锻炼时，内容要适当，要循序渐进，不能操之过急。

（三）预防疾病

保证充分的睡眠和休息，定期进行健康检查，继续按时进行预防接种，宣传常见传染病的知识，预防传染病，并对传染病做到早发现、早报告、早隔离、早治疗。此期学校和家庭还应注意培养儿童正确的姿势。具体措施如下：

1. 培养良好的睡眠习惯养成按时睡眠、起床和夏季午睡的习惯。

2. 注意口腔卫生培养儿童每天早、晚刷牙，饭后漱口的习惯，预防龋齿。

3. 预防近视眼。学龄期儿童应特别注意保护视力，教育儿童写字、读书时书本和眼睛应保持1尺左右的距离，保持正确姿势。避免儿童在太弱的光线下看书、写字。读书、写字的时间不宜太长，课间要到户外活动，进行远眺以缓解视力疲劳。积极开展眼保健操活动，预防近视眼的发生。如果发生近视，要到医院检查和治疗。

4. 培养正确的坐、立、行等姿势。

（四）防止意外事故

学龄期常发生的意外伤害包括车祸、溺水，以及在活动时发生擦伤、割伤、挫伤、扭伤或骨折等。对儿童进行法制教育，学习交通规则和意外事故的防范知识，减少伤残的发生。

（五）培养良好习惯

培养不吸烟、不饮酒、不随地吐痰等良好习惯。注意培养良好的学习习惯和性情，加强素质教育,通过体育锻炼培养儿童的毅力和奋斗精神,通过兴趣的培养陶冶高尚情操。

(六)防治常见的心理行为问题

学龄儿童不适应上学是此期常见问题,表现为焦虑、恐惧或拒绝上学。家长一定要查明原因,采取相应措施。同时,需要学校和家长的相互配合,帮助儿童适应学校生活。

考点: 学龄期儿童保健措施。

第二节 社区妇女保健

一、女性青春期保健

案例

苗苗,女,12岁。怕同学说她胖,就买紧身衣服把开始发育的乳房使劲勒起来,很少吃主食,只吃青菜,肉食从来不沾。最近感觉胸闷、憋喘、浑身没劲,月经来潮时腹痛明显,特来求助。

问题:请给出你的健康指导方案。

女性青春期是指月经初潮到性器官发育成熟的时期,即由儿童到成人过渡的时期。这一时期的身心健康是决定一生身体素质的关键时期,为壮年、老年的健康打下基础;对推迟衰老、延长寿命起积极作用。

(一)合理营养

青春期少女体格发育出现婴儿期后第二个高峰,身高平均增长 5~7cm,体重增加也很明显,因此必须增加各种营养素的供给,合理膳食。每日除需要充足的碳水化合物以外,还应供应蛋白质 70~90mg、钙 1~1.5mg、铁 13~17mg、维生素 A 2200~2500IU 或胡萝卜素 3~5mg、维生素 B_1 1.3~1.8mg、维生素 B_2 1.1~1.6mg、烟酸 13~18mg、维生素 C 70~100mg、维生素 D 400~800IU 及其他维生素和矿物质等。

(二)乳房保健

在青春期,乳房的发育标志着少女开始成熟。隆起的乳房也体现了女性成熟体形所特有的曲线美和健康美,并为日后哺乳婴儿准备了条件。因此,乳房的保护与保健是女性青春期卫生的主要方面。

1. 少女不束胸 处于青春期发育阶段的少女千万不要穿紧身内衣。束胸对少女的发育和健康有很多害处。第一,束胸时,心脏、肺和大血管受到压迫,从而影响身体内脏器官的正常发育;第二,束胸会影响呼吸功能;第三,束胸压迫乳房,使血液循环不畅,从而产生乳房下部血液淤滞而引起疼痛、乳房胀而不适,甚至造成乳头内陷,乳房发育不良,影响健美,也造成将来哺乳困难。

2. 佩戴合适的胸罩 乳房发育基本定型后,要指导少女及时选戴合适的胸罩。由于少女的体型不同,乳房大小也各不相同,故必须选择尺寸合适的胸罩。胸罩的质地要柔软、吸水。要勤洗勤换,保持清洁。晚上睡觉时把胸罩取下。

3. 乳房的卫生　青春期的少女，由于内分泌的原因，每当月经周期前后，可能有乳房胀痛、乳头痒痛现象。不要随便挤乳房，抠剔乳头，要经常清洗乳头、乳晕、乳房。

（三）经期卫生及保健

1. 保持外阴清洁　经期经常用干净的温水冲洗外阴，避免经血结痂。清洗外阴时，要淋浴，不要坐浴。大小便后用卫生纸由前向后擦，避免肛门周围的细菌污染会阴部。

2. 保持乐观和稳定的情绪　在月经期间，少女往往因身体的某些不适，如乳胀、腰酸、小腹坠胀、头痛而情绪烦躁，易怒或抑郁，情绪波动反过来又影响月经。保持心情舒畅，自我调节情绪，可以减轻月经期的不适感觉。

3. 适当控制运动量　月经期要注意休息，保持充足的睡眠，以增强机体抵抗力。避免剧烈的体育运动和重体力劳动。

4. 注意保暖　月经期身体抵抗力下降，盆腔充血，要注意保暖。避免淋雨、涉水、游泳或用冷水洗澡、洗头、洗脚，夏天冷饮要适量。

5. 注意饮食卫生，加强营养　月经期间可吃些容易消化吸收的食品如蛋类、瘦肉、豆制品、蔬菜、水果，同时还要多喝开水，增加排尿次数，冲洗尿道，以预防炎症。不吃生冷及辛辣刺激性食物，保持大便通畅，减少盆腔充血。

6. 做好月经周期的记录　通过记录可观察月经是否规律，便于做好经前准备。如果月经没按日期来潮，应当及时就医，以便及时发现原因。

（四）青春期的心理保健

性成熟是青春期的最重要事件。由于性发育趋向成熟，躯体形态随着内分泌的变化而急剧改变，第一性征的成人化，第二性征的出现，性意识萌动，青少年的心理也随之发生剧烈变化。在这个时期常常是独立性和依赖性同在，自觉性和幼稚性并存，是个体心理成熟的转折点，这一时期的心理保健要点如下：

1. 多管齐下，帮助度过心理"断乳期"。青年人的思维和行为都表现出自发地要求摆脱父母的支配，独立自主地按个人意志行动。但是由于社会经济和文化背景的特点，我国的青年人大多数还对家庭有着依赖性，都不可能摆脱父母的意志。这就造成了独立性和依赖性的心理冲突。青年人除了自身需要作出相当大的努力外，还需要有社会、学校、家庭的帮助，才能安然度过"心理断乳期"的危机。

2. 正确对待性心理冲突。性成熟导致的性欲和性冲动是正常的生理心理现象。根据青少年的心理发育过程，及时讲授两性的正常生理变化，使他们能科学地理解自身的身体变化，并相应地进行社会主义道德教育。让他们把精力集中于学习和工作上，用积极的、健康的业余生活转移对性的关注；控制性冲动激情，代之以理智地处理情爱和性爱的关系。家庭、学校、社会都应教育青年自尊、自重、爱护名誉、拒绝婚前性行为。

3. 罪错预防。吸毒、性乱、卖淫嫖娼、暴力活动、偷盗抢劫，青年人中间诸如此类的反社会行为有着世界性的增长趋势。我们应该始终用全社会的努力来教育和引导青年人选择健康的、符合中华文化传统的生活方式，心理卫生可发挥应有的作用。

考点：女性青春期保健措施。

二、围婚期保健

案例

李先生33岁，王小姐29岁，工作都比较稳定，恋爱3年，打算最近登记结婚，特来咨询注意事项。假如你接待他们，你将如何给与指导？

围婚期，是指从确定婚配对象到婚后受孕为止的一段时期。包括婚前、新婚及孕前三个阶段。围婚期保健是围婚期内预防严重传染性疾病和婚后防止遗传性疾病延续及出生缺陷的发生。

（一）婚前保健

2002年6月17日卫生部修订发布《婚前保健工作规范》，指出婚前保健服务是对准备结婚的男女双方，在结婚登记前所进行的婚前医学检查、婚前卫生指导和婚前卫生咨询服务。

1．婚前医学检查　婚前医学检查是对准备结婚的男女双方可能患有影响结婚和生育的疾病所进行的医学检查。

（1）婚前医学检查的目的

1）婚前医学检查能极大程度地阻止遗传病的发生，有利于后代的健康和民族健康素质的提高。

2）婚前医学检查能防患于未然，及早发现男女双方的健康隐患。

3）婚前医学检查还能对准夫妻进行必要的性知识教育。

准备结婚的男女双方应本着对对方负责、对未来的家庭负责、对后代负责、对民族和国家负责的态度，自觉去医院婚检。

（2）婚前医学检查的内容

1）询问病史：双方是否近亲、双方健康史、个人史、月经史、婚育史、家族史。

2）体格检查：检查女性生殖器官时应做肛门腹壁双合诊，如需做阴道检查，须征得本人或家属同意后进行。除处女膜发育异常外，严禁对其完整性进行描述。对可疑发育异常者，应慎重诊断。

3）常规辅助检查：应进行胸部透视，血常规、尿常规、梅毒筛查，血转氨酶和乙肝表面抗原检测、女性阴道分泌物滴虫、真菌检查。

4）其他特殊检查：如乙型肝炎血清学标志检测、淋病、艾滋病、支原体和衣原体检查、精液常规、B超、乳腺、染色体检查等，应根据需要或自愿原则确定。

（3）婚前医学检查的主要疾病

1）严重遗传性疾病：由于遗传因素先天形成，患者全部或部分丧失自主生活能力，子代再现风险高，医学上认为不宜生育的疾病。

2）指定传染病：《中华人民共和国传染病防治法》中规定的艾滋病、淋病、梅毒以及医学上认为影响结婚和生育的其他传染病。

3）有关精神病：精神分裂症、躁狂抑郁型精神病以及其他重型精神病。

4）其他与婚育有关的疾病，如重要脏器疾病和生殖系统疾病等。

2．婚前卫生指导　婚前卫生指导是对准备结婚的男女双方进行的以生殖健康为核心，与结婚和生育有关的保健知识的宣传教育。

(1) 婚前卫生指导内容
1) 有关性保健和性教育。
2) 新婚避孕知识及计划生育指导。
3) 受孕前的准备、环境和疾病对后代影响等孕前保健知识。
4) 遗传病的基本知识。
5) 影响婚育的有关疾病的基本知识。
6) 其他生殖健康知识。

(2) 婚前卫生指导方法：由省级妇幼保健机构根据婚前卫生指导的内容，制定宣传教育材料。婚前保健机构通过多种方法系统地为服务对象进行婚前生殖健康教育，并向婚检对象提供婚前保健宣传资料。宣教时间不少于40分钟，并进行效果评估。

3. 婚前卫生咨询　婚检医师应针对医学检查结果发现的异常情况以及服务对象提出的具体问题进行解答、交换意见、提供信息，帮助受检对象在知情的基础上作出适宜的决定。医师在提出"不宜结婚"、"不宜生育"和"暂缓结婚"等医学意见时，应充分尊重服务对象的意愿，耐心、细致地讲明科学道理，对可能产生的后果给予重点解释，并由受检双方在体检表上签署知情意见。

(二) 新婚期保健

从确定婚姻关系到结婚一年定为新婚期。新婚期保健的重要内容为：

1. 以性生活知识为主的婚育知识教育　应在心理上做好新婚生活的充分准备；顺利度过新婚之夜的首次性生活，预防婚后房事急症。

2. 性生活保健

(1) 经常保持生殖器的清洁卫生。每次性生活前后双方均必须洗净外生殖器，特别是男子阴茎的包皮垢是细菌隐藏的部位。

(2) 月经期应严禁性交，以避免女性生殖道感染及盆腔充血而引起月经过多。

(3) 掌握好性生活的频度和时机。以性生活后双方不感到疲乏为原则。性生活以晚上入睡前为好，以便有充分的休息时间。

(4) 避孕指导。蜜月期间，由于男女双方为操办婚事而过度劳累，或应酬宾客、喝酒、吸烟，或外出旅游等对受孕不利，应避免受孕。新婚夫妇性生活频繁，生殖能力旺盛，必须选用避孕效果可靠、但又不影响今后的生育的避孕方法，以选择短效口服避孕药与避孕套较为适宜。皮下埋植及其他长效避孕药，均会长时间抑制排卵，一般不宜使用。安全期避孕或体外排精在新婚期间常因掌握不好而失误，各种外用避孕制剂可与避孕套配合使用，以增加阴道润滑及避孕效果。

3. 优生优育

(1) 健康教育，介绍受孕生理，影响胎儿教育的因素，以及如何预防不良因素的影响。

(2) 及时治疗夫妇双方慢性疾病，指导选择最佳受孕时机。

1) 最佳生育年龄：女性23～29岁，男性25～35岁。这个时期生殖力最为旺盛，精卵细胞质量好，染色体畸变概率低，计划受孕容易成功，难产机会相对较低。此外，选择生育时机还需考虑夫妻双方心理因素、工作状况及家庭经济状况等因素。一般婚后2～3年生育最合适。

2) 理想受孕季节：一般选择夏末、秋初较为理想。因为早孕反应期正值秋季，避开了盛夏对食欲的影响；蔬菜、水果品种比较齐全，容易调节食欲，增加营养；当进入流感、风疹流行季节（冬季时）已达妊娠中期，已过胎儿器官分化阶段；足月分娩在次年春末夏初，气候宜人，有利于新生儿适应外界环境。

（3）不孕问题：结婚一年，没有采取严格避孕措施而未受孕的夫妇，应及时检查不孕的原因，以便及早采取治疗措施。

（三）孕前保健

孕前保健是通过评估和改善计划妊娠夫妇的健康状况，降低或消除导致出生缺陷等不良妊娠结局的危险因素，预防出生缺陷发生，提高出生人口素质，是孕期保健的前移。

1．健康教育及指导。遵循普遍性指导和个性化指导相结合的原则，对计划妊娠的夫妇进行孕前健康教育及指导，主要内容包括：①有准备、有计划地妊娠，避免高龄妊娠。②合理营养，控制体重增加。③补充叶酸 0.4～0.8mg/d，既往发生过神经管缺陷（NTD）的孕妇，则需每天补充叶酸 4mg。④有遗传病、慢性疾病和传染病而准备妊娠的妇女，应予评估并指导。⑤减少药物伤害。服用某些可能致畸药物时，停用药物一段时间后再考虑怀孕，最好在医生指导下服药；服用避孕药物避孕者，需停药 3～6 个月后再怀孕。⑥远离不良因素干扰，戒烟酒，避免接触射线、高温环境、有毒有害化学物质（铅、汞、苯、二甲苯、某些农药）等至少半年以上。⑦保持心理健康，解除精神压力，预防孕期及产后心理问题的发生。⑧选择合理的运动方式。

2．全面的健康检查，为怀孕做准备。包括身体检查和必要的化验检查。女性要做生殖器检查及阴道分泌物化验检查，排除阴道、宫颈、盆腔等炎症及生殖器畸形。化验乙肝表面抗原、肝功能，避免乙肝病毒的母婴传播；化验血、尿常规，及时发现和治疗泌尿系感染或孕前女性贫血；化验有明确致畸作用的风疹病毒、巨细胞病毒、单纯疱疹病毒、弓形虫血清抗体 IgM，如某项抗体阳性，提示有近期感染，需治疗后再怀孕。

考点：围婚期保健措施；婚期医学检查的目的、内容；优生优育指导内容。

三、围生期保健

我国采用的围产期标准是指从妊娠满 28 周至产后一周的一段时间。而围生期保健是在近代围生医学发展的基础上建立的现代孕产期保健。它包括一次妊娠从妊娠前、妊娠期、分娩期（产时）、产褥期为孕母和胎婴儿的健康所进行的一系列保健措施。目标是保护母儿安全，保障胎儿和新生儿的健康成长，降低母儿发病率和死亡率，提高人口素质。围产期保健的水平，不仅反映一个国家和地区的医疗及社会福利水平，也直接关系到一个家庭的幸福。因此，加强围产期保健工作，于国于民都是一项十分重要的工作。

> **案例**
> 李太太，32 岁，结婚 8 个月，因停经 2 个月伴恶心、呕吐 1 周到门诊就诊。经检查确认李太太已怀孕，李太太询问都应该注意什么问题。假如你接待李太太，你将如何回答她的问题？

（一）妊娠期保健

妊娠期保健一般分为三个阶段：妊娠早期（孕 12 周内）保健、妊娠中期（孕 13～27

周）保健及妊娠晚期（孕 28 周～分娩）保健，妊娠各阶段保健的主要内容有所侧重。

1. **妊娠早期保健**

（1）及早确认怀孕：生育年龄的妇女，平时月经规律，未避孕，一旦月经过期 10 天以上，可疑为妊娠；如果停经超过 8 周，妊娠可能性更大。用孕妇尿液检测 HCG（人绒毛膜促性腺激素），若为阳性即可协助诊断为早期妊娠，也可检查腹部 B 超确诊。

（2）防流产、防畸形：妊娠早期是受精卵胚胎层分化发育形成各器官的重要阶段，对来自各方面的影响特别敏感，如不注意保健，可致流产或新生儿畸形。尽量避免感染。因各种原因确需用药，应在医生的指导下使用。少接触或不接触猫、狗等宠物，防止弓形虫感染。尽量不吸烟或少吸烟，减少噪音、放射线的接触。尽量不到人多的公共场所，避免与患病亲友接触，脱离不适宜的工作环境，节制性生活。开展 TORCH（弓形虫、风疹、巨细胞病毒、生殖器疱疹）的筛查。

（3）休息与运动：妊娠早期由于妊娠反应容易出现头晕、乏力、恶心、嗜睡等，应注意休息。可以适当运动比如散步、爬楼梯等，但要尽量避免高强度的有氧运动或任何跳跃、旋转和突然转动等激烈的大运动量锻炼。

（4）饮食指导：多吃蔬菜和水果来补充各种维生素，尤其是叶酸；均衡营养，搭配合理，避免营养不良或营养过剩。

（5）心理调节及适应：社区护士应动员孕妇的家庭成员、亲友、同事及居住社区的相关人员共同参与，根据孕期妇女的心理特点，实施必要的心理护理，减轻她们的焦虑紧张和压力。

（6）产前检查：怀孕 3 个月内应到产科登记，医生对孕妇进行病史询问、体格检查，以早期发现疾病进行早期防治，并决定怀胎是否可以继续。内容包括：①记录既往病史、过敏史、家族史、月经史、妊娠史等；了解有无影响妊娠的疾病或异常情况；②全身检查：血压、体重、身高、心、肺、肝、脾、甲状腺、乳房等，了解孕妇发育及营养状态；③妇科检查：子宫位置、大小，确定与妊娠月份是否相当，并注意有无生殖器炎症、畸形和肿瘤；④化验血常规、尿常规、乙肝表面抗原、肝功、梅毒筛查等及心电图检查。

（7）预防接种：妊娠并不是接种疫苗的禁忌，一般死疫苗或灭活疫苗、类毒素、多糖类疫苗如脊髓灰质炎疫苗，可在孕期接种。禁种活疫苗如卡介苗。

2. **妊娠中期保健**

> **案例**
>
> 李太太，32 岁，怀孕已 5 个月，辞去工作专心在家待产，家人什么活都不让她干，只让她加强营养，卧床休息，她的心情非常郁闷，特来求助社区护士。
>
> 问题：假如你接待李太太，你将如何帮助她？

（1）膳食指南：妊娠中期胎儿生长发育速度增快，平均每日增长 10g，故对各种营养物质的需求大大增加，所以妊娠中期需要补充丰富的营养。在妊娠早期基础上增加热量，每天主食摄入量至少达到 400g（8 两），并且精细粮与粗杂粮搭配食用。增加优质蛋白的摄入量，每天要比妊娠早期至少多 15～25g，主要来自优质蛋白。适当增加植物油的摄入量，适当食用花生仁、核桃、芝麻等富含必需脂肪酸的食物。适当补充叶酸、维生素 B_{12}、维生素 B_6 等水溶性维生素。为避免孕妇血钙降低，诱发小腿抽筋或手足搐搦，出现骨质疏松、骨质软化和孩子患先天性佝偻病，妊娠中期每日应摄入钙1200mg，多吃含钙丰富的食物如虾皮、鸡蛋、豆腐，坚持每天喝奶或豆浆，同时注意维生素D的摄取。每日铁的供给量为25mg，孕妇要有针对性地摄取含铁丰富的食物，如动物血液、动物肝脏、菠菜等，同时补充维生素C以利于铁的吸收。

（2）运动：妊娠中期开始建议每天做两次孕妇体操，活动关节和肌肉。保持适量的运动，如户外散步、游泳等，有利于胎儿的发育和自身保健。

（3）产前检查：一般情况下初检时间在孕12周以前，复查时间为12周后每四周1次；28～36周，每两周1次；妊娠36周以后，每周1次，直至分娩。有并发症时应酌情增加产前检查次数。

孕妇产前检查内容主要有：询问和体格检查。询问内容：如为初诊，询问内容应同早孕初诊；询问建册后的健康状况；确定孕周、查看妊娠史记录、腹部增大情况、询问饮食、起居、工作等情况。体格检查项目主要有：血压、体重、胎心、胎动、宫高等。辅助检查有：血常规、尿常规、Rh血型、ABO血型的溶血检测、肝功能及抗体、血糖等。

胎儿生长发育监测的方法是制妊娠图。所谓妊娠图就是定期测量子宫底高度和腹围大小，并将每次测得的数值绘在相应孕周的宫高、腹围线上，然后联成曲线，并与标准曲线上相对应孕周的宫高、腹围进行比较，得出胎儿生长发育是否正常的结论，这种曲线就称为"妊娠图"（图5-1）。为了简便明了，目前常用的妊娠图只测量子宫底高度，所以又称宫高图。正常发育时曲线应在第10和第90百分位之间。小于第10百分位，连续2次或间断3次，预示胎儿宫内发育不良；超过第90百分位，则可能胎儿过度发育。

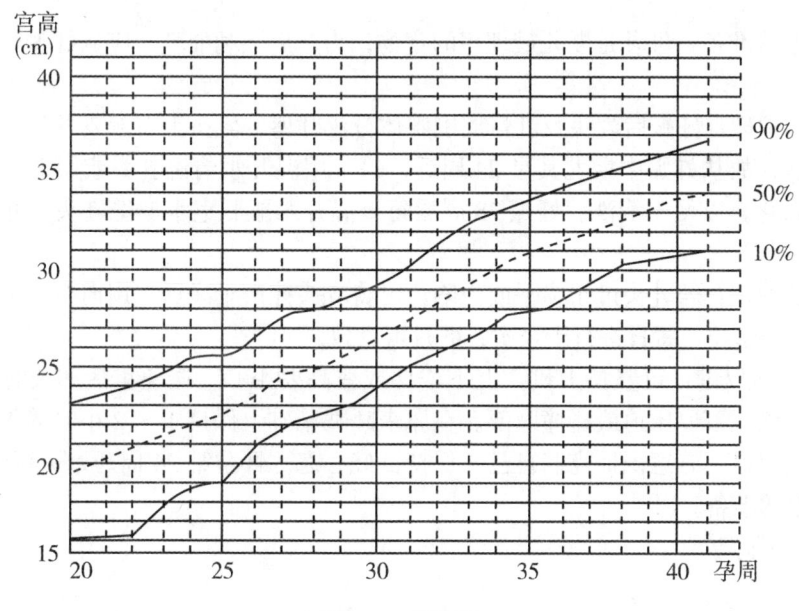

图5-1 妊娠图

（摘自郑修霞.妇产科护理学.）

（4）进行遗传咨询：内容包括：①有无孕早期病毒感染史；②家族中有无先心病及其他遗传疾病；③既往有无糖尿病、红斑狼疮、梅毒病史；④有无流产、早产、死产、畸形儿史。

（5）产前筛查：是指通过简便、经济和较少创伤的检测方法，对胎儿进行先天性缺陷和遗传性疾病的筛查。产前筛查的主要疾病是神经管畸形和唐氏综合征。

(6)妊娠期常见疾病预测

1)妊娠期高血压筛查

妊娠期高血压病的高危人群:工作紧张;初产妇、合并慢性高血压、慢性肾炎、糖尿病;营养不良;子宫张力过高(多胎、羊水过多、葡萄胎);家族高血压史;肥胖者等。

筛查方法:测平均动脉压和体重指数。平均动脉压 = 舒张压 +1/3 脉压差,≥ 85mmHg 为阳性。体重指数 = 体重(kg)/ 身高^2(m^2),≥ 24 为阳性。

2)妊娠期糖尿病筛查

妊娠期糖尿病的高危人群:孕前体重指数 ≥ 24;年龄 30 岁以上;有糖尿病家族史;有不明原因流产、早产、死胎或新生儿畸形、死亡史;多胎妊娠或妊娠高血压疾病;孕期体重增加过多,羊水多,胎儿大;反复念珠菌阴道炎;有多饮、多食、多尿症状者。

筛查时间:孕 24 ~ 28 周进行糖尿病检查试验。

筛查方法:空腹服口服葡萄糖粉 75g,即将 75g 葡萄糖粉溶 200ml 水中,5 分钟内一次服下。判定:空腹、服糖后 1 小时、2 小时分别测血糖。正常血糖上限分别是 5.1mmol/L、10.0 mmol/L、8.5mmol/L。如果糖筛查异常,空腹血糖亦高于正常值,可以诊断糖尿病。

3)妊娠期贫血的筛查

对所有孕妇在每次就诊时都进行筛查。筛查包括三方面的内容:询问、查看记录是否容易疲倦、做一般家务劳动时是否感到喘不过气来;观察面色;辅助检查化验血红蛋白。血红蛋白浓度在 85 ~ 105g/dl 时,低体重儿和早产发生的危险性轻度增加,当孕妇血红蛋白浓度显著降低或明显升高时,胎儿结局不良的危险性明显增加,对于诊断缺铁性贫血的孕妇,应予以铁剂补充。

(7)母乳喂养准备:母乳是婴儿最理想的食物,为产后顺利哺乳,应从妊娠期中期做好授乳准备。

乳房的清洁护理:妊娠后乳头及乳晕周围腺体分泌旺盛,乳头上有痂皮及积垢,强行清除容易损伤皮肤,故从妊娠中期尤其是 24 周后,每日用温开水清洗乳头或用消毒的植物油涂布结痂使其软化,以便于清洗。妊娠 28 周后每日温开水蘸肥皂水擦洗乳头,并涂甘油加以保护皮肤。

乳头内陷的纠正:若乳头过于扁平或内陷,可将乳头擦洗干净后,用拇指和示指握住乳头根部,轻轻向外牵拉,每日进行十余次,数月可见效。

(8)日常生活保健:可坚持上班。上下楼梯或登高要小心,避免重活和长时间站或坐位,提取物品要注意不要压迫或碰撞腹部。在原来睡眠基础上保持 1 ~ 2 小时的午休,尤其是在夏天。避免焦虑,有意识地克制自己,保持良好心态。怀孕第 24 周开始进行胎教为宜。为分娩做物质上的准备。

3. 妊娠晚期保健

案例

李太太,32 岁,怀孕已 9 个月,丈夫工作比较忙,每天很晚才回家,由公婆照料她的生活。最近晚上睡觉经常腿抽筋,胎动也变得不规律,心情异常焦虑紧张,怕公婆不喜欢自己的孩子。

问题:假如你接待李太太,你将如何帮助她?

(1) 加强营养：孕晚期胎儿生长发育最快，胎儿体重明显增加，此时营养补充极为重要。保证谷类、豆类、蔬菜、水果的摄入；鱼、禽、蛋、瘦肉合计每日 250g，每周至少 3 次鱼类，每日 1 个鸡蛋。每周进食动物肝脏 1 次，动物血 1 次。孕晚期热量的过度摄入会导致妊娠并发症，增加难产机会，也易造成新生儿产伤，所以应控制总热能的摄入。餐次安排特点是总量控制，少量多餐，主食要粗细搭配，副食要荤素搭配。不挑食，不偏食。

(2) 继续加强产前检查：绘制妊娠图，估计胎儿体重，测量骨盆，指导孕妇自数胎动。妊娠晚期胎动如 12 小时小于 20 次或 1 小时小于 3 次或胎儿活动强度有明显的改变，变得越来越弱应警惕。如果胎动 12 小时小于 10 次或 1 小时无胎动，有可能是胎儿宫内缺氧。如果胎动频繁，为缺氧的早期表现，应及早就医。

(3) 注意临产的信号，为分娩做准备：在临近预产期 4~5 周时要将住院所需物品集中装好。确定分娩医院，最好在家人的陪伴下确定去医院的路线和方式。尽量避免单独外出。如果胃部突然轻松，下腹有疼痛酸胀感，尿频，无尿痛及尿急，腰酸大腿根部发胀，阴道分泌物增多，胎动变化为分娩先兆，应及时入院待产。

(4) 心理调节适应：此时期胎儿迅速生长发育，孕妇的心理负担加重。由于腹部膨大、活动受限，子宫压迫作用产生尿频、便秘，使孕妇心烦，易受激惹。此外，由于预感临产将至，又无力加以避免和应对而产生恐惧和担忧，害怕分娩时疼痛、出血多，更怕难产，担心胎儿有危险等，这些可能给孕妇造成巨大的心理压力，情绪不稳定，精神上感到压力。

妊娠晚期应注意孕妇情绪、认识和态度等方面的变化，及时给予心理咨询和心理干预。对她们提供有关妊娠、分娩的知识，改善她们的认知方式，恢复自我认知能力，调动其主观能动性，更好地适应环境，保持身心的健康和谐。对于妊娠期许多躯体症状主诉，同时查无躯体疾病时，应警惕有抑郁情绪的可能。

(5) 日常生活指导：妊娠晚期由于胎儿生长或孕妇体重过度增加等原因，孕妇的腹部过度下垂，甚至发生腹直肌过度分离、悬垂腹。因此可购买孕妇托腹带，托住腹部，防止孕妇的腹部过度下垂。

在妊娠的中、晚期乳房的变化是十分明显的，很多孕妇会出现乳房胀痛、乳头痒等现象，这些都是正常现象。乳罩最好选择纯棉有伸缩性的织物，杯罩不宜过小，胸围最好选择可调节型的，以便随着孕期的增长不断改换尺寸，为哺乳做准备。

> **考点：** 妊娠各期保健措施；产前检查内容。

(二) 产时保健

产时保健是指从临产开始到产后 2 小时甚至 24 小时的保健工作，是围产保健的关键时期，它关系到母婴生命的安危，需要产科、儿科和内科医生的密切配合。产时保健要点可概括为"五防、一加强"。

1. 防滞产

1) 有骨盆狭窄、高年龄初产或有难产历史者，必须住进有剖宫产条件的医院分娩。

2) 无异常者也应认真观察产程，有条件应绘制产程图。产程中如出现胎头下降、宫口开大、宫缩情况等进展不好时，要及时检查处理。无条件检查处理者，如初产妇第一产程 > 12 小时，经产妇 > 8 小时，产程进展不好应及时处理。

2．防出血

1) 如有羊水过多、多胎、产后出血史或多次分娩史者应转有输血条件的医院分娩。

2) 产时未见异常，产后也应密切注意出血量及宫缩情况，按揉子宫，预防宫腔积血。

3) 及时发现出血的原因，出血较多或宫缩无力者要及时注射宫缩药。宫缩尚好而出血多者，应检查有无产道损伤并及时修补。胎盘滞留者必须在有输血准备情况下由受过训练人员取出，不得滥操作以免造成更多出血，以致损伤子宫，导致死亡。

3．防感染　不论在哪一级医院分娩，必须严格进行接生员的手、产妇会阴、新生儿脐带的消毒以及产包和器械消毒，并同时注意消毒分娩房间的空气、产床和环境。

4．防窒息　新生儿窒息严重时，常可造成小儿脑瘫、弱智等残疾，影响优生。新生儿窒息又常是胎儿窘迫的延续，新生儿有可能窒息或发生窒息时及时清理呼吸道最为重要。产后新生儿保暖是预防及抢救新生儿窒息的重要措施之一。

5．防产伤　及时识别产程异常、头位难产，选择适时适宜的助产手术，不贻误也不滥干预。初产妇，尤其是胎位不正，如臀位、胎儿大或第一胎临产头未入盆等情况均必须住院分娩，并住进有剖宫产条件的医院为宜。

6．加强产时监护　一方面要监护产妇的产程进展，另一方面要监护胎儿的情况，如胎心、胎动、胎儿有无窘迫等，以便及时发现异常并及时处理，保护母子安康。

考点：产时保健措施。

（三）产褥期保健

案例

产妇李女士，32岁，7天前足月顺产一女婴，现已出院，在家休养。丈夫工作比较忙，每天很晚才回家，由公婆照料她的生活。公婆只让她吃鸡蛋、面条，喝排骨汤，不给她吃蔬菜，她的奶水不好，孩子饿得嗷嗷哭，她的心情很糟，认为是公婆不喜欢自己的孩子，只好忍着。

问题：假如你进行家庭访视，发现如上问题，你将如何帮助李太太？

产褥期是指从胎盘娩出至全身各器官（除乳房外）逐渐恢复到妊娠前状态的这段时间，是产妇恢复和新生儿开始独立生活的阶段。产褥期保健目的是防止产后出血、感染等并发症，促进产后生理功能恢复。

1．卫生指导　为了预防感染和有利于康复，产后休养环境要做到安静、舒适，室温18～20℃，室内保持清洁、空气流通，避免直吹风。产妇衣着适当，冷暖适宜，要注意个人卫生，坚持刷牙、洗手、勤换衣裤，特别要保持外阴部清洁，洗澡应采取淋浴，避免盆浴。产后生活不能与正常生活相差太远，过分"捂"的习俗是不科学的。产后会阴部分泌物较多，每天可用温开水或1∶5000的高锰酸钾溶液冲洗外阴1～3次，清洗后换上外阴垫。外阴垫和内裤要勤换，并在日光下暴晒达到消毒目的。躺卧时，应卧向伤口对侧，避免恶露流入伤口，增加感染机会。

2．产褥期饮食　产褥期膳食应有充足热量、优质蛋白质、丰富的矿物质和维生素以及充足的水分；食物品种多样化，注意粗细搭配；饮食易消化，多用蒸、煮、炖、炒，少用煎、炸的烹饪方式；重视新鲜蔬菜、水果的摄入，促进食欲、防止便秘，并促进乳汁分泌；少吃腌制品和刺激性强的食物；食用时同时要喝汤，既可增加营养，又可促进乳汁分泌。

3．心理保健，防治产后心理障碍　一般来说，产褥期产妇的心理是处于脆弱和不稳定状态，其与产妇在妊娠期的心理状态、对分娩经过的承受能力、环境，包括对婴儿的抚养、个人及家庭的经济情况等社会因素均有关。分娩后，多数产妇感到心情愉快，然而部分产妇在产后可出现产后郁闷、焦虑等，即所谓的产后忧郁综合征。主要表现为以哭泣、忧郁和烦闷为主征的精神障碍。发病原因还不清楚，主要是社会心理性的，其中夫妻间的关系及个人性格、品质至关重要。所以，社会心理上的护理，特别是丈夫、家庭的支持和关怀是最重要的。

4．加强乳房护理

（1）乳房的一般护理：乳房应保持清洁、干燥，经常擦洗。分娩后第一次哺乳前，应用温水毛巾清洁乳头和乳晕，切忌用肥皂或酒精之类擦洗，以免引起局部皮肤干燥、皲裂。乳头处如有痂垢，先用油脂浸软后，再用温水洗净。以后每次哺乳前后用温水毛巾擦洗干净。每次哺乳时应让新生儿吸空乳汁。如乳汁充足，孩子吸不完时，应用吸乳器将剩乳吸出，以免乳汁淤积影响乳汁再生，并预防乳腺管阻塞及两侧乳房大小不一等情况。如吸吮不成功，则指导产妇将母乳挤出后喂养。哺乳期使用适当的胸罩，避免过松或过紧。

（2）乳房胀痛及乳腺炎护理：产后3天内，因淋巴和静脉充盈，乳腺管不畅，乳房胀痛有硬结，触之疼痛，还可有轻度发热。一般于产后1周乳腺管畅通后自然消失，也可用下列方法缓解。①尽早哺乳，促进乳汁畅流。一般产后半小时开始哺乳。②哺乳前热敷乳房，使乳腺管畅通。③按摩乳房，从乳房边缘向乳头中心按摩，使乳腺管畅通，同时减少疼痛。④配戴乳罩，托起乳房，减少胀痛。如产妇乳房局部出现红、肿、热、痛症状，或有结节，提示患有乳腺炎。炎症初期，哺乳前热敷乳房3～5分钟并按摩乳房，轻轻拍打和抖动乳房。哺乳时先哺患侧，因饥饿时婴儿吸吮力最强，有利于吸通乳管。每次哺乳应充分地吸空乳汁，在哺乳的同时按摩患侧乳房。增加哺喂的次数，每次至少喂20分钟，哺乳后充分休息，饮食清淡。

（3）乳头皲裂护理：母亲取正确、舒适且松弛的喂哺姿势，哺前热敷乳房和乳头3～5分钟，同时按摩乳房，挤出少量乳汁，使乳晕变软易被婴儿含吮。先在损伤轻的一侧乳房哺乳，以减轻对另一侧乳房的吸吮力。让乳头和大部分乳晕含吮在婴儿口内。增加哺喂的次数，缩短每次哺喂的时间。哺喂后，挤出少许乳汁涂在乳头和乳晕上，短暂暴露并使乳头干燥，因乳汁具有抑菌作用且含有丰富的蛋白质，能起修复作用。

5．产后休息及运动　产妇要有充足的睡眠时间，保证产后体力的恢复。经常变换卧床姿势，不要长时间仰卧，以免子宫后倾。正常分娩的健康产妇，产后第二天可下床活动，根据身体状况，逐步增加活动范围和时间，同时开始做产后体操。

6．计划生育指导　产褥期内禁性生活；产褥期后恢复性生活，即使月经未复原也应做好避孕措施；哺乳期避孕宜选用工具避孕：阴茎套，或正常产后3个月、剖宫产后6个月可上环；禁用药物避孕。

7．产后访视

（1）访视时间和频率：社区护士在产后一般家庭访视1～2次，初次访视宜在产后3～7天内进行，第2次访视则在产后28～30天进行。

（2）访视前的准备：访视前，社区护士通过电话、面谈等形式与家庭建立联系，了解确切的休养地点、路线及家庭地址，确定访视对象和时间。同时，简要了解产妇的一般情况，为防止交叉感染，应先访视娩出早产儿和正常新生儿的家庭，最后访视有感染性疾病的产妇和新生儿。

(3) 访视的内容：

1) 第一次产后访视重点是**分娩情况**：分娩日期、产程、产次、有无异常分娩、有无妊娠并发症。**全身情况**：生命体征、精神、大小便、睡眠、饮食等。**子宫收缩情况**：产褥期第一天子宫底平脐，以后每天下降1~2cm，产后10~14天降入骨盆，经腹部检查触不到子宫底，检查有无压痛。**恶露的性质和量**：血性恶露约持续3~7天；浆液性恶露约7~14天；白色恶露约14~21天，产后3周左右干净。血性恶露持续两周以上，说明子宫复原不好。除看外形外要闻恶露有无臭味，如有臭味说明可能有产褥感染。**腹部、会阴伤口愈合情况**：检查伤口有无渗血、血肿及感染情况，发现异常及时就医。**乳房的检查**：检查乳头有无皲裂，乳腺管是否通畅，乳房有无红肿、硬结、乳汁的分泌量。

2) 第2次访视主要是督促产妇在产后42天到医院门诊复查全身、盆腔器官及哺乳情况，同时询问新生儿睡眠及大小便情况指导科学喂养，并给予避孕指导。

考点：产褥期的保健措施；产妇产后的访视内容。

第三节　社区老年人保健

案例

李大妈，66岁，腰背部弥漫性疼痛6年，医院曾诊断为"骨质疏松症"，未按照治疗方案正规服药，也未在饮食上加强相应的营养，1天前不慎摔倒导致髋骨骨折。李大妈家住农村，生活拮据，三餐以面食为主，喜高盐饮食。

问题：

1. 试分析导致李大妈骨质疏松的原因。
2. 针对李大妈的情况，应做哪些健康指导？

不同国家、不同年代对老年人的界定是不同的。世界卫生组织（WHO）对老年人的划分有两个标准，在发达国家，65岁以上为老年人；在发展中国家，60岁以上为老年人。国际上通常把60岁以上的人口占总人口的比例达到10%或65岁以上人口占总人口7%作为国家或地区进入老龄化社会的标准。

知识链接

全国老龄工作委员会办公室2006年2月23日发布的《中国人口老龄化发展趋势预测研究报告》指出，中国1999年进入了老龄化社会，目前是世界上老年人口最多的国家，占全球老年人口总量的五分之一。与其他国家相比，中国的人口老龄化具有以下主要特征：

（1）老年人口规模巨大：2014年将达到2亿，2026年将达到3亿，2037年超过4亿，2051年达到最大值，之后一直维持在3亿～4亿的规模。中国一直是世界上老年人口最多的国家，占世界老年人口总量的五分之一。

（2）老龄化发展迅速：65岁以上老年人占总人口的比例从7%提升到14%，发达国家大多用了45年以上的时间。中国只用27年就可以完成这个历程，并且将长时期保持很高的递增速度，属于老龄化速度最快国家之列。

（3）地区发展不平衡：中国人口老龄化发展具有明显的由东向西的区域梯次特征，东部沿海经济发达地区明显快于西部经济欠发达地区。

（4）城乡倒置显著：我国农村老年人口为8557万人，占老年人口总数65.82%，农村的老龄化水平高于城镇1.24个百分点，这种城乡倒置的状况将一直持续到2040年。

（5）女性老年人口数量多于男性：目前，老年人口中女性比男性多出464万人，2049年将达到峰值，多出2645万人。

（6）老龄化超前于现代化：发达国家是在基本实现现代化的条件下进入老龄社会的，属于先富后老或富老同步，而中国则是在尚未实现现代化，经济尚不发达的情况下提前进入老龄社会的，属于未富先老。

一、老年人生理特点

（一）老年人消化功能的改变

1．老年人因牙周病、龋齿、牙齿的萎缩性变化，而出现牙齿脱落或明显的磨损，以致影响对食物的咀嚼和消化。舌乳头上的味蕾数目减少，使味觉和嗅觉降低，以致影响食欲。

2．黏膜萎缩、运动功能减退。胃黏膜变薄、肌纤维萎缩，胃排空时间延长，消化道运动能力降低，尤其是肠蠕动减弱易导致消化不良及便秘。

3．消化腺体萎缩，消化液分泌量减少，消化能力下降。

4．胰岛素分泌减少，对葡萄糖的耐量减退。

（二）神经组织功能的改变

1．神经细胞数量逐渐减少，脑重减轻。60岁以上减少尤其显著，到75岁以上时可降至年轻时的60%左右。

2．脑血管硬化，脑血流阻力加大，氧及营养素的利用率下降，致使脑功能逐渐衰退，并出现某些神经系统症状，如记忆力减退、健忘、失眠，甚至产生情绪变化及某些精神症状。

（三）心血管功能的改变

1．心肌萎缩，心肌硬化，心脏泵效率下降，使每分钟有效循环血量减少，使心肌本身血流减少，出现心绞痛等心肌供血不足的临床症状。

2．血管壁硬化，弹性下降、脆性增加，血流速度减慢，使老年人发生心血管意外的机会明显增加。

（四）呼吸功能的改变

1．呼吸肌及胸廓骨骼、韧带萎缩，肺泡弹性下降，气管及支气管弹性下降，常易发生肺泡经常性扩大而出现肺气肿。

2．血流速度减慢，毛细血管数量减少，组织细胞功能减退及膜通透性的改变，使细胞呼吸作用下降，对氧的利用率下降。

（五）肾脏萎缩、变小，肾血流量减少，肾小球滤过率及肾小管重吸收能力下降，导致肾功能减退，加上膀胱逼尿肌萎缩，括约肌松弛，老年人常有多尿现象。

（六）性激素的分泌自40岁以后逐渐降低，性功能减退。老年男性前列腺增生可致排尿困难。女性45～55岁可出现绝经，卵巢停止排卵。

（七）内分泌功能下降，机体代谢活动减弱，生物转化过程减慢，解毒能力下降。机体免疫功能减退，易患感染性疾病。

（八）晶状体弹力下降，睫状肌调节能力减退，多出现老花眼，近距离视物模糊。同时听力下降，嗅觉、味觉功能减退。

（九）体表改变

1．毛发髓质和角质退化可发生毛发变细及脱发；黑色素合成障碍可出现毛发及胡须变白；皮肤弹性减退，皮下脂肪量减少，细胞内水分减少，可导致皮肤松弛并出现皱纹。

2．随着年龄增加，骨骼中无机盐含量增加，而钙含量减少；骨骼的弹性和韧性减低，脆性增加。故老年人易出现骨质疏松症，极易发生骨折。

考点：老年人生理变化特点。

二、老年人心理特点

老年人的心理变化包括感知觉、智力和人格特征等。

1．智力的变化　智力是学习能力或实践经验获得的能力。老年人在限定时间内加快学习速度比年轻人难，老年人学习新东西、新事物不如年轻人。

2．记忆力变化　老年人的记忆力随着年龄的增长而趋于下降，但下降的幅度并不大。人的记忆力随年老而有所衰退的一般趋势是：40岁以后有一个较为明显的衰退阶段，然后维持在一个相对稳定的水平，直到70岁以后又出现一个较为明显的衰退阶段。

3．思维的变化　思维是人类认识过程的最高形式，是更为复杂的心理过程。老年人由于感知和记忆力方面的衰退，在概念、逻辑推理和问题解决方面的能力有所减退，尤其使思维的敏捷性、流畅性、灵活性、独特性以及创造性比中青年时期要差。

4．人格的变化　年老过程中绝大多数的人格特征是稳定的，即使有变化也是缓慢的和微弱的。

5．情感与意志的变化　老年人的情感和意志过程因社会地位、生活环境、文化素质的不同而存在较大差异。老化过程中情感活动是相对稳定的，即使有变化也是生活条件、社会地位变化所造成的，并非年龄本身所决定。

考点：老年人心理变化特点。

三、老年病的特点

由于老年病是发生在衰老的机体，无论在患病率、病因、病理、临床表现、诊断、治疗及预后等方面都与成年人有不同之处。有专家指出："你不能用成年人眼光看待儿童，同样也不能用成年人的眼光看待老年人。"这充分强调老年病有自身的特点。

（一）多病共存

老年人往往多种疾病同时存在，一般每位老年人平均患有6种疾病。北京医院统计60～69岁组9.7种，90岁以上11.1种，提示老年人患病数目随增龄而增加。

（二）起病缓慢

老年病多属于慢性病，其起病隐匿，发展缓慢，在相当长的时间内无症状，无法确定其发病时间，如动脉硬化、糖尿病及骨质疏松等。

（三）变化迅速

老年病虽起病隐匿，发展缓慢，病程缠绵，但当疾病发展到一定阶段，器官功能处于衰竭的边缘，一旦发生应激反应，可使原来勉强维持代偿状态的器官发生功能衰竭，导致病情恶发，危及生命。

（四）发病方式独特

老年人随着增龄的变化，器官老化程度加重，发病方式也较独特，常以跌倒，不想活动，精神症状，大小便失禁及生活能力丧失等老年病五联征之一或几项表现出来，年龄愈大愈是如此。75岁以上老年人最脆弱的部位是脑、下尿路、心血管、呼吸道及运动系统。

（五）表现不典型

老年人患病的表现，一部分与成年人一样具有典型症状，而相当部分临床表现不典型。①疾病应有的症状不出现而表现为非特异性症状。如肺炎和感冒仅有食少，乏力等症状，而缺乏呼吸道症状。体温升高不明显。心衰可先表现为精神症状，腹胀。痛觉降低定位不准确，能引起剧烈疼痛的疾病可能只有轻微不适。②无症状（亚临床型）者多。心肌梗死20%～80%无疼痛，糖尿病52.8%无三多一少症状，80%腔隙性脑梗无症状。

（六）并发症多

老年人由于器官衰竭，免疫功能减退，患病后并发症明显增多，如感染、水电解质紊乱、多器官衰竭、运动减少性疾病（如失用性肌肉萎缩、压疮、骨质疏松、血栓、坠积性肺炎、尿路感染）等。

（七）药物不良反应多

由于老年人肝肾功能减退，导致药物代谢和排泄降低，对药物的敏感性改变以及多药合用等原因，更容易出现药物不良反应，一般比成人高3倍，而且一旦出现，其程度也较成年人严重。

因此一定要根据老年病的发病特点，发病征兆定期进行健康检查，发现患病后，能够及时得到合理的治疗。

> **考点**：老年人患病的特点。

四、社区老年人保健措施

（一）老年人的膳食原则及膳食指南

1. 老年人的膳食原则

（1）饮食要多样化：吃多种多样的食物才能利用食物营养素互补的作用，达到全面营养的目的。不要因为牙齿不好而减少或拒绝蔬菜或水果，可以把蔬菜切细、煮软，水果切细，从而容易咀嚼和消化。

（2）主食中包括一定量的粗粮、杂粮：粗杂粮包括全麦面、玉米、小米、荞麦、燕麦等,比精粮含有更多的维生素、矿物质和膳食纤维。

(3) 每天饮用牛奶或食用奶制品:牛奶及其制品是钙的最好食物来源,摄入充足的奶类有利于预防骨质疏松症和骨折,虽然豆浆在植物中含钙量较多,但远不及牛奶,因此不能以豆浆代替牛奶。

(4) 多吃大豆或其制品:大豆不但蛋白质丰富,对老年妇女尤其重要的是,其丰富的生物活性物质大豆异黄酮和大豆皂苷可抑制体内脂质过氧化、减少骨丢失,增加冠状动脉和脑血流量,预防和治疗心脑血管疾病和骨质疏松症。

(5) 适量食用动物性食品:禽肉和鱼类脂肪含量较低,较易消化,适于老年人食用。

(6) 多吃蔬菜、水果:蔬菜是维生素C等几种维生素的重要来源,而且大量的膳食纤维可预防老年便秘,番茄中的番茄红素对老年男性常见的前列腺疾病有一定的防治作用。

(7) 饮食清淡、少盐:选择用油少的烹调方式如蒸、煮、炖、焯,避免摄入过多的脂肪导致肥胖。少用各种含钠高的酱油料,避免过多的钠摄入引起高血压。

2. 老年人的膳食指南　人体衰老是不可逆转的发展过程。随着年龄的增加,老年人器官功能逐渐衰退,容易发生代谢紊乱,导致营养缺乏病和慢性非传染性疾病的危险性增加。合理饮食是身体健康的物质基础,对改善老年人的营养状况、增强抵抗力、预防疾病、延年益寿、提高生活质量具有重要作用。针对我国老年人生理特点和营养需求,2007版《中国老年人膳食指南》指出,在一般人群膳食指南十条的基础上补充以下四条内容:

(1) 食物要粗细搭配、松软、易于消化吸收:随着人们生活水平的提高,我国居民主食的摄入减少,食物加工越来越精细,导致B族维生素、膳食纤维和某些矿物质的供给不足、慢性病发病率增加。而老年人由于消化器官的生理功能有着不同程度的减退,咀嚼功能和胃肠蠕动减弱,因此在食物选择方面应注意粗细搭配,食物的烹制宜松软易于吸收,以保证均衡营养,促进健康,预防慢性病。

(2) 合理安排饮食,提高生活质量:合理安排老年人的饮食,使老人保持健康的进食心态和愉快的摄食过程。老年人应和家人一起进餐,不仅会增加对食物的享受和乐趣,还会促进消化液的分泌,增进食欲。

(3) 重视预防营养不良和贫血:60岁以上的老年人随着年龄增长,可出现不同程度的老化,包括器官功能减退、基础代谢降低和机体成分改变等,并可能存在不同程度和不同类别的慢性疾病。由于生理、心理和社会经济情况的改变,可能使老年人摄取的食物量减少而导致营养不良。因此老年人要重视预防营养不良与贫血。

(4) 多做户外活动,维持健康体重:2002年中国居民营养与健康状况调查结果显示,我国城市居民经常参加锻炼的老年人仅占40%,不锻炼者高达54%。大量研究证实,身体活动不足、能量摄入过多引起的超重和肥胖是高血压、高血脂、糖尿病等慢性非传染性疾病的独立危险因素。适当多做户外活动,在增加身体活动量、维持健康体重的同时,还可接受充足紫外线照射,有利于体内维生素D合成,预防或推迟骨质疏松症的发生。

(二) 休息与睡眠

休息是指一段时间内相对地减少活动,使身体各部分放松,处于良好的心理状态,以恢复精力和体力的过程。老年人的休息方式主要是睡眠。老年人睡眠时间因人而异。60～70岁睡眠时间应当在8小时左右。70～90岁睡眠时间应当在9小时左右。90岁以上睡眠时间应当在10小时左右为宜。0:00至3:00是睡眠的最佳时期,一般建议晚上10点前入睡。早睡早起,醒来后不要立刻就起身,一般醒来5分钟后再慢慢坐起。午间休息,不宜过长,15

分钟到半小时为佳。睡前不宜吃得过饱，以免胃内过饱感觉对大脑皮层的刺激导致入睡困难，睡前不宜饮茶、喝咖啡、饮酒和抽烟。

休息并不意味着一定是睡眠不活动，有时变换一种活动方式也是休息。老年人相对需要较多的休息，并应注意以下几点：①休息要注意质量，有效的休息应满足三个基本条件：充足的睡眠、心理的放松及生理的舒适。因此，简单地用卧床限制活动并不能保证老年人处于休息状态，有时这种限制甚至会使其感到厌烦而妨碍了休息的效果。②卧床时间过久会导致运动系统功能障碍，以及出现压疮、静脉血栓、坠积性肺炎等并发症，因此，应尽可能对老年人的休息方式进行适当调整，尤其是长期卧床者。③老年人在改变体位时，要注意预防体位性低血压或跌倒等意外的发生，如早上醒来时，不应立即起床，而需在床上休息片刻，伸展肢体，再准备起床。④看书和看电视是一种休息，但不宜时间过长，应适时举目远眺或闭目养神来调节一下视力。

（三）体育锻炼

许多老年人认为，自己整天都在做家务、带小孩或干农活，没有必要再进行体育锻炼。其实，这种观点是不正确的。这是由于受工作特点和劳动方式的限制，在体力劳动时，身体只能有一个或数个肌肉群得到活动，而其余的肌肉活动很少，因而易出现疲劳。

体育锻炼不仅可使全身都得到锻炼，而且增加心肺功能，有助于强身健体、消除疲劳。因此，体力劳动并不能代替体育锻炼。坚持适当的体育锻炼，如慢跑、打太极拳等，不仅能减轻体力劳动后的疲劳，而且可提高体力劳动的效率。

下午 4～6 时，是体内与代谢有关的激素分泌最活跃的时候，此时大脑皮质的兴奋性集中，机体对外界刺激的应激反应能力最强，肌肉活动的协调性和敏感性也最好，故傍晚锻炼能达到最佳的健身效果。相反，在清晨，由于人们刚从睡眠中醒来，机体的反应能力较差，加上早晨气温较低，如进行长时间、大运动量的锻炼，就极易诱发心肌梗死、脑卒中（中风）、低血糖反应、肺部感染和骨折等病症。因此，老年人应将主要锻炼时间放在傍晚，选择公园和草地等环境适宜的地方进行锻炼，这样才能收到良好的健身效果。

1. 老年体育锻炼注意事项　老年阶段身体的同化作用低于异化作用，机体日趋衰退，在心理上对体育锻炼顾虑较多，时常有力不从心的感觉。因此老年人的体育锻炼，是在特殊身体条件下进行的，活动的内容、生理负荷和活动的方式、方法，必须与自己的生理相适应。老年人在身体锻炼时应该做到四忌和四要。

（1）四忌：一忌进行负重练习。二忌进行屏气锻炼。三忌快节奏的运动锻炼。四忌进行抗争活动和竞赛。

（2）四要：一要因人而异，量力而行。二要循序渐进。三要持之以恒。四要注意安全，讲究卫生。

2. 老年人的体育锻炼要自己掌握、观察，其中脉搏的监测是最简易可行的方法。大运动量相当于最高心率 170 次 / 分的 80%，即 136 次 / 分左右；中等强度相当于最高心率的 60% 以下，即 102 次 / 分以下。这是一个负荷强度心率监测的参考值，因为影响因素很多，还要和自身的体质基础、食欲、睡眠等自我反应联系来综合评价，同时对某些慢性病患者通过锻炼后的效果亦可请医生给予咨询。

（四）老年人合理用药

据统计，我国每年 5000 万住院患者中，至少有 250 万人的入院与药物不良反应（ADR）有关，其中重症 ADR 50 万人，死亡 19 万人，其中老年人数量比成年人高 3 倍以上，在所有

ADR致死病例中占一半。因此老年人合理用药是一个亟待解决的临床问题。为保证老年人合理用药，需遵循以下原则：

1. 受益原则　首先要有明确的用药适应证，另外还要保证用药的受益/风险比大于1。即便有适应证，但用药的受益/风险比小于1时，就不应给予药物治疗。

2. 5种药物原则　老年人同时用药不能超过5种。据统计，同时使用5种药物以下的ADR发生率为4%，6~10种为10%，11~15种为25%，16~20种为54%。老年人因多病共存，常采用多种药物治疗，这不仅加重了患者的经济负担，降低了依从性，而且导致ADR的发生。当用药超过5种时，就应考虑是否都是必要用药、病人的依从性和ADR等问题。

3. 小剂量原则　老年人除维生素、微量元素和消化酶类等药物可以用成年人剂量外，其他所有药物都应低于成年人剂量。

4. 择时原则　择时原则是根据时间生物学和时间药理学的原理，选择最合适的用药时间进行治疗。由于许多疾病的发作、加重与缓解具有昼夜节律的变化（如变异型心绞痛、脑血栓、哮喘常在夜间出现，急性心肌梗死和脑出血的发病高峰在上午）；药代动力学有昼夜节律的变化（如白天肠道功能相对亢进，因此白天用药比夜间吸收快、血液浓度高）；药效学也有昼夜节律变化（如胰岛素的降糖作用上午大于下午）。

5. 暂停用药原则　对患者所用药物做仔细的回顾与评价，检查有无潜在的感染或代谢改变。当怀疑ADR时，要在监护下停药一段时间。

6. 控制嗜好与饮食　老年患者用药期间控制烟、酒、茶嗜好及日常饮食颇为重要。

7. 提高对用药的依从性　依从性是指谨慎地遵照医嘱服药的程度。这是治疗获得成功的关键，它可以用依从指数（compliance index，CI），即已服药量/处方所开药量×100%。作为判断依从性的参数CI愈大，表示用药的依从性愈好。为获得老年患者药物治疗较佳的效果，医务人员应尽量提高其依从性，尽量简化治疗方案，用药宜简单，尽量减少用药次数和合并用药，向其耐心解释处方所开写药物的应用目的、剂量、用法及疗程，以免老年患者漏服、忘服、错服和多服而影响疗效和增加不良反应；必须长期用药者，应取得家属、邻居、亲友的协助监督，最好是在社区医疗保健监控下用药。

（五）老年人常见心理障碍及护理

老年人生理功能的老化，加之社会角色的转变直接或间接影响老年人的心理功能，出现不同程度的心理障碍。在老龄人口中，心理障碍已构成常见的和多发的疾病之一，而且患病情况往往随着年龄增长而增加。老年人常见心理障碍有离退休综合征、老年抑郁症、老年痴呆等。

1. 离退休综合征　离退休综合征是指老年人由于离退休后不能适应新的社会角色、生活环境和生活方式的变化而出现的焦虑、抑郁、悲哀、恐惧等消极情绪，或因此产生偏离常态的行为的一种适应性的心理障碍，这种心理障碍往往还会引发其他生理疾病、影响身体健康。

（1）离退休综合征的表现：①孤独、空虚、自卑；②忧郁、烦躁不安；③不与外界交往；④心理老化加快；⑤容易发生身心疾病。

（2）预防老年离退休综合征的措施：①离退休前做好心理准备：老年人接近离退休时，应及早做好离退休前的准备工作，尤其是心理准备，计划好退休后的生活。有一技之长者可联系需要自己技术特长的单位，准备继续发挥自己的余热，充实退休后的生活，这样可以预防退休后的适应不良。这种心理准备一般早1~2年就要着手进行。②克服消极情绪，重新安排晚年生活：离退休后的老年人，一定要消除"无用"的悲观心理及消极情绪。要知道，随着科学的进步，人的寿命在逐渐延长，离退休不是生活的结束，是人生第二个春天的开始，是一种新生活的开端。因此，要重新安排好自己的生活、工作、学习，活到老，学到老，做到老有所为，老有所学，老有所乐。③离退休后积极参加社会活动，培养业余爱好：老年人在离退休后，应积极参加一些自己喜爱或者是适合自己体力和专业的社会活动，尤其是一些公益事业，为社会发挥余热，摒除无用感。最好能有 2～3 种业余爱好，参加一些文体活动，活到老，学到老，使生活丰富多彩，激发起生命活力。④运动健身：离退休后老年人往往由于身体的原因，不爱活动。"生命在于运动"，老年人如想获得身心健康，必须克服心理老化和不爱活动的习惯，参加适合自己体力的活动。⑤改变旧有的生活环境，扩大人际交往：老年人不要自我封闭，不要离群索居，要扩大社会交往，应当努力创造尽可能多的与人交往的机会，密切人与人之间的联系，不要使自己的人际关系冷漠化。应该尽量增进两代人或三代人之间的相互了解和理解，如果有条件的话，尽量同自己的子女住在一起，帮助子女教育第三代人，以寻乐趣。尽量地缩短与同代人之间的差距，不做脱离群众的超人，也不做不合群的"怪人"。⑥人老有"心病"，及早就医：如心理障碍严重，应及时到心理咨询门诊就医，以顺利地渡过离退休的初始阶段。

2. **老年性痴呆** 老年性痴呆是与脑的老化有关的心理障碍，并以痴呆为主要症状的疾病，又称为阿尔茨海默病性痴呆（Alzheimer's Disease，简称 AD）。多发病于 75 岁前后，约占全部老年期痴呆的 30% 左右，以女性为多。在 65～85 岁的老人中，痴呆的患病率随年龄增大而增加，几乎是每增加 5 岁，其患病率就增加 1 倍。我国目前痴呆的患者数约占全世界痴呆患者的 1/4。但与我国痴呆患病率较高形成鲜明对比的是，这些患者的就诊率非常低。与其他疾病一样，痴呆也必须早期治疗和干预。因此，唤起全社会对这一群体的重视，给予早期诊断、早期干预，已经是不容忽视的任务。

老年痴呆的临床表现主要有：

(1) 认知功能减退：①记忆障碍：常为痴呆早期的突出症状。最初主要累及近期记忆，记忆保存困难和学习新知识困难。②视空间障碍：也是痴呆较早出现的症状之一，表现为在熟悉的环境中迷路，找不到自己的家门，甚至在自己家中走错房间或找不到厕所。③抽象思维障碍：痴呆患者的理解、推理、判断、概括和计算等认知功能受损。④语言障碍：痴呆患者最早的语言异常是自发言语空洞，找词困难，用词不当，赘述，不得要领，不能列出同类物品的名称。⑤失认症：患者不能根据面容辨别人物，不认识自己的亲属和朋友，甚至丧失对自己的辨认能力。⑥失用症：不能正确地作出连续的复杂动作，如做刷牙动作。⑦人格改变：表现为主动性不足，活动减少，孤独，对新环境难以适应，自私，对周围环境兴趣减少，对人缺乏热情。以后兴趣越来越窄，对人冷淡，甚至对亲人漠不关心，不负责任，情绪不稳，易激惹，因小事而暴怒，训斥或骂人，言语粗俗，殴打家人等。

(2) 生活能力下降：痴呆患者由于记忆、判断、思维等能力的衰退而造成日常生活能力明显下降，逐渐需要他人照顾，对他人的依赖性不断增强。最初患者可能表现为不能独立理财、购物；逐渐地，可能无法完成既已熟悉的活动，如洗衣、下厨、穿衣等；严重者个人生活完全不能自理。精神与行为症状包括幻觉、妄想、错认、抑郁、类躁狂、无目的漫游、徘徊、躯体和言语性攻击、喊叫、随地大小便及睡眠障碍等。

痴呆的治疗主要包括药物治疗和心理/社会行为治疗。药物治疗旨在改善认知缺损的促认知药治疗，也包括针对精神行为症状的药物治疗，目的是改善痴呆的认知及功能缺损和精神行为症状。心理/社会行为治疗的目的是最大限度地保留患者的功能水平，并确保患者及其家人应对痴呆这一棘手问题时的安全性和减轻照料负担。由于目前尚无治疗痴呆的理想方法，一旦患病，不但将给患者带来极大的痛苦，也将给其家庭和社会造成沉重的负担。因此，预防痴呆的发生具有十分重要的意义。

健康教育是传播痴呆防治知识的重要途径，是实施痴呆防治工作的重要环节。通过各种途径（声像、网络、语言、文字、书画、图片、文娱等）的健康教育提高广大群众，尤其是中老年人群对痴呆防治知识的知晓率和对痴呆的识别率，提高人们的自我保健能力，在必要时能够给予他人或得到他人的适当帮助，从而达到主动预防、早期发现、及时就医、积极治疗和提高生活质量的目的。

老年痴呆的预防要从中年健忘开始做起，健忘之初，是预防痴呆的最佳时期，应尽快地进行必要的药物干预。预防老年痴呆的关键是保持血管及大脑功能，下面是预防老年痴呆的十条建议：①防治动脉硬化。动脉硬化是痴呆症的主要"敌人"，要调节膳食，少食盐、并开展适宜的体育锻炼，有助于防止动脉硬化。②避免使用铝制品炊具及食用含铝的食物，铝盐进入人体，首先沉积在大脑内，可诱发老年痴呆。③戒烟戒酒。烟中的尼古丁、镉、铅等有毒物质和酒中的甲醛会使脑神经纤维发生颗粒空泡样变性。④补充有益的矿物质及微量元素。缺乏必要的微量元素（如锌等），可致大脑供血不足，引起血管病变，导致痴呆的发生。⑤频繁活动手指。除全身性活动外，尽量多活动手指。⑥培养多种兴趣。如琴棋书画，可活跃脑细胞，防止大脑老化。⑦广泛接触各方面人群，对维护脑力有益。⑧家庭和睦。保持心情愉快，能增强抗病能力。⑨保持对事业的执着追求，调查表明整日无所事事的人患痴呆的比例高。⑩尽可能避免长期使用镇静剂。

对易感人群，如老年人尤其女性、AD阳性家族史者、受教育年限较短者、头部外伤史者、高血压者、高血脂者、脑血管疾病患者、高血同型半胱氨酸者、糖尿病患者、有抑郁症病史者、长期过量饮酒者等进行重点保护，开展健康状况及疾病监测，及时进行医疗干预，提高人群早期识别痴呆的能力。定期对特定人群进行智能状况调查和相关的检查，对发现的可疑患者要做好其本人和家属的工作，及时就近到专科医疗机构进行检查，早期明确诊断，接受系统的治疗；定期进行家庭访问，提供相应的咨询服务和健康指导。进行积极的系统治疗，阻止或减缓病情进展。减轻患者和家属的精神负担，增强其战胜疾病的信心。尽力保持患者的生活自理能力，使其获得最大可能的个人满足和尊严。改善患者的一般状况，使其保持身心健康，提高其生活质量。增强照料者的照料能力，提高照料水平。

3. 老年期抑郁症　老年期抑郁症是指在老年期之后第一次发病的，以持续时间至少2周以上的情绪低落为主要表现的精神障碍。老年期抑郁症中，75%都具有身体疾病或社会、心理上受到压抑等发病原因。特别是老年人普遍存在着躯体活动能力的下降，而且要不断面临亲人或挚友死亡的处境，从而使得高龄抑郁症的治疗预后不很理想。

老年期抑郁症的主要症状与青壮年人的抑郁症的症状既有相同点又有不同点，其主要症状更为多种多样，具体表现如下：①多伴有强烈的不安和焦虑。患者坐立不安，总感到坐也不是，站也不是，或因焦虑而握紧拳头，或不安地在屋内徘徊。②常有顽固的疑病症状。60%患者有凝病症状，表现为过分忧虑身体的不适，如果身体上多少有点不健康，他们则会成天叫嚷有病。③多伴有妄想症状。强烈地表现出罪责妄想、疑病妄想，追踪妄想等妄想观念。④多具有假性抑郁症状形式。常以抑郁症的躯体症状为先兆，因而掩盖了忧郁或悲观情绪等典型的精神症状。此种患者一般多会找内科医生或通科医生。⑤伴有全身性功能减低者较多。由于食欲不振、肠胃营养障碍以及主动性减退等抑郁症状，造成了不能充分地摄取饮食，所以很容易引起营养失调。有时是全身状态恶化，并容易产生脱水症及并发症。⑥有时伴有意识障碍。约10%患者可看到短时间的意识障碍，此时会发生精神错乱、徘徊不止或产生自杀的念头。⑦有时呈假性痴呆症状。由于老年期抑郁症患者具有精神运动性抑郁症状，所以可表现出智能减退和记忆力降低，但不是真正的痴呆，即呈现出所谓假性痴呆抑郁症。

老年抑郁症如不进行治疗，会越来越严重。老年抑郁症的治疗主要是抗抑郁药物治疗和辅助心理治疗。有多种类型的抗抑郁药物可治疗老年抑郁症。抗抑郁药物服药两周后才会有效果，康复后，还需要继续服用6个月至1年，以防复发。心理辅导一般应由专门的医务人员或心理医生进行，同时家属要积极配合，主要是进行支持性心理治疗，给患者安慰、劝解、疏导和鼓励，帮助其解除精神压力负担，提高他们的理解程度和适应能力。

由于治疗效果不佳，所以预防重于治疗。预防老年抑郁症要从个人、家庭、社会三方面着手进行。老年人要面对现实，合理安排丰富自己的日常生活，多学新知识，培养新的兴趣爱好，多和社会联系。子女要尽力保持家庭和谐气氛，家庭成员间要多关心、支持，要耐心倾听父母的唠叨，多和父母聊天，给予老人心理上的支持和安慰。老年人容易产生孤独感和无用感，全社会应该重视和尊重老年人，给他们更多的关心和帮助。

（六）老年人性卫生指导

马斯洛的基本需要层次指出，性属于基本需要，不会因为疾病或年龄而消失。适度和谐的性生活还可使夫妻双方获得爱与被爱、尊重与被尊重等较高层次的需要。护理人员应有对性的在正确观念及态度，并了解老年人的性需求及影响因素，以协助其提高生活质量。

1．一般指导

（1）开展健康教育：应对老年人及其配偶、照顾者进行有针对性的健康教育，帮助他们树立正确的性观念，正视老年人的性需求。

（2）鼓励伴侣间的沟通：必须鼓励和促进老年人与其配偶或性伴侣间的沟通，只有彼此之间坦诚相对，相互理解和信任，各项护理措施和卫生指导才能取得良好的效果。

（3）提倡外观的修饰：需提醒老年人在外观上加以装扮，除了适当的营养休息以保持良好的精神，在服装发型上应注意性别角色的区分，若能依个人的喜好或习惯做适当修饰如女性使用香水、戴饰物等，男性使用古龙水、刮胡子等，更能表达属于自我的意义。

（4）营造合适的环境：除温度、湿度适宜外，基本的环境要求应具有隐私性及自我控制的条件，如门窗的隐私性、床的高度以及适用性等；在指导过程当中也不应被干扰，时间应充裕，避免造成压力。

（5）其他：在时间的选择上以休息后为佳，有研究表明男性激素在清晨时最高，故此时对男性而言是最佳的时间选择；低脂饮食可保持较佳的性活动，因高脂易引起心脏及阴茎的血管阻塞而造成阳痿；老年女性停经后由于雌激素水平下降而导致阴道黏膜较干，可使用润滑剂来进行改善。事实上由于停经后没有怀孕的顾虑，更利于享受美好的性生活。

2．性卫生指导　性卫生包括性生活频度的调适、性器官的清洁以及性生活安全等。性生活频度一般以性生活的次日不感到疲劳且精神愉快较好；性器官的清洁卫生在性卫生中十分重要，要求男女双方在性生活前后都要清洗外阴，即使平时也要养成清洗外生殖器的习惯；在享受美好的性生活时，应提醒老年人必要的安全措施仍应注意，如性伴侣的选择及保险套的正确使用等。

（七）临终关怀护理

参见本教材第十一章。

考点： 老年人保健措施。

小结

1. 儿童保健

（1）新生儿期是指从小儿出生至满28天前的这段时间。这段时期新生儿各系统脏器功能发育尚未成熟，免疫功能低下，体温调节功能较差，因而易感染，保健要点有：注意保暖、合理喂养、加强日常护理、开始早期教养、按时新生儿疾病筛查、做好家庭访视。

（2）婴儿期保健：婴儿期是指从满28天至出生后1年的时期。此期是人的一生生长发育速度最快的阶段，对营养需求很高，而消化和吸收功能发育尚不完善，同时婴儿从母体获得的免疫能力逐渐消失，而后天的免疫能力尚未产生，容易患肺炎等感染性疾病和传染病，所以此期保健要点有：合理喂养及时添加辅食、适时断奶；加强计划免疫；积极体格锻炼；开展早期教育；定期体格检查。

（3）幼儿期、学龄前期、学龄期：是婴儿期的延续，饮食成人化，但要考虑胃肠道发育不成熟特点，安排饮食细、烂、软、少食多餐；加强安全教育，防止意外发生；继续加强早期教育；坚持体格锻炼；关注心理健康。

2. 妇女保健

（1）围婚期是指从确定婚配对象到婚后受孕为止的一段时期。包括婚前、新婚及孕前三个阶段。

婚前保健主要内容是：婚前医学检查、婚前卫生指导和婚前卫生咨询服务。

新婚期保健的主要内容是：以性生活知识为主的婚育知识教育、性生活保健、优生优育指导。

孕前保健主要包括：健康教育及指导、为怀孕做准备的全面健康检查。

（2）围生期指从妊娠满28周至产后一周的一段时间。围生期保健包括一次妊娠从妊娠前、妊娠期、分娩期（产时）、产褥期为孕母和胎婴儿的健康所进行的一系列保健措施。

孕期保健要点：及早确认怀孕，防流产，防畸形；合理安排饮食；适当休息和运动；定期产前检查；调节心理焦虑紧张。

产时保健重点为"五防、一加强"：（1）防滞产；（2）防出血；（3）防感染；（4）防窒息；（5）防产伤；（6）加强产时监护。

产褥期保健要点：合理安排饮食、适当休息与运动、日常生活护理、乳房护理、计划生育指导、心理调节、产后访视。

小结	3. 老年人保健 （1）生理变化特点：各器官萎缩，功能衰退。 （2）心理变化特点：记忆稍有下降；思维的敏捷性、流畅性、灵活性、独特性以及创造性比中青年时期要差；人格较稳定；情感和意志过程因社会地位、生活环境、文化素质的不同而存在较大差异。 （3）保健措施：合理安排饮食；适当运动与休息；合理用药；防治常见心理障碍；做好临终护理。

附表1　新生儿家庭访视记录表

姓名：　　　　　　　　　　　　　　　　　　　　　　　编号□□-□□□□□

性　别	0 未知的性别　　1 男　　2 女	出生日期	□□□□ 年 □□ 月 □□ 日
身份证号		家庭住址	
父亲	姓名	职业	联系电话	出生日期
母亲	姓名	职业	联系电话	出生日期
出生孕周_____周	母亲妊娠期患病情况 1 糖尿病　2 妊娠期高血压　3 其他_____ □
助产机构名称_____	出生情况 1 顺产 2 头吸 3 产钳 4 剖宫 5 双多胎 6 臀位 7 其他__ □/□
新生儿窒息　1 无　2 有（轻　中　重）　　　　　　　　　　　　　　　　　　□
是否有畸形　1 无　2 有　　　　　　　　　　　　　　　　　　　　　　　　　□
新生儿听力筛查　1 通过　2 未通过　3 未筛查　　　　　　　　　　　　　　　□
新生儿出生体重_____kg	出生身长_____cm	喂养方式 1 纯母乳 2 混合 3 人工 □
体温_____℃	呼吸频率_____次/分钟
脉率_____次/分钟	面色 1 红润　2 黄染 3 其他_____ □/□
前囟_____cm×_____cm　1 正常 2 膨隆 3 凹陷 4 其他_____　　　　□
眼　1 未见异常　2 异常_____ □	四肢活动度 1 未见异常　2 异常_____ □
耳　1 未见异常　2 异常_____ □	颈部包块　1 无　2 有_____ □

续表

鼻 1 未见异常 2 异常_____ ☐	皮肤 1 未见异常 2 湿疹 3 糜烂 4 其他 ☐/☐
口腔 1 未见异常 2 异常_____ ☐	肛门 1 未见异常 2 异常_____ ☐
心肺 1 未见异常 2 异常_____ ☐	外生殖器 1 未见异常 2 异常_____ ☐
腹部 1 未见异常 2 异常_____ ☐	脊柱 1 未见异常 2 异常_____ ☐
脐带 1 未脱 2 脱落 3 脐部有渗出 4 其他_____ ☐	
转诊 1 无 2 有 原因：_____ 机构及科室：_____ ☐	
指导 1 喂养指导 2 母乳喂养 3 护理指导 4 疾病预防指导 ☐/☐/☐/☐	
本次访视日期 年 月 日	下次随访地点
下次随访日期 年 月 日	随访医生签名

填表说明

1．姓名：填写新生儿的姓名。如没有取名则填写母亲姓名+之男或之女。

2．出生日期：按照年（4位）、月（2位）、日（2位）顺序填写，如19490101。

3．身份证号：填写新生儿身份证号，若无，可暂时空缺，待户口登记后再补填。

4．父亲、母亲情况：分别填写新生儿父母的姓名、职业、联系电话、出生日期。

5．出生孕周：指新生儿出生时母亲怀孕周数。

6．新生儿听力筛查：询问是否做过新生儿听力筛查，若做过，询问是否通过；若未做，建议家长带新生儿到有资质的医疗卫生机构做新生儿听力筛查，并及时随访和记录筛查结果。

7．查体

眼：当外观无异常，婴儿有目光接触，眼球能随移动的物体移动，结膜无充血、溢泪、溢脓时，判断为未见异常，否则为异常。

耳：当外耳无畸形、外耳道无异常分泌物，婴儿能对摇铃声（或击掌声）作出反应时，判断为未见异常，否则为异常。

鼻：当外观正常且双鼻孔通气良好时，判断为未见异常，否则为异常。

口腔：当无唇腭裂、高腭弓，无口炎或鹅口疮时，判断为未见异常，否则为异常。

心肺：当未闻及心脏杂音，心率和肺部呼吸音无异常时，判断为未见异常，否则为异常。

腹部：肝脾触诊无异常时，判断为未见异常，否则为异常。

四肢活动度：上下肢活动良好且对称，判断为未见异常，否则为异常。

皮肤：当无色素异常，无黄疸、发绀、苍白、皮疹、包块、硬肿、红肿等，腋下、颈部、腹股沟部、臀部等皮肤皱褶处无潮红或糜烂时，判断为未见异常，否则为其他相应异常。

肛门：当肛门完整无畸形时，判断为未见异常，否则为异常。

外生殖器：当男孩无阴囊水肿、隐睾，女孩无阴唇粘连，外阴颜色正常时，判断为未见异常，否则为异常。

8．指导：做了哪些指导请在对应的选项上划"√"，可以多选，未列出的其他指导请具体填写。

9．下次随访日期：根据儿童情况确定下次随访的日期，并告知家长。

附表2 产后访视记录表

姓名：　　　　　　　　　　　　　　编号□□□-□□□□□

随访日期	年　　　月　　　日
体温	℃
一般健康情况	
一般心理状况	
血压	/　　　　mmHg
乳　房	1 未见异常　2 异常＿＿＿＿＿＿＿＿＿＿＿＿＿＿　□
恶　露	1 未见异常　2 异常＿＿＿＿＿＿＿＿＿＿＿＿＿＿　□
子　宫	1 未见异常　2 异常＿＿＿＿＿＿＿＿＿＿＿＿＿＿　□
伤　口	1 未见异常　2 异常＿＿＿＿＿＿＿＿＿＿＿＿＿＿　□
其　他	
分　类	1 未见异常　2 异常＿＿＿＿＿＿＿＿＿＿＿＿＿＿　□
指　导	1 个人卫生 2 心理 3 营养 4 母乳喂养 5 新生儿护理与喂养 6 其他＿＿＿＿＿＿＿＿＿＿　□/□/□/□/□
转　诊	1 无　　2 有　　　　　　　　　　　　　　　　　　□ 原因：＿＿＿＿＿＿＿＿＿＿＿＿＿＿＿＿＿ 机构及科室：＿＿＿＿＿＿＿＿＿＿＿＿＿＿
下次随访日期	
随访医生签名	

填表说明

1. 本表为产妇出院后3～7天内由医务人员到产妇家中进行产后检查时填写，产妇情况填写此表，新生儿情况填写"新生儿家庭访视表"。
2. 一般健康状况：对产妇一般情况进行检查，具体描述并填写。
3. 血压：测量产妇血压，填写具体数值。
4. 乳房、恶露、子宫、伤口：对产妇进行检查，若有异常，具体描述。
5. 分类：根据此次随访情况，对产妇进行分类，若为其他异常，具体写明情况。
6. 指导：可以多选，未列出的其他指导请具体填写。
7. 转诊：若有需转诊的情况，具体填写。
8. 随访医生签名：随访完毕，核查无误后随访医生签名。

（李淑玲）

第二篇　社区常见疾病的护理与管理

第六章　社区常见传染病的护理与管理

学习目标	1. 归纳出病毒性肝炎、艾滋病及肺结核等社区传染病防治措施及消毒隔离方法。 2. 说出社区传染病流行特征及流行过程的基本条件；病毒性肝炎、艾滋病及肺结核身体状况评估及病情观察。 3. 知道社区传染病计划免疫方案、预防接种实施及反应处理；病毒性肝炎、艾滋病及肺结核健康史、辅助检查和心理状况评估。

第一节　社区传染病概述

传染病是由病原微生物或人体寄生虫感染人体后产生的具有传染性的疾病，是常见病、多发病。其中病原微生物包括病毒、细菌、真菌、立克次体、衣原体、支原体和螺旋体等，人体寄生虫包括原虫和蠕虫。传染病的突出特点是具有传染性和流行性。

近年来，随着我国人口数量的增加、对外交流的日益频繁以及对抗生素的滥用，传染病的传播和流行仍然是我国居民面临的重大公共卫生事件和健康问题。社区护士由于工作场所在社区，在传染病的防治中担负着重要的责任，因而必须了解传染病的特征和社区防治管理措施，达到保障社区居民的健康的目的。

一、社区传染病的流行特征及防治措施

（一）流行病学特征

1．流行性　指在一定条件下，传染病能够在人群中广泛传播并蔓延的特性。按照强度可分为以下四种：

（1）暴发：传染病的发病时间分布高度集中在一个短时间内（多为该病的潜伏期内），且多由同一传染源或共同的传播途径所引起。

（2）大流行：传染病病例在一定时间内迅速蔓延，波及范围甚广，超出州界或国界。

（3）流行：某种传染病病例的发病率明显高于当地的常年发病率（一般3倍以上）。

（4）散发：某种传染病病例在某地常年处在一般的发病水平。

2．季节性　是指某些传染病在每年固定的季节发病率出现升高的现象。

3．地方性　是指某些传染病仅局限在一定地区内发生的现象，主要是跟某些自然因素如地理气候，或是某些社会因素如人群生活习惯等有关。

(二)流行过程的基本条件

流行过程是指传染病在人群中发生、发展及转归的过程。构成此过程的基本条件指的是传染源、传播途径及易感人群三个方面，此三个条件相互关联、共同影响传染病的蔓延。

1. **传染源** 是指病原体已经在体内生长、繁殖并能将其排出体外的人和动物。包括患者、隐性感染者、病原携带者和受感染的动物。其中患者是重要的传染源，包括轻型和慢性患者。在社区护理中，尤其应重视症状不典型、数量较多的轻型患者。同时，隐性感染者和虽不显出症状却能长期排出病原体的慢性病原携带者也应引起重视，是重要的传染源。另外，某些动物源性传染病（如鼠疫、狂犬病等）也可以由受感染的动物传染给人类。

2. **传播途径** 是指病原体离开传染源后，到达另外一个易感染者所经过的途径。包括空气、飞沫、尘埃、食物、水、手、用具、虫媒、血液、体液、土壤、医疗器械等。上述途径中大部分与社区的环境管理密切相关。

3. **易感人群** 是指由于对某种传染病缺乏免疫力而易感染该病的人群。当易感者在人群中达到一定的数量、易感性达到一定高度时，则易引起某种传染病的流行。在社区中普遍推行人工主动免疫则是降低人群易感性的重要措施。

以上三个基本条件相互关联，缺少其中任一条件，传染病就不会发生和蔓延，因此，若想中止传染病的流行，就必须阻断三者的联系。

(三)防治措施

1. **管理传染源** 包括对患者（或疑似患者）、病原携带者、接触者及动物传染源的管理。

(1) 对患者的管理：要尽量做到早发现、早诊断、早报告、早隔离和早治疗。努力健全社区的初级卫生保健工作，普及社区群众的卫生常识，提高社区医务人员的业务水平和责任感。传染病疫情报告是疫情管理的基础，根据我国2004年颁布的《传染病防治法》，法定传染病报告的病种分甲、乙、丙3类共37种。

1) 甲类传染病：包括鼠疫、霍乱2种，为强制管理传染病。要求发现后城镇6小时内上报，农村不超过12小时。对于疑似患者须在指定场所进行送检病原学标本、医学观察和隔离治疗，并要求医疗机构或卫生防疫机构在2日内明确诊断。

2) 乙类传染病：共25种，包括传染性非典型肺炎、艾滋病、病毒性肝炎、脊髓灰质炎、人感染高致病性禽流感、麻疹、流行性出血热、狂犬病、流行性乙型脑炎、登革热、炭疽、细菌性和阿米巴性痢疾、肺结核、伤寒和副伤寒、流行性脑脊髓膜炎、百日咳、白喉、新生儿破伤风、猩红热、布鲁菌病、淋病、梅毒、钩端螺旋体病、血吸虫病、疟疾，为严格管理传染病。要求在发现后12小时内上报。其中对于传染性非典型肺炎、肺炭疽和人感染高致病性禽流感，按照甲类传染病进行预防、控制。其疑似患者要求在指定医疗保健机构治疗或隔离，并在2周内明确诊断。

3) 丙类传染病：共10种，包括流行性感冒、流行性腮腺炎、风疹、急性出血性结膜炎、麻风病、流行性和地方性斑疹伤寒、黑热病、包虫病、丝虫病、除霍乱、细菌性和阿米巴性痢疾、伤寒和副伤寒以外的感染性腹泻病。丙类传染病也称为监测管理传染病，对此类传染病，要按国务院卫生行政部门规定的监测管理方法进行管理。

(2) 对病原携带者的管理：除应做好早期发现、登记与管理外，还应进行健康教育，使其养成良好个人卫生习惯，并定期随访。必要时，对从事食品、服务、幼托、供水行业工作的病原携带者应暂时调离原工作岗位，隔离治疗。久治不愈的伤寒或病毒性肝炎病原携带者不得再从事以上行业的工作。另外，艾滋病、乙型或丙型肝炎、疟疾等病原携带者严禁献血。

（3）对接触者的管理：接触者是指曾接触传染源的人，可能受到传染。对其采取的措施称为检疫。检疫期限一般从最后接触之日起至该病的最长潜伏期。具体可进行医学观察、留验、药物预防或紧急免疫接种等。

1）医学观察：一般对乙、丙类传染病接触者，可在不限制其正常工作和学习的前提下，每日行必要体检，注意有无早期症状的出现。

2）留验：又称隔离观察，一般对甲类传染病接触者，除限制其日常活动外，还要在指定地点进行观察、检验，一旦确诊，应立即进行隔离治疗。

3）药物预防：对某些能够采取特效药物防治的传染病密切接触者，如疟疾等，可采取此项措施。

4）紧急免疫接种：此项措施一般针对潜伏期较长的传染病接触者，如麻疹等。

（4）对动物传染源的管理：对于有经济价值、并非烈性传染病的动物，应进行分开饲养，并由兽医部门进行隔离治疗；而对无经济价值、对人类危害又很大的动物，如鼠类、引起禽流感的家禽、狂犬等则应予以杀灭。

2．切断传播途径　包括消毒、杀灭病媒动物和改善公共卫生设施等。

（1）消毒：是用物理、化学、生物的方法杀灭或消除环境中的致病微生物的一系列方法，是切断传染病传播途径的重要措施（具体方法参阅本节"社区传染病常用的隔离与消毒方法"）。

（2）杀灭病媒动物：包括作为传染源的啮齿类动物以及传播疾病的媒介虫媒如蚊、蝇、虱、蚤等。

（3）改善公共卫生设施：应根据不同传染病的传播途径采取措施。如对于呼吸道传染病，应进行空气消毒，保持室内空气通畅，外出戴口罩等；对消化道传染病，应重点加强饮食、饮水、个人卫生，做好生活垃圾及粪便的管理；对于血液传染病，则应加强对血液、血制品等的管理，防止医源性传播。

3．保护易感人群　包括提高人群的非特异性和特异性免疫力等。

（1）提高非特异性免疫力：非特异性免疫是指一种人体对异物的清除机制，主要包含各种屏障作用、细胞、补体、溶菌酶等对病原体的吞噬及清除作用等。具体可采取以下措施：社区护士有计划、有目的地教育居民改善营养和居住条件、锻炼身体、养成良好的生活习惯、建立规律的生活制度、保持心情愉快、加强个人防护，如戴口罩、使用安全套等。

（2）提高特异性免疫力：机体可通过隐性和显性感染、预防接种等方式获得对某种传染病的特异性免疫力，其中预防接种所发挥的作用最为关键（具体方法参阅本节"预防接种于计划免疫"）。

（四）社区传染病常用的隔离与消毒方法

1．常用的隔离种类与方法

（1）隔离种类：包括呼吸道、消化道、血液或体液、虫媒隔离及严密隔离、接触隔离等。其中呼吸道隔离适用于肺结核、麻疹、百日咳、流行性腮腺炎、流行性脑膜炎等由呼吸道分泌物引起、通过空气和飞沫传播的传染病；消化道隔离则适用于细菌性痢疾、霍乱、甲型肝炎、伤寒等经粪－口途径传播的传染病；血液体液隔离适用于乙肝、丙肝、梅毒、艾滋病、疟疾等通过血液或体液传播的疾病；虫媒隔离用于流行性乙型脑炎、疟疾等通过蚊、虱、蚤、蜱等昆虫叮咬而传播的疾病；严密隔离适用于肺鼠疫、肺炭疽、霍乱、传染性非典型肺炎、禽流感等具有高度传染性和致死性的传染病；接触隔离适用于狂犬病、破伤风等虽具有高度感染易感性，但不需严密隔离的疾病。

（2）隔离方法

1）呼吸道隔离：传染期患者应住单间病房，室内注意通风。患者咳嗽、打喷嚏时应用纸巾遮住口鼻，并将其扔入密闭袋中作无害化处理。儿童和老年人最好不要接触患者，必须接近时应戴口罩。病床间距离应保持在2m以上。

2）消化道隔离：卫生间、门把手等应每日消毒。要求患者严格洗手，最好用脚踏式水源开关或拧水龙头时用避污纸。接触传染期患者应穿隔离衣，接触其排泄物或污染物要戴手套，脱手套后要严格洗手或消毒双手。餐具应专用，用后消毒，并应保持无蝇和蟑螂。

3）血液或体液隔离：接触患者的血液、体液及分泌物时要戴手套、穿隔离衣，脱手套后要认真洗手。手部皮肤有破损的照顾者，直接接触患者时要戴双层手套。护士操作时要防针刺伤，使用后的针头要放入防水锐器盒内，并带回医院做无害化处理。被污染的物品应做标记，并消毒或销毁。

4）虫媒隔离：患者要做好卫生处理工作，室内及周边环境应定期灭蚊，保证病房内有完善的防蚊设施。

5）严密隔离：患者应住单间并每日消毒空气和地面，室内物品必须经严格消毒后才允许拿出室外，门口应挂上"严密隔离"的标记，护士接触患者前须穿隔离衣，戴帽子、口罩、手套，并应严格洗手和手消毒。

6）接触隔离：护士接触患者前须穿隔离衣、戴手套、口罩，之后及时洗手。及时消毒患者接触过的物品。

2．常用的消毒种类与方法

（1）消毒种类：包括疫源地消毒和预防性消毒。

（2）消毒方法：包括物理消毒法和化学消毒法。

1）物理消毒法：如焚烧无用的污物，采集无菌标本时对容器口采用烧灼法消毒，对患者餐具、食物、棉织品、金属及玻璃制品等进行煮沸消毒，对患者用过的被褥、枕头、毛毯、书籍等进行日光曝晒消毒等。

2）化学消毒法：如采用含氯消毒剂擦拭或浸泡污染物品，用过氧乙酸对玻璃、塑料、陶瓷、不锈钢、化纤、木质制品等进行浸泡、喷雾或熏蒸消毒等。

二、预防接种与计划免疫

（一）人工主动免疫

1．**计划免疫方案** 是指按照规定的免疫程序，对易感人群进行有计划的生物制品预防接种。目前在我国，所谓的计划免疫是指按照卫生部的统一规定，7周岁以下儿童要进行有计划地卡介苗、脊髓灰质炎减毒活疫苗、百白破三联混合制剂、麻疹疫苗和乙肝疫苗这5种疫苗的接种，以达到预防百日咳、白喉、破伤风、结核病、脊髓灰质炎、麻疹、乙肝7种传染病的目的。同时，也要根据其他传染病如流脑、乙脑、流感、甲肝等的流行情况进行免疫接种。另外，如被狗咬伤后进行狂犬病疫苗的接种属在特殊情况下进行的紧急接种。

2．**预防接种的实施及反应处理** 在社区进行接种的实施之前务必制订周密的计划，明确接种时间、对象和人数，备好必要的器械物资，并对生物制品做好仔细检查，对接种对象进行详细体检，把握适应证，做好宣传工作，从而取得群众的配合。实施过程中务必无菌操作，严格按照说明书规定的剂量、方法和频率进行。预防接种的反应包括局部反应、全身反应和异常反应等，前两种反应轻微者无须特殊处理，经休息后可恢复，反应严重者则应对症处理；特有的异常反应各种疫苗均可能引起，主要包括晕厥和过敏性休克，前者一般不需要服药，后者则应立即通知医生抢救，但较为罕见。

（二）人工被动免疫

主要采用含有特异性抗体的免疫血清或抗毒素给人体注射，从而迅速提高机体免疫力，但持续时间仅2～3周，故通常用于对某些传染病接触者的紧急预防。

第二节 社区常见传染病的护理与管理

案例

患者，女，28岁，3年前单位体检时发现HBsAg（+），肝功能正常，当时无不适症状，未进行治疗。7个月前患者无明显诱因出现乏力、食欲下降、恶心，入院检查HBsAg（+），抗-HBs（-），HBeAg（+），抗-HBe（-），抗-HBc（+），ALT 417 IU/L，AST 220IU/L，总胆红素正常。其母亲及姐姐均为HBsAg（+），父体健，否认家族遗传病病史。

体格检查：体温37℃，脉搏85次/分，呼吸18次/分，血压100/70mmHg，无慢性肝病面容，无蜘蛛痣及肝掌。腹软，肝上界位于左锁骨中线第5肋间，肝脾肋下未触及。肝区叩痛阴性。

思考：请说出该患者的医疗诊断，提出合理的护理诊断和问题，并制订相应的护理措施。

一、病毒性肝炎

病毒性肝炎是由多种肝炎病毒引起的，以肝损害为主的一组全身性传染病。按照病原学分类，目前已确定的有甲、乙、丙、丁、戊型肝炎，通过实验诊断排除上述类型肝炎者称为非甲～戊型肝炎。各型病毒性肝炎临床表现相似，主要表现为厌油、乏力、食欲减退、肝脾大、肝功能异常，部分病例可出现黄疸。

知识链接

不同类型病毒引起的肝炎在临床上具有共同特性，按临床表现可将病毒性肝炎分为急性肝炎（包括急性黄疸型肝炎和急性无黄疸型肝炎），慢性肝炎（分为轻、中、重度），重型肝炎（有急性、亚急性、慢性），淤胆型肝炎，肝炎肝硬化等。潜伏期甲型肝炎为15～45天，平均30天；乙型肝炎40～180天，平均90天；丙型肝炎15～150天，平均50天；丁型肝炎28～140天，戊型肝炎10～60天，平均40天。

(一) 护理评估

1. 健康史　了解患者既往的健康状况，曾经患过何种疾病，目前是否治愈，家族中有无其他成员患有肝病，是否有过肝炎患者接触史，是否有过注射、输血及使用血制品的历史，是否进行过肝炎疫苗接种等信息。

2. 身体状况

(1) 急性肝炎

1) 急性黄疸型肝炎：临床经过阶段性较为明显，可分为3期，总病程一般2~4个月。①黄疸前期：持续1~21天，平均5~7天。其中甲、戊型肝炎起病急，可有畏寒、发热，但一般不超过3天。乙、丙、丁型肝炎起病相对缓慢，仅少数有发热。急性乙型肝炎患者可有皮疹、关节痛等血清病样表现。少数患者以头痛、发热、四肢酸痛等症状为主，类似感冒。本期主要症状包括乏力、腹胀、食欲减退、厌油、恶心、呕吐、肝区痛、尿色加深等。②黄疸期：持续14~42天。患者往往自觉症状好转，发热消退，但尿色加深，可成浓茶水样，巩膜和皮肤出现黄染，且1~3周内达高峰。部分患者可有皮肤瘙痒、粪便颜色变浅、心动过缓等梗阻性黄疸表现。肝大，质软，有压痛及肝区叩击痛。少数患者可有轻度脾大。③恢复期：持续14~120天，平均30天。患者黄疸消退，乏力或消化道症状减轻或消失，肝、脾逐渐回缩，肝功能逐渐恢复正常。

2) 急性无黄疸型肝炎：病程大多在3个月内。本型较黄疸型多见，除无黄疸外，其他临床表现均与黄疸型相似。但起病较缓，症状较轻，恢复较快，主要表现为乏力、腹胀、食欲减退、恶心等，可有肝大和肝区压痛。某些病例因无明显症状，容易被忽视。

(2) 慢性肝炎：可分为轻、中、重3度。

1) 轻度：病情较轻，可反复出现头晕、乏力、上腹不适、消化道症状等，部分患者可无自觉症状。肝肋下常可摸及，伴轻度压痛，可有轻度脾大。预后良好。

2) 中度：症状、体征、实验室检查在轻度和重度之间，肝功能持续或反复异常、肝纤维化指标增高，可伴有肝外器官损害。

3) 重度：有明显或持续肝炎症状，如乏力、纳差、腹胀、明显黄疸等，伴肝病面容、肝掌、蜘蛛痣、脾大，肝功能明显异常。还可具有代偿期肝硬化表现。

(3) 重型肝炎：病毒性肝炎中最严重的一种类型，病死率高。

1) 急性重型肝炎（即暴发型肝炎）：病程一般不超过3周。发病多有诱因，如过劳、精神刺激、妊娠、饮酒、应用肝损害药物、合并细菌感染等。以急性黄疸型肝炎起病，病情发展迅猛，2周内出现黄疸迅速加深，极度乏力，严重消化道及神经、精神症状，肝进行性缩小，肝臭，可有出血倾向、急性肾功能不全等。重要表现为肝性脑病、嗜睡、性格改变、烦躁、谵妄、昏迷等，体检可见扑翼样震颤及病理反射。

2) 亚急性重型肝炎（旧称亚急性肝坏死）：病程可达数月。以急性黄疸型肝炎起病，15天~24周出现急性重型肝炎症状和体征，早期可有肝功能损害、胆红素迅速上升、极度乏力和明显消化道症状，后期常有明显的出血倾向、腹水、肝肾综合征等，肝性脑病常出现较晚。

3) 慢性重型肝炎：临床表现与亚急性重型肝炎相同，但有慢性肝炎或肝硬化病史、体征及严重的肝功能损害。预后差，病死率高。

(4) 淤胆型肝炎：起病类似急性黄疸型肝炎，但自觉症状轻，主要表现为长期肝内淤胆症状，如肝大、皮肤瘙痒、粪便颜色变浅等。黄疸持续时间较长，可达3周以上，甚至可持续数月。

3．心理社会状况　评估患者对肝炎一般性知识的了解情况及住院隔离、预后认识程度；对所出现各种症状的心理反应及表现，应对能力；是否有被歧视、嫌弃或孤独感，是否有意回避他人；是否对工作、学习、家庭等造成影响；家庭经济情况；社会支持系统对肝炎的认知及对患者的关心程度。

4．辅助检查　首先了解患者肝功能指标，是否有血清丙氨酸氨基转移酶及碱性磷酸酶上升，是否有总胆红素和尿胆原、尿胆红素升高，是否有血清白蛋白减少、球蛋白升高，凝血酶原时间和凝血酶原活动度检测凝血酶原及多种凝血因子，血氨检测提示是否可能是肝性脑病；其次了解病原学感染情况，为评估患者预后及治疗方案选择提供依据。

(二) 护理措施

1．一般护理

(1) 急性肝炎的护理

1) 休息：安静卧床休息，以增加肝血流量，降低机体代谢，利于炎症恢复，当症状好转、黄疸减轻、肝功能改善后，可逐渐增加活动，以患者不感到疲劳为度。但应注意临床症状消失、肝功能恢复正常后1～3个月仍应注意适当休息。

2) 饮食：应予易消化、清淡、适合患者口味的饮食，保证足够热量、B族维生素和维生素C，蛋白质摄入以每日1～1.5g/kg为宜，不宜高糖和低脂肪饮食。应禁酒，防止因乙醇严重损伤肝，使肝炎加重或使病情迁延而演变成慢性肝炎。

3) 皮肤护理：对于有黄疸合并瘙痒的患者应指导其进行皮肤自我护理，减轻瘙痒，避免皮肤破溃及感染。具体如下：指导患者穿宽松、棉质、柔软、透气的内衣裤，勤换洗，保持床单清洁、干燥，使皮肤舒适；及时修剪指甲，防止皮肤抓伤；用温水擦拭皮肤1次/d，不用有刺激性肥皂及化妆品；重症瘙痒可局部涂擦止痒药或口服抗组胺药。

(2) 慢性肝炎的护理

1) 休息：慢性肝炎发病期即使没有明显乏力症状也应以卧床休息为主，有利于肝的恢复，特别是对ALT明显升高甚至黄疸较深患者。当症状好转，黄疸明显减退，食欲增加进入恢复期时，休息应动静结合，可以开始适度运动，以散步为主，当肝功能正常，症状消失，病情稳定3个月以上，就可恢复工作，但仍需定期随访1～2年。

2) 饮食：①发病期患者食欲多明显减退，消化道症状较重，其饮食以清淡可口为宜，建议少食多餐，鼓励患者进食；若患者消化道症状明显如恶心、呕吐等，应向患者解释接受补液治疗的必要性，保证人体每日所需能量供应及水、酸碱、电解质的平衡，促进肝功能恢复；当黄疸开始消退、消化道症状缓解后，可增加蛋白质和脂肪性食物的摄入，但应避免过高热量，以免发生脂肪肝。不宜高糖饮食，以免诱发糖尿病。②进入恢复期后可正常饮食，但不应过早进食油炸类食物。

(3) 重型肝炎的护理

1) 休息：应绝对卧床休息，密切观察病情。

2) 饮食：应少量多餐，低脂易消化，含适量蛋白质、糖和丰富的维生素，尤其是维生素B、C、K。合并肝硬化食管-胃底静脉曲张的患者应禁食粗糙、坚硬、油炸和辛辣刺激性食物，以免损伤食管黏膜诱发出血。若合并肝性脑病应限制蛋白质摄入，尤其是含芳香氨基酸多的鸡肉、猪肉等，以防诱发肝性脑病。出现肝性脑病时，则应禁止蛋白质饮食，同时控制盐和水的摄入量。

3）皮肤护理：应控制和预防压疮的发生，主要原因是：患者长期卧床，身体受压部位血液循环不良；血清胆红素增高并经皮肤排泄，产生瘙痒；凝血酶原时间延长出现淤点、瘀斑，降低皮肤抵抗力；腹水及蛋白质摄入不足等导致低蛋白血症等。因此，应给患者经常翻身，保持床单清洁，必要时给患者床上擦浴，但注意不可用热水浸泡皮肤，防止烫伤和血管扩张加重皮下出血。

2．病情观察

（1）急性肝炎：观察临床症状如乏力、食欲下降、恶心、呕吐、腹胀、肝区压痛和叩痛等变化；尿液颜色及皮肤黄疸消退情况，有无皮肤瘙痒、淤点、淤斑等，注意肝功能变化。

（2）慢性肝炎：观察消化道症状，如食欲下降、恶心、呕吐、腹胀；全身症状，如疲乏无力、黄疸、自发出血等变化；观察肝脾大小及硬度、肝区痛及肝功能变化；观察精神、神经症状，如有无肝性脑病先兆，警惕并发症发生。

（3）重型肝炎

1）出血。①少量出血：表现为皮肤淤点、瘀斑，注射部位出血，牙龈、鼻出血，黑粪或便血等。注射后局部应延长按压时间，告诉患者不要用力挖鼻、擤鼻涕或用牙签剔牙，用软毛牙刷刷牙，牙龈有出血者可用棉棒擦洗或用苏打水漱口。注意观察大便的颜色、次数和量，清除肠道内积血，减少患者肠内血氨吸收，可用弱酸溶液（严禁用碱性溶液）灌肠。②并发上消化道大出血时，应迅速建立两条静脉通路，必要时可加压输液、输血。患者应严格禁食、禁水，绝对卧床休息，去枕平卧位，头偏一侧，以免误吸，持续低流量吸氧，以免机体缺氧进一步加重损伤本已衰退的肝功能；密切观察患者一般情况，如脉搏、血压、神志、尿量等，以判断出血情况，如出现面色苍白、心慌、脉细速、大汗、烦躁等，为再次大出血先兆，应立即通知医生，并做好抢救准备。另外突然出现大量呕血、便血常会使患者产生恐惧、绝望，甚至濒临死亡等消极情绪，应做好解释安慰工作，助其树立战胜疾病的信心。③及时抽血定血型、查血常规及进行凝血功能检测等，并配血备用。

2）肝性脑病。患者应仰卧位，头偏一侧，以保持呼吸道通畅，防止误吸。持续低流量吸氧，有躁动时应有专人护理，加床档，以防坠床。注意观察精神、神经症状，及时发现肝性脑病先兆，发现和避免诱因，如使用利尿剂、进高蛋白饮食、消化道出血、放腹水过快等，仔细观察并记录患者意识状态、瞳孔大小、对光、角膜及压眶反射等。伴有尿失禁或尿滞留患者应留置尿管，记录尿量，观察尿的颜色、性质等，定期送检。保持大便通畅，减少氨的吸收。

3）腹水。嘱患者低盐或无盐饮食，严重腹水者应限制液体摄入量。测量体重1次/周，测量腹围1次/天。观察有无心悸、呼吸困难，了解腹水消长情况，严重时记出入量。测血生化指标2次/周，遵医嘱给予利尿剂，或输入白蛋白增加胶体渗透压，但应注意观察，防止电解质紊乱。因严重腹胀导致呼吸困难的患者，配合医生做腹腔穿刺，放腹水治疗。

4）肝肾综合征。对有消化道出血、应用强利尿剂、大量放腹水、严重感染等患者加强观察，尽量消除诱因。严格记录出入量，遵医嘱及时收集标本检查尿常规、反映肾功能的血尿素氮、肌酐及血清电解质等，了解检测结果，发现异常及时报告医生。

3．治疗配合

（1）急性肝炎：按医嘱应用护肝药，不滥用药物，禁用损害肝功能的药物，并详细介绍所用药物的药名、浓度、剂量、作用、使用方法、使用时间及有可能出现的不良反应。如有心、肝、肾功能不全者不宜应用干扰素α，并注意复查肝功能和血常规。

（2）慢性肝炎：用药护理应注意具体药物副作用。①干扰素：初期常见乏力、一过性发热、肌肉酸痛等流感样症状，护理时可建议患者调整为睡前注射，减轻白天因流感样症状产生的不适；也可继发粒细胞、血小板下降，护理时需提醒患者定期复查血常规，必要时行药物干预；随用药时间延长个别患者出现精神神经症状如抑郁，症状轻微可通过鼓励、疏导等方式缓解患者抑郁情绪，症状严重则需通知医生予以必要干预，并暂停使用干扰素；也可能出现过敏性皮疹和皮肤瘙痒，应嘱患者修剪指甲，避免抓伤，用温水擦洗皮肤，以减轻症状，必要时停用干扰素并予抗过敏治疗；另外如治疗期间出现脱发、甲状腺功能减退等情况也应遵医嘱采取措施或停药。②拉米夫定：此类药物不良反应较轻微，但由于长期应用，不可擅自停药，否则极易出现病毒"反跳"现象，导致停药后损害肝功能，甚至发生重型肝炎，故对应用此药的患者行健康宣教尤为重要。护士应充分利用与患者的接触机会加强与患者沟通，让患者理解这类药物作用机制、长期坚持用药的必要性及擅自停药造成的危害性，以提高患者服药依从性，实现有效治疗。③磷酸阿糖腺苷：该药对神经、肌肉系统有一定不良反应，护士应注意观察，必要时通知医生采取措施或停药。

（3）重型肝炎：注意给药方法、剂量、疗程，观察药物不良反应。如少数患者应用胸腺肽可发生超敏反应，出现低热、皮疹、皮肤瘙痒等，应注意观察。若应用人工干预治疗，则应提前向患者及家属做好解释，使患者对治疗目的、有关注意事项等有所了解，告诉患者此方法是借助人工干预暂时替代肝功能，从而达到治疗肝衰竭的目的，以便密切合作。由于患者凝血机制差，在治疗结束后应观察治疗效果及穿刺部位有无渗血、血肿，并做到加压包扎，同时注意有无过敏反应，如发热、皮疹、皮肤瘙痒等。

4．心理护理

（1）急性肝炎：急性肝炎患者由于起病急、症状重，加上多数患者对肝炎病毒感染相关知识了解匮乏，易产生无助、紧张、焦虑、恐惧等不良情绪，护士要主动多与患者沟通，根据患者及家属个性、文化程度、职业等差异，以通俗易懂的语言讲解肝炎的传播途径、预后、预防方法等知识，一般急性肝炎预后良好，对于甲、乙型肝炎可以通过注射肝炎疫苗取得良好的预防效果，使患者正确对待疾病，减轻心理负担，保持稳定、乐观的情绪，以利于疾病的康复。

（2）慢性肝炎：慢性肝炎患者由于患者身体不适，久治不愈，加之疾病对工作和生活的影响、对经济的压力以及社会上存在歧视病毒性肝炎患者的现象，易产生紧张、焦虑、悲观等不良情绪，而这些情绪又会使大脑皮质高度紧张，进一步加重乏力等不适，对肝恢复极其不利，因此应给予足够重视。护士要主动与患者多沟通，向其定期讲解肝病相关知识，如肝炎的类型、传播途径、隔离措施、消毒方法及其亲属预防方法等，告知患者慢性肝炎尽管目前尚无根治办法，但治疗手段在不断进步，并非不治之症，让他们树立战胜疾病的信心，保持豁达、乐观、积极的生活态度。同时，应动员亲友为患者提供帮助，让家属也了解肝炎知识和患者的心理问题，摒弃盲目、恐惧心理，接纳患者，多倾听患者心声，避免加重患者心理压力。

（3）重型肝炎：重型肝炎患者因病情严重且受到死亡威胁，抢救治疗难度大，故患者易产生恐惧、悲观、绝望等不良情绪，护士要关心、体贴患者，及时了解患者心理变化情况，给予疏导，使患者保持豁达、乐观的情绪，多向患者说明治疗的进展情况以及相应的护理程序，使患者明白必须主动配合才能得到最佳疗效。

5. 健康指导

(1) 对患者的指导：慢性乙型肝炎和丙型肝炎可反复发作，诱因常为过度劳累、暴饮暴食、酗酒、不合理用药、感染、不良情绪等。应向患者及家属宣传病毒性肝炎的家庭护理和自我保健知识。慢性病患者和无症状携带者应做到：①正确对待疾病，保持乐观情绪。过分焦虑、忧虑、愤怒等不良情绪会造成免疫功能减退，不利于肝功能恢复。②生活规律，劳逸结合，恢复期患者可参加散步、体操等轻微体育活动，待体力完全恢复后参加正常工作。③加强营养，适当增加蛋白质摄入，但要避免长期高热量、高脂肪饮食。戒烟酒。④不滥用药物，如吗啡、苯巴比妥类、磺胺类及氯丙嗪等药物，以免加重肝损伤。⑤实施适当的家庭隔离，如患者的食具、用具和洗漱用品应专用，患者的排泄物、分泌物可用3%漂白粉消毒后弃去。患者应自觉注意卫生，养成良好的卫生习惯，防止唾液、血液及其他排泄物污染环境。家中密切接触者，可预防接种。⑥定期复查：急性肝炎患者出院后第1个月复查1次，以后每1~2个月复查1次，半年后每3个月复查1次，定期复查1~2年。慢性肝炎患者出院后遵医嘱定期复查肝功能、病毒的血清学指标、肝B超和与肝纤维化有关的指标，以指导调整治疗方案。⑦慢性乙型和丙型肝炎患者、无症状HBV和HCV携带者应进一步检测各项传染性指标，HBsAg、HBeAg、HBV-DNA和HCV-RNA阳性者应禁止献血和从事托幼、餐饮业工作。

(2) 预防疾病指导：甲型和戊型肝炎应预防消化道传播，重点在于加强粪便管理，保护水源，严格饮用水消毒，加强食品卫生和食具消毒。乙、丙、丁型肝炎预防重点则在于防止通过血液和体液传播。对供血者进行严格筛查，做好血源监测。凡接受输血、大手术及应用血制品的患者，定期检测肝功能及肝炎病毒标记物，以便早期发现由血液和血制品所致的各型肝炎。推广一次性注射用具，重复使用的医疗器械要严格消毒灭菌。生活用具应专用，接触患者后用肥皂和流动水洗手。

(3) 预防接种：甲型肝炎，易感者可接种甲型肝炎疫苗，对接触者可接种人血清免疫球蛋白以防止发病。母亲HBsAg阳性者，新生儿应在出生后立即注射高滴度抗-HBV-IgG(HBIG)及乙肝疫苗。HBIG对暴露于HBV的易感者也适用。医务人员、保育员以及与HBsAg阳性者密切接触者，亦应考虑给予乙型肝炎疫苗接种。完成疫苗接种程序1~3个月，如抗-HBs > 10IU/L，显示已有保护作用。

考点：急、慢、重型肝炎的身体状况评估及护理措施。

二、艾滋病

艾滋病是获得性免疫缺陷综合征（AIDS）的简称，是由人免疫缺陷病毒（HIV）引起的致命性慢性传染病。病毒主要通过侵犯和破坏辅助性T淋巴细胞，使机体的细胞免疫功能受损，最后并发各种严重机会性感染和肿瘤。病毒主要通过性接触和血液传播，发病地区由北美、西欧为主扩散到亚、非、拉人口众多地区，我国目前涉及31个省、自治区、直辖市，50岁以下青壮年发病率较高。

(一) 护理评估

1. 健康史　评估患者是否为同性恋或性乱交者，有无吸毒史、输血史，母亲或配偶是否为HIV感染者，了解其既往感染病史及预防接种史。

2. 身体状况　临床上可将其分为4期。

(1) Ⅰ期：急性感染。一般症状持续3～14天。小部分患者可以出现类似血清病症状，如全身不适、发热、头痛、厌食、恶心及淋巴结肿大等。

(2) Ⅱ期：无症状感染。可持续2～10年或更长。临床上没有任何症状，但血清中能检出HIV病毒及抗体，具有传染性。

(3) Ⅲ期：持续性全身淋巴结肿大综合征。一般3～12个月。除腹股沟淋巴结外，全身其他部位多处淋巴结肿大，质地柔韧，无压痛和粘连。

(4) Ⅳ期：艾滋病期。可以出现5种表现：①体质性疾病，表现为艾滋病相关综合征，即乏力、不适、发热、盗汗、厌食、体重下降、慢性腹泻和易感冒等症状。全身淋巴结肿大。可有肝脾肿大。②神经系统症状，可出现头晕、头痛、癫痫、进行性痴呆、脑神经炎、下肢瘫痪等。③严重临床免疫缺陷引起的各种机会性感染。常引起肺、肠道、脑、眼部、皮肤及全身性感染等症状，其中以卡氏肺囊子菌肺炎最为常见，以发热、乏力、干咳和进行性呼吸困难为主要症状。④因免疫缺陷继发肿瘤，如卡波济肉瘤和非霍奇金病等。⑤免疫缺陷并发其他疾病，如慢性淋巴性间质性肺炎等。

3．心理社会状况　评估患者的心理状态、患者及家属对疾病的应对方式以及周围人群对艾滋病的心理反应及态度等。

4．辅助检查　了解患者血尿常规、血清学、免疫学等检查结果。

(二) 护理措施

1．一般护理

(1) 活动：艾滋病发生条件致病菌感染时应绝对卧床休息，症状减轻后可逐步下床活动。无症状感染可以正常工作，适度锻炼。

(2) 饮食：以高蛋白及高热量食物为主，以多样、少量多餐、均衡饮食为原则。多吃新鲜蔬菜和水果，注意补充维生素和矿物质，特别是富含维生素C、E及胡萝卜素、硒的食物。

(3) 口腔和皮肤护理：卧床患者勤翻身，注意按摩骨隆突处，必要时使用气垫床、气圈等。用温盐水或复方硼酸溶液清洁口腔3次/天，必要时遵医嘱服用抗生素预防感染。患者若有皮肤破损，应每日换药，防止感染，并指导家属在接触患者时戴手套，以防疾病传播。

2．病情观察　观察有无肺部、胃肠道、中枢神经系统、皮肤、结膜等感染症状。

3．治疗配合　嘱患者按时、按量服药，若出现漏服在2h之内，应及时补服1次，超过2h调整服药时间或少服1次，但不能同时吃2次剂量。核苷类药物易出现食欲下降、恶心、呕吐、腹痛等胃肠道症状，及四肢麻木、疼痛、头痛、多梦等神经系统症状，非核苷类则可能出现颜面和躯干部轻、中度斑丘疹，伴有瘙痒，但大多表现为自限性。持续用药2～3个月以后可能出现重度不良反应如肝损害、骨髓抑制、急性胰腺炎及乳酸酸中毒等，应注意监测，必要时通知医生。针对症状应进行相应护理。

(1) 发热：可给予温水擦浴降温，遵医嘱使用退热药。出汗时及时更换浸湿的衣物，防止受凉。鼓励患者多饮水。机会性感染选用敏感抗生素。

(2) 腹泻：做好肛周皮肤护理，便后用温水清洁局部，必要时涂抗生素软膏。少食多餐，鼓励患者饮水。必要时遵医嘱静脉补液及使用抗腹泻药物，并观察疗效。

(3) 呼吸困难：根据病情适当抬高床头或让患者坐起，给予氧气吸入，注意观察呼吸节律、频率及深度变化。

(4) 神经精神症状：将物品放在伸手可及处，移除障碍物。可放置大型日历及时钟以帮助患者恢复定向感。出现肌肉运动功能改变如面部麻痹、吞咽困难或平衡能力失调等，应指导患者进行功能锻炼。神志不清、躁动的患者必要时予以约束。记录患者精神状态,必要时有专人看护。

4. 心理护理　多与患者沟通,倾听诉说,了解患者心理状态。艾滋病预后不良,加之疾病折磨、被他人歧视,患者易有焦虑、抑郁、绝望等心理障碍,甚至部分患者可出现报复、自杀等行为。护士要真正关心体谅患者,保护其隐私,并动员亲友为其提供生活、精神上的帮助,增强患者战胜疾病的信心,对有轻生念头者,要派专人守护。

5. 健康指导

(1) 患者宣教:对患者进行教育,使之充分认识该病的基本知识、传播方式、预防措施及保护他人和自我健康监控的方法。对 HIV 感染者实施管理,包括:①定期或不定期访视及医学观察。②患者的血、排泄物和分泌物应用 0.2% 次氯酸钠或漂白粉等消毒液进行消毒。③严禁献血、献器官、献精液;性生活应使用避孕套。④出现症状、并发感染或恶性肿瘤者,应住院治疗。⑤已感染 HIV 的育龄妇女应避免妊娠、生育,以防止母婴传播。HIV 感染的哺乳期妇女应人工喂养婴儿。

(2) 社区预防:广泛开展宣传教育和综合治理,应通过传媒、社区教育等多种途径使群众了解艾滋病的病因和感染途径,采取自我防护措施进行预防,尤其应加强性道德教育;保障安全的血液供应,提倡义务献血,禁止商业性采血;严格血液及血制品的管理,严格检测献血者、精液及组织、器官提供者的 HIV 抗体;注射、手术、拔牙等应严格无菌操作,推广使用一次性注射用品,不共用针头、注射器;加强静脉药物依赖者注射用具的管理;对医疗器械如胃镜、肠镜、血液透析器械应严格消毒,防止医源性感染;加强对高危人群的艾滋病疫情监测,严格取缔卖淫和嫖娼活动;加强国境检疫,对艾滋病抗体阳性者禁止入境。

考点: 艾滋病的身体评估、治疗配合及心理护理。

三、肺结核

肺结核是由结核分枝杆菌引起的肺部感染,临床表现形式多样,多呈慢性过程,具有渗出、变质和增生 3 种基本病理变化,特征改变包括结核结节和干酪样坏死。肺结核扩散可引起肺外结核。

(一) 护理评估

1. 健康史　结核分枝杆菌主要通过呼吸道传播,其次是消化道感染。传染源主要是排菌肺结核患者,尤其是痰涂片阳性、未经治疗者。注意询问接触史、患者生活环境和疫苗接种史。了解患者既往的健康状况,糖尿病、矽肺、麻疹、艾滋病、其他严重疾病以及营养不良或使用免疫抑制剂、糖皮质激素等可使人体免疫力下降易受感染而发病,或引起原已稳定病灶重新活动。

2. 身体状况

(1) 全身中毒症状:长期午后低热、乏力、盗汗、食欲减退、体重下降、育龄妇女月经不调。

(2) 呼吸道症状:①咳嗽、咳痰:早期症状较轻,干咳或少量黏液痰。空洞形成后痰较多,可为脓性。②咯血:约一半患者有咯血,多为痰中带血或少量咯血,少数患者可出现大量咯血。③胸痛:结核累及壁层胸膜引起的相应部位疼痛,随呼吸运动和咳嗽而加重,可放散到上腹部和肩部等。④呼吸困难:多见于慢性重症肺结核,如果并发胸腔积液则会发生急剧呼吸困难。

3. 心理社会状况 ①患者对结核发生、病程、疾病转归的了解。②患者性格特点及精神状态，是否因慢性反复发作及咳嗽、咯血等症状而出现焦虑、恐惧、抑郁等不良心理。③患者家庭成员对结核的认识、对患者的关怀和支持程度，家庭经济情况。

4. 辅助检查 ①痰涂片。痰液中发现结核分枝杆菌是确诊肺结核的重要依据。涂片阳性说明病灶是开放的，有传染性，是治疗管理的重点。②X线是早期发现肺结核的重要方法，可确定病灶部位、范围、性质、发展状况。③结核菌素试验对儿童、青少年结核病诊断具有参考意义。结核菌素试验强阳性或3岁以下者有价值，阳性仅表示曾感染过结核。结核菌素试验阴性不一定表示无结核病，结核杆菌感染初期、严重细菌感染、营养不良、HIV感染、白血病、癌症、老年人等人群因免疫力低下，变态反应暂时受抑制均可出现结核菌素试验阴性。

(二) 护理措施

1. 一般护理

(1) 环境：为患者创造良好的休养环境。最好为患者准备阳光充足的单间，经常开窗通风，保持室内空气流通。

(2) 养成良好的个人卫生习惯：患者不要随地吐痰，应将痰吐在纸上烧掉，不要对着别人大声说笑、咳嗽、打喷嚏时用手或纸巾掩住口鼻。患者的被子、衣物应勤晒，食具煮沸后再用。

(3) 饮食管理：肺结核属于消耗性疾病，因此患者应增加营养，保证足够的热量、蛋白质和维生素，多吃新鲜的精肉、蛋、鱼、虾、蔬菜、水果、豆类等，饮食应清淡，易于消化，少吃或不吃辛辣油腻的食物，不喝酒。

(4) 休息：全身中毒症状严重时应绝对卧床休息；病情轻、症状少的患者也得早睡早起，每天不得少于10小时睡眠；没有明显全身中毒症状的患者可做些力所能及的事情和适当户外活动，但不可过度劳累；全身中毒症状消失的患者可进行适当的体育运动，以锻炼身体，增强体质。

2. 病情观察 注意观察患者咳嗽的性质、咯血量、是否存在胸痛及呼吸困难等。

3. 治疗配合 肺结核治疗需要一个长期过程。患者要按医生制订的治疗方案，坚持按时、规律用药。切忌随意停药、断续服药，或剂量不准确，用药不规律，使细菌产生耐药性，给治疗带来困难。

4. 心理护理 向患者及家属讲解肺结核的发生、发展、主要临床表现及预后，使其正确对待疾病，克服焦虑、恐惧的心理，以良好的心态积极配合治疗。

5. 健康指导 肺结核预防主要应注意以下方面。

(1) 管理传染源：结核病传染源主要是继发型肺结核患者。痰涂片结核分枝杆菌阳性的患者具有传染性。因此，对这些患者都必须给予彻底的治疗，以控制结核分枝杆菌的传染源。

(2) 切断传播途径：飞沫传播是肺结核传播的主要途径。患者的居住地要经常通风，患者养成良好的卫生习惯。

(3) 保护易感人群：最重要的预防措施是接种卡介苗，提高人群免疫力。卡介苗是活的无毒力牛型结核菌疫苗，接种后可使人体产生对结核分枝杆菌的获得性免疫力。卡介苗接种的主要对象是新生儿，可预防发生儿童结核病，特别是能防止那些严重类型结核病的发生，如结核性脑膜炎。此外，加强锻炼、增强体质也可提高非特异性免疫力。

考点： 肺结核的身体状况评估及护理措施。

小结	传染病是由病原微生物或人体寄生虫感染人体后产生的具有传染性的疾病，是常见病、多发病。目前，随着我国人口数量的增加、对外交流的日益频繁以及对抗生素的滥用，传染病的传播和流行仍然是我国居民面临的重大公共卫生事件和健康问题。社区护士由于工作场所在社区，在传染病的防治中担负着重要的责任，因而必须了解传染病的特征和社区防治管理措施，达到保障社区居民的健康的目的。 　　病毒性肝炎、艾滋病和肺结核是社区常见的传染病，应引起社区护士的重视。病毒性肝炎是由多种肝炎病毒引起的，以肝损害为主的一组全身性传染病，各型病毒性肝炎临床表现相似，以乏力、食欲减退、厌油、肝脾大、肝功能异常为主。艾滋病是获得性免疫缺陷综合征（AIDS）的简称，是由人免疫缺陷病毒（HIV）所引起的致命性慢性传染病。病毒主要侵犯和破坏辅助性T淋巴细胞，使机体细胞免疫功能受损，最后并发各种严重的机会性感染和肿瘤。肺结核是由结核分枝杆菌引起的肺部感染，临床表现形式多样，多呈慢性过程，具有渗出、变质和增生三种基本病理变化，结核结节和干酪样坏死是其特征改变。肺结核扩散可引起肺外结核。社区护士不仅要重点做好以上传染病的护理，还要对社区居民进行有关传染病预防的健康教育。

（陶巍巍）

第七章 社区常见慢性非传染性疾病的护理与管理

学习目标	1. 说出慢性病的定义、特点和危险因素。 2. 举例说明慢性病对个人、家庭和社会的影响。 3. 准确说出高血压、糖尿病和冠心病的居家护理措施。 4. 描述慢性病患者的自我护理和日常生活调适。 5. 识别高血压、糖尿病和冠心病的社区预防。 6. 运用本章知识能够正确对社区内慢性病患者的各方面进行护理与指导。

案例

患者，男，60岁，退休工人，身高170cm，体重90kg，平时无锻炼运动的习惯，也不做体力活动，吸烟25年，1包/天，平时喜欢肉类食品，嗜酒，高血脂，发现高血压10年，曾经使用降压药物治疗，但没有长期坚持，也没有定期监测血压。最近2个月发现日常活动后气喘明显，休息后稍好。到社区服务站，社区护士测得血压170/100mmHg，心率60次/分。

思考：
1. 作为社区护士，你应纠正此患者哪些可改变的危险因素？
2. 请你帮助患者制订利于高血压康复的护理计划。
3. 请说出具体的护理措施。

第一节 概 述

伴随工业化、城镇化、老龄化进程加快，我国慢性病发病数快速上升。国内外经验表明，慢性病是可以有效预防和控制的疾病。慢性病的防治的重心在社区，社区慢性病防治工作的好坏直接关系到慢性病防治的效果。

一、慢性病的现状

20世纪中叶以来，全球疾病谱和死因谱发生了重大变化，一些传统的烈性传染病得到了有效控制，慢性病在疾病谱和死因谱中的位置逐年上升，无论发达国家还是发展中国家，都出现了以冠心病、脑血管病、糖尿病、恶性肿瘤等占主要位置的趋势，慢性病已成为21世纪危害人们健康的主要问题；影响我国人民群众身体健康的常见慢性病主要有心脑血管疾病、糖尿病、恶性肿瘤、慢性呼吸系统疾病等。目前我国慢性病患者已经超过了2亿人，接近总人口的20%。其影响正在稳步增大，占卫生保健费用的绝大部分。因此，慢性病防治工作正面临着严峻挑战。

二、慢性病的概念

慢性非传染性疾病（chronic noncommunicable diseases，CNCD）简称慢性病，它是由一类病程较长、病因复杂且有些尚未被确认的疾病的总称。具有起病隐匿；潜伏期与病程长；病因复杂；不可逆的病理变化；发病期间的症状和体征不明显；需要长期的治疗和护理等特点。

三、慢性病的分类

（一）致命性慢性病

1．急发性　白血病、胰腺癌、转移癌、肺癌、肝癌等。
2．渐发性　后天免疫不全综合征、骨髓衰竭等。

（二）可能威胁生命的慢性病

1．急发性　血友病、脑卒中、心肌梗死等。
2．渐发性　肺气肿、慢性酒精中毒、老年性痴呆、糖尿病等。

（三）非致命性慢性病

1．急发性　痛风、支气管哮喘、胆石症、胆结石等。
2．渐发性　帕金森病、风湿性关节炎、慢性支气管炎、高血压、骨关节炎等。

四、慢性病的危险因素

慢性病致病的危险因素可以有很多种，最主要的为不合理膳食、吸烟和运动量不足，其次是病原体感染、遗传和基因因素、职业暴露环境污染和精神心理因素等；慢性病的发生与流行不是由单个因素引起，往往是多个危险因素综合作用的结果。

（一）行为因素

1．不合理膳食　慢性病的发生和人们膳食方式与结构有很大关系，如高盐、低钾、低钙膳食与高血压密切相关；高脂肪、高胆固醇膳食引起血清总胆固醇和低密度脂蛋白升高，是导致动脉粥样硬化及冠心病和缺血性脑卒中的重要危险因素。霉变食物中的黄曲霉毒素被证实是致癌物；腌制和烟熏食品中含亚硝酸胺类化合物，也是强致癌物。

2．吸烟、过量饮酒　吸烟、过量饮酒已经是许多慢性病的危险因素，如心脑血管病、癌症、慢性阻塞性肺疾病等。

3．运动因素　由于现代交通工具的不断更新、工作与生活条件的改善，人们体力活动的时间逐渐减少。缺乏体力活动是慢性病主要危险因素之一，其与冠心病、高血压、脑卒中、糖尿病等的发生有关。

（二）环境因素

1．自然环境　大气污染、水体污染、土壤污染、噪声污染等都会影响人们的健康。
2．社会环境　主要包括社会制度、经济水平、文化教育水平、风俗习惯、宗教信仰等，这些因素影响人们的营养状况、居住条件和接受教育的机会等，因此，人类的健康不可避免地受到社会因素的影响。

(三) 遗传与生物因素

许多研究证实，如高血压、糖尿病、精神分裂症、动脉硬化性心脏病等都有家族倾向，许多慢性病可能与遗传因素或家庭共同的生活习惯有关。

(四) 精神心理因素

心理、精神和社会因素对慢性病发生也有很大影响。随着生活节奏的加快，精神压力加大，从而导致的失眠、焦虑、抑郁和心理障碍等，会引起高血压、冠心病等心血管系统疾病；同时，还会降低机体的免疫功能。

考点： 慢性病的危险因素。

知识链接

我国慢性病的防治

随着我国工业化、城镇化、老龄化进程加快，慢性病患病、死亡呈现持续、快速增长趋势，目前确诊的慢性病患者已超过2.6亿人，因慢性病死亡占我国居民总死亡的构成已上升至85%。慢性病已经成为影响我国居民健康水平提高、阻碍经济社会发展的重大公共卫生问题和社会问题。面对慢性病高发态势，把慢性病防治列为卫生工作的重点加以推进：一是积极构建覆盖城乡的慢性病防控体系；二是通过实施基本公共卫生服务项目和重大疾病防控项目，将高血压、糖尿病患者纳入基本公共卫生服务范畴；三是大力推行健康教育，促进防治结合，开展全民健康生活方式行动；四是建立慢性病的监测和信息管理系统；五是加强技术指导和能力建设。

第二节 社区高血压患者的护理与管理

一、高血压概述

高血压（hypertensive disease）是指以体循环动脉血压持续升高为主要表现的慢性疾病。高血压是最常见的心血管疾病，是全球范围内的重大公共卫生问题。调查结果显示，我国18岁及以上居民高血压患病率为18.8%，估计全国患者数超过2亿。

临床根据病因不同可分为原发性高血压和继发性高血压。在某些疾病中，血压高是其中临床症状之一，此类高血压称继发性高血压或症状性高血压。以高血压作为主要临床表现而病因不明者称为原发性高血压或高血压病。临床所见的高血压绝大多数属于原发性高血压，继发性高血压约占5%左右。

(一) 危险因素

1. **体重超重和肥胖** 体重增加所导致超重与肥胖是高血压、冠心病和缺血性脑卒中发病的一个首要的独立危险因素。肥胖者患病率是体重正常者的2～4倍。研究发现，北方各省市高血压患病率明显高于南方，同时北方的平均体重指数也明显高于南方。

2. **高钠、低钾膳食** 钠盐摄入量与血压水平和高血压患病率呈正相关，而钾盐摄入量与血压水平呈负相关。北方人群血压水平高于南方。

3. **过量饮酒** 长期大量饮酒可以使血压升高，是高血压的危险因素之一。经常饮酒的人高血压患病率则为不饮酒的 2.5 倍。

4．吸烟　长期大量吸烟，可使小动脉持续收缩，久之动脉壁变性、硬化、管腔变窄，形成持久性高血压。

5．遗传因素　高血压有明显的遗传倾向，流行病学研究提示，高血压发病有明显的家族聚集性。

6．高脂血症　高脂血症易引起动脉粥样硬化，从而导致高血压。

7．性别　女性在更年期以前，患高血压的比例较男性略低，但更年期后则与男性患病率无明显差别，甚至高于男性。

8．年龄　高血压患病率，无论男女，平均血压随年龄增长而增高，其中收缩压增幅比舒张压显著。

9．心理因素　竞争激烈的社会环境中，人们长期精神压力增加可导致血压升高。

（二）临床表现和诊断标准

1．临床表现　原发性高血压起病隐匿，早期多无症状，偶于查体时发现血压增高，或在精神紧张、情绪激动或劳累后感头晕、头痛、眼花、耳鸣、失眠、乏力、注意力不集中等症状，可能系高级精神功能失调所致。早期血压仅暂时升高，随病程进展血压持续升高，脏器受累。

2．诊断标准　诊断标准指在未服抗高血压药情况下，于不同的一天相对固定时间连续进行三次血压测量，按血压值的高低诊断高血压（表 7-1）。测量时，应在安静休息坐位时测量上臂肱动脉部位血压。

表 7-1 《中国高血压防治指南（2010 年修订版）》中高血压的定义和分类

级别	收缩压 /mmHg	舒张压 /mmHg
正常血压	< 120	< 80
正常高值	120 ~ 139	80 ~ 89
高血压	≥ 140	≥ 90
1 级高血压（轻度）	140 ~ 159	90 ~ 99
2 级高血压（中度）	160 ~ 179	100 ~ 109
3 级高血压（重度）	≥ 180	≥ 110
单纯收缩期高血压	≥ 140	< 90

二、高血压患者的社区管理与患者的居家护理

（一）高血压患者的社区预防

1．一级预防　即消除高血压的病因或易患因素，对已有高血压危险因素存在、但尚未发生高血压的个体或群体的预防。社区卫生服务部门要建立以家庭为单位的健康档案和健康体检资料，形成一套资料齐全、管理结构、功能较完善的社区管理体系。开展全面的健康教育和健康促进的一级预防措施。普及社区人群的健康知识，积极进行体育锻炼；控制体重；减少脂肪摄入；宣传低盐饮食的好处。落实其合理膳食、适量运动、戒烟、限酒和心理平衡的措施。一级预防提高了人们自我保健意识，使他们无病防病，及时主动测血压和控制

肥胖，改变不良生活方式，针对高危个体进行患病危险的评估，给予个体化的生活行为指导。有条件的社区应建立高危人群信息库，进行定期监测和管理。

2．二级预防 也称"三早"预防，即早期发现、早期诊断、早期治疗。即对已发生高血压的人们采取预防措施，防止高血压进一步发展及早期并发症的发生。二级预防主要采取定期体检、自我检查、普查、筛查及高危人群重点项目检查。社区工作人员要改变社区服务旧观念，更新知识，转变单纯依靠药物的观念，培养他们防治高血压的意识和健康生活方式，使高血压的控制率逐步上升。预防的目的是防止心、脑、肾等并发症的发生，提高生活质量；使患者不因为高血压而影响工作、学习、生产；并减少并发症的发生率及死亡率。

3．三级预防 即减少病残或死亡，促使其恢复劳动能力或生活能力。高血压社区卫生保健的重要目的是防止疾病的发生、发展，防止对靶器官的损害，对不同身体健康状态的人群都给予健康促进帮助与指导，以治疗为主，对高血压患者进行定期的监测和随访，如危险因素的控制情况、健康教育的认识程度、生活方式及行为的改变情况；血压、血糖、血脂、体重的控制情况；服药及药物反应情况；各靶器官功能情况等，以提高健康水平。

（二）高血压患者的居家护理

1．一般护理

（1）高血压患者应避免在过冷过热的环境中，因为过冷过热会引起血管收缩和舒张使血压不稳定；冬天应变注意保暖；炎热夏季避免室外活动过久，室内空调不要调温过低。

（2）合理休息，适当运动，养成良好的生活习惯，生活有规律，保证睡眠充足，以保持血压稳定；注意不要进行高强度的体育锻炼，社区护士指导患者根据自己的心功能、生活习惯、身体状况来制订一些循序渐进的体育运动，如散步、气功、太极拳、体操、慢跑等，出现高血压症状时要注意休息；年轻患者应注意劳逸结合。

（3）保持大便通畅，因为排便用力可致收缩压升高，甚至脑血管破裂，年老患者易出现习惯性便秘，社区护士应指导老年人养成定期排便的习惯，并指导老年患者多吃粗纤维的蔬菜，如芹菜、韭菜、萝卜、青菜等。

2．合理膳食

（1）清淡饮食：高血压患者饮食以清淡而易消化低热量、低脂肪、低胆固醇、优质蛋白、高维生素、高纤维素、高钙饮食为宜；少食多餐，多食蔬菜、水果、豆类、牛奶、粗粮、杂粮等，适当补充动物蛋白质，以鱼类为主，少食脂肪及辛辣、浓茶、咖啡等。

（2）限制盐的摄入量：钠盐过多是高血压的主要致病因素，并且与高血压患病率呈正相关，而控制钠盐摄入量有利于降低和稳定血压，一般每天钠盐摄入量在6g以下，即普通啤酒盖去掉胶垫后，一平盖食盐约为6g，尽量少吃咸菜、咸鱼、咸肉与酱菜等。

3．戒烟限酒 吸烟会导致高血压。因为烟叶内含有尼古丁（烟碱）会兴奋中枢神经和交感神经，使小动脉收缩，导致血压升高；尼古丁还会刺激血管内的化学感受器，反射性地引起血压升高；长期大量吸烟还会促进大动脉粥样硬化，小动脉内膜逐渐增厚，使血管逐渐硬化。饮酒可降低降压药物的药效，即增加降压药物的抗药性，所以高血压患者应戒酒。有饮酒习惯的高血压患者最好戒酒，特别是超重的高血压患者更应戒酒。

4．控制体重 肥胖容易发生高血压，患者应适当减重，有助血压控制。

5．血压监测指导 由于血压受到各种因素的影响，随时可发生动态变化。因此，社区护士需要指导患者监测血压的变化，每次测量的血压值要求患者认真记录，掌握血压的变化规律，可及时发现问题，防止意外的发生。一般要求家庭自购血压计，说明血压监测的意义，教会患者家属指导测量方法和注意事项，对于血压波动不大的患者，可每周测量一次，当发现有明显血压波动变化时，应到社区卫生服务站就诊，并指导患者定期到医院复查，及时发现有无其他脏器损害，及时调整用药。指导患者及家属如何测量血压，应注意在固定的时间、条件下进行并做血压与服药关系记录。

6．心理指导　研究证实，高血压病是一种身心疾病，心理社会因素对疾病的发生、发展、转归及防治有着重要影响。因此，社区护士应根据患者的年龄、文化程度和个体特征，进行有针对性的耐心细致的心理护理，保持良好的心境与情绪，防止情绪紧张、急躁等引发血压升高。

7．用药指导

（1）药物选用的原则：①应用降压药物治疗原发性高血压需长期服药。因此，宜选用降压作用温和、缓慢、持久、副作用少、患者易于掌握而使用方便的口服降压药（如氢氯噻嗪、利血平、复方降压片等）作为基础降压药，再按不同病期选用其他降压药物；②用降压药一般从小剂量开始，逐渐增加剂量，达到降压目的后，可改用维持量以巩固疗效，尽可能用最小的维持量以减少副作用；③尽可能选用长效降压药，1日1次用药便可维持血压24小时稳定，减少波动；④可采用两种或两种以上药物联合治疗，2级以上的高血压要求达到目标血压常需降压药联合治疗；⑤避免频繁换药，对耐受性差或用药4～6周疗效差，可换药；⑥个体化治疗、长期用药。

（2）用药的护理指导：①正确用药，按医嘱按时按量服药；②社区护士应定期、定时、定体位、定肢体、定血压计为患者测量血压并记录，以指导患者长期合理用药；③使用可引起明显直立位低血压的降压药物时，宜向患者说明，从坐位起立或从平卧位起立时，动作应尽量缓慢，特别是夜间起床小便时更要注意，以免血压突然降低引起昏厥而发生意外；④社区护士应要求患者不能擅自突然停药，如果突然停药，可导致血压突然升高，出现停药综合征；⑤应注意饮食对药效的影响，如服利血平时，酸性饮料能增强此类药物的吸收。因此，护士应协助患者服药并对其饮食进行指导，可提高药效，减少副作用；⑥老年人群降压特别强调平缓降压，对耐受的患者可降至140/90mmHg以下，但舒张压不宜低于70mmHg。

考点：高血压患者的居家护理

第三节　社区糖尿病患者的护理与管理

一、糖尿病概述

糖尿病是由于胰岛素分泌绝对不足或相对不足而引起的糖类、蛋白质、脂肪和水电解质等代谢紊乱，导致以高血糖为主要特征的一种内分泌代谢性疾病，可导致眼、肾、神经、血管和心脏等组织器官的慢性并发症，严重时可危及生命。糖尿病分为1型糖尿病（又称胰岛素依赖性糖尿病）和2型糖尿病（又称非胰岛素依赖性糖尿病）。

糖尿病是一种常见病、多发病，随着人民生活水平的提高、人口老龄化、生活方式的改变等因素的影响，我国糖尿病的患病率逐年增加。WHO 1997年报告，全世界约有1.35亿糖尿病患者，预测到2025年将上升到3亿。糖尿病已成为严重威胁人类健康的世界性公共卫生问题。

（一）危险因素

1．1型糖尿病

1型糖尿病的发生可能与T细胞介导的自身免疫导致胰岛β细胞的选择性破坏，胰岛素分泌减少和绝对缺乏有关。遗传、环境、免疫调节和化学因子等多种因素都可能促发，也可能保护从而防止糖尿病的发生。遗传因素的作用可能是提供了发病的易感性，而环境因素可能具有促发疾病的作用。

2．2型糖尿病

（1）遗传因素：2型糖尿病有很强的家族聚集性，糖尿病亲属中的患病率比非糖尿病亲属高4～8倍，2型糖尿病具有更强的遗传倾向。

（2）肥胖（或超重）：肥胖者胰岛素的敏感性降低，故易发生糖尿病。

（3）生活方式：即饮食的高脂肪、高能量和运动量的明显减少是糖尿病发生的重要原因。工作过度疲劳、精神过度刺激等都会致使胰腺受伤而引起糖尿病。

（4）年龄：2型糖尿病多发生在中老年人中，发病年龄在55岁以上的占患者总数的一半。

（5）高血压及其他易患因素：许多研究发现高血压患者发展为糖尿病的危险比正常血压者高，其他如社会经济状况、文化程度、心理因素、服药史、妊娠妇女、心血管疾病史等也可能是2型糖尿病的易患因素。

（二）临床表现和诊断标准

1．临床表现　1型糖尿病典型症状是"三多一少"，多尿、多饮、多食、体重减轻。2型糖尿病患者病情经，症状不典型，食欲好、体胖，精神体力如常人，而仅有一些非特异性症状如乏力、视物模糊、皮肤或外阴瘙痒、阳痿等。以后就渐渐出现多尿、多饮、多食、乏力、消瘦或肥胖等症状。

2．诊断标准

（1）有典型糖尿病症状（多尿、多饮和无法解释的体重下降）者，在一天内的任何时间测定的血浆葡萄糖≥11.1mmol/L，或空腹血浆葡萄糖（FPG）≥7.0mmol/L。

（2）糖耐量试验2小时血浆葡萄糖≥11.1mmol/L。

以上情况需要在另一天对上述结果进行复查核实，结果依然达到上述标准，可以确诊。

还需要注意：①如果空腹血糖＞6.11mmol/L，但是＜7.0mmol/L，说明空腹血糖已经过高，但是没有达到糖尿病的诊断，称为空腹血糖受损（IFG）；②如果餐后2小时血糖＞7.8 mmol/L，但是＜11.1mmol/L，说明餐后血糖已经过高，但没有达到糖尿病的诊断，称为糖耐量低减。

二、糖尿病患者的社区管理与患者的居家护理

（一）糖尿病患者的社区预防

1．一级预防　也称初级预防，是对糖尿病易感人群和已有糖尿病潜在表现的人群，通过有针对性地改变和减少不利的环境和行为因素，采用非药物或药物干预措施，最大限度地减少糖尿病的发生。

（1）预防的主要对象：①有糖尿病家族史者；②生活方式改变；③肥胖者，特别是体重指数（BMI）大于25者，是糖尿病高危险人群；④高血压、高血脂及早发冠心病者，经大量研究证实，三者均为糖尿病的独立危险因素；⑤以往有妊娠血糖增高或巨大儿生育史，有多

次流产者；⑥年龄 40 岁以上者；⑦饮酒过多者。

（2）预防措施：①防止和纠正肥胖；②避免高脂肪饮食；③合理饮食，戒除烟酒等不良习惯；④增加体力活动，参加体育锻炼；⑤避免或少用对糖代谢不利的药物；⑥积极发现，治疗高血压、高血脂、冠心病；⑦对中老年人定期进行健康查体，除常规空腹血糖外，应重视餐后 2 小时血糖测定；⑧妊娠时有糖代谢异常者，应积极采取血糖监测、饮食控制和胰岛素治疗等防治措施。

2．二级预防　是降低糖尿病发病率及减少糖尿病并发症。

（1）筛选对象：25 岁以上人群，反应率不少于 85%。特别是对 2 型糖尿病患者的父母、子女、兄弟、姊妹中的肥胖者，有妊娠期糖耐量异常、巨大儿生育史者，高血压、冠心病、高脂血症者及 50 岁以上人群进行筛选。

（2）干预治疗措施：是二级预防的关键。①饮食控制及减肥；②运动治疗；③对于每个糖尿病患者，都应要求达到血糖控制目标；④对 1 型糖尿病患者，应该尽早开始胰岛素治疗，在加强血糖监测的基础上，控制好全天的血糖；⑤必须强调糖尿病治疗要全面达标，即除了血糖控制满意外，还要求血脂、血压正常或接近正常，体重保持在正常范围，并有良好的精神状态；⑥加强糖尿病教育，使患者掌握有关知识。积极开展和推广自我血糖监测技术，教会患者如何监测血糖以及如何掌握监测的频度，对用胰岛素治疗的患者，应学会自己调整胰岛素用量的方法；⑦对于新发现的糖尿病患者，尤其是 2 型糖尿病患者，应尽可能早地进行并发症筛查，以尽早发现和处理。

3．三级预防　是减少糖尿病的残废率和死亡率，改善糖尿病患者的生活质量。

（1）预防目的：①预防急性并发症，如低血糖、糖尿病酮症酸中毒、非酮症性高渗性昏迷、乳酸酸中毒、感染等；②积极防治慢性并发症。早期积极控制血糖至基本正常，同时要认真控制肥胖、高血压、血脂代谢紊乱、吸烟、大量饮酒等不利因素，注意劳逸结合，饮食合理，适当参加体力活动及选择正确的药物治疗方案。

（2）预防措施：①严格地控制好血糖和血压；②定期进行眼、肾、神经、血管和心脏的功能检查。

（二）糖尿病患者的居家护理

1．一般护理　保持室内通风，注意保暖，劳逸结合，避免过度劳累，防止上呼吸道感染。做好基础护理，保持口腔卫生，坚持早晚刷牙，饭后漱口。保持皮肤及会阴清洁，避免皮肤感染。如有外伤或皮肤感染时，不可随意用药，尤其是刺激性大的药物如碘酒。指导患者学会尿糖定性测定，让患者了解尿糖和血糖测定的结果意义。

2．饮食护理　饮食控制是糖尿病患者的一项治疗措施。目的在于恢复和维持正常的血糖、尿糖水平，防止和减少并发症的发生。社区护士要指导患者掌握血糖、尿糖、体重的自我监测方法来控制饮食。严格按照糖尿病饮食进餐，合理分配碳水化合物、脂肪、蛋白质的摄入量，做到定时、定量、定餐次及有规律，避免偏食、过食与绝食，限制含胆固醇高的食物。采用少盐清淡饮食，多食蔬菜、水果、谷薯类、丰富维生素和纤维素等食物，戒烟、酒。2 型糖尿病在饮食控制的同时，应多食用粗粮、水果、蔬菜等富含叶酸、B 族维生素的食物。需要注意的是，饮食治疗是糖尿病重要的基础治疗，应严格和长期执行。

3．适当运动　运动疗法的原则是因人而异，循序渐进，相对定时、定量、适可而止。根据年龄、身体情况，疾病状况制订适合运动类型的强度，如散步、太极拳、慢跑、健身操及家务劳动等，避免过度劳累。进餐后 1 小时运动，最好不要空腹运动，以免发生低血糖。运动时要备有糖块或饼干等食品，一旦自觉有出汗、心慌等低血糖症状时，立即食用，以预防或减轻低血糖症状。

4．药物指导及护理　社区护士指导患者合理用药，强调患者主动性和自觉性。对 1 型糖尿病患者，教会其胰岛素的注射技术，严格消毒，防止感染，注意更换部位，避免组织硬化致使胰岛素吸收不良。对口服降糖药的患者要严格掌握用药时间与进餐配合，在医生指导下按时、按量服药，不可随意增减剂量。注意药物的用法、用量和配伍禁忌，出现异常应及时到医院就诊。

5．血糖监测　定期检查尿糖、血糖，病情不稳定时每天检查血糖，病情稳定后，1 个月至少检查 2 次空腹和餐后血糖，如果不舒服应随时检查血糖；餐后 2 小时血糖应控制在 7.8 ~ 10mmol/L 之间。

6．心理护理　糖尿病往往因病程长，并且为终身性疾病的特点，给患者造成了许多心理障碍，如紧张、焦虑、孤独、抑郁、绝望等。社区护士应针对不同的患者采取不同的心理疏导和心理护理，帮助他们了解疾病的过程，通过合理的饮食控制、配合运动及药物治疗、保持良好心态，完全可以使血糖得到很好的控制，防止并发症的发生，保持积极、稳定、愉悦的心理，有利于糖尿病的康复和控制。

7．皮肤护理　保持皮肤清洁，防止感染，指导糖尿病患者勤洗澡、勤更换衣物，用温和的洗浴用品，减少对皮肤的刺激。注意检查和保护皮肤的完整性，每天按时翻身，按摩皮肤受压部位，预防压疮的发生。一旦发现局部有伤口、水疱、皮裂要及时到医院处理，及时治疗。

8．足部护理　加强足部监护，积极防治诱发因素，培养良好的足部卫生习惯，每日检查足部，观察皮肤颜色温度以及足部神经感觉，足背的动脉搏动等情况。选择合适的鞋袜保护足部皮肤，不能赤脚走路或赤足穿鞋，少穿塑料、硬底拖鞋，防止皮肤受伤，引起足溃疡。修剪指甲勿损伤皮肤。

考点：糖尿病患者的居家护理

第四节　社区冠心病患者的护理与管理

一、冠心病概述

冠状动脉粥样硬化性心脏病简称冠心病，是一种由于冠状动脉供血不足，导致心肌急剧的、暂时的缺血与缺氧所引起的临床综合征。

冠心病多发生在 40 岁以后，男性多于女性，脑力劳动者多于体力劳动者，城市多于农村。我国冠心病的发病率和死亡率迅速上升，并有年轻化的趋势。

（一）危险因素

1．血脂异常　目前认为脂代谢异常是冠状动脉硬化的最主要危险因素，尤其是胆固醇与低密度脂蛋白含量高者。

2．年龄、性别　见于 40 岁以上的中老年人，男性多于女性，男女比例约为 2∶1，女性常在绝经期后发生。

3．高血压　原发性高血压患者患病率较正常人高 2～3 倍。

4．吸烟　吸烟造成动脉壁氧含量不足，促进动脉硬化的形成，吸烟者发病率和病死率增高 2～6 倍。

5．糖尿病与糖耐量异常　糖尿病者发病率较无糖尿病者高 2 倍，糖耐量减退者颇常见。

6．肥胖　超标准体重的肥胖者易患本病。

7．其他　缺少体力劳动；经常进食高热量、高胆固醇、高糖和盐食物者；A 型性格者；遗传因素等。

（二）临床表现和诊断依据

1．临床表现　突然发作的心前区或胸骨后疼痛，疼痛多位于胸骨上段或中段之后，可波及心前区，常放射至左肩内侧达小指与无名指。常在劳动、兴奋时或受寒、饱餐后发生。疼痛性质多为闷胀、窒息性、压榨性，甚至有濒死感。疼痛发作持续时间一般数秒至数分钟，少有持续 15 分钟以上者。疼痛发作时，经休息或口含硝酸甘油制剂后可缓解。有些心绞痛在夜间发作，发作时患者面色苍白，表情焦虑，大汗不止。

2．诊断依据　根据临床发病特征、心电图、危险因素分析等进行诊断；必要时行冠状动脉造影检查、超声心电图等检查。

二、冠心病患者的社区管理与患者的居家护理

（一）冠心病患者的社区预防

1．一级预防　即危险因素的干预。对有心血管病危险因素存在，但尚未确诊冠心患者群采取预防措施，控制或减少心血管疾病危险因素，最基本的措施是改变不健康的生活方式，提倡健康饮食与戒烟；适量运动、控制血压、降低血脂；保持乐观情绪，回避刺激环境，消除紧张感，保持心理平衡。

2．二级预防　指对已经发生了冠心病的患者早发现、早诊断、早治疗，目的是改善症状、防止病情进展、改善预后，防止冠心病复发。二级预防措施包括一级管理中对危险因素的预防干预、合理药物治疗、长期追踪督促、定期复查及病后咨询指导。二级预防对象需在专科门诊指导下进行药物治疗。即服用阿司匹林和血管紧张素转换酶抑制剂、服用 β 受体阻断剂和控制血压、降低胆固醇和戒烟、控制饮食和治疗糖尿病、适量运动和接受教育。只有坚持二级预防才能够有效针对病因进行治疗，有效减少复发。

3．三级预防　重点预防心肌梗死的并发症及预防再梗死。三级预防措施主要是针对后期的冠心病患者进行合理、适当的康复治疗措施，预防严重并发症，防止伤残的发生；必要的心理康复指导，坚持服药，合理饮食，适当锻炼，戒烟，限酒，定期复查。

（二）冠心病患者的居家护理

1．一般护理　生活要有规律，保证充足睡眠。注意保养，随天气变化及时增减衣物，冷天注意保暖避免冷风刺激；避免喝浓茶、咖啡等饮料以免加快心率；适当增加膳食纤维摄入，保持大便通畅。

2. 合理饮食

（1）控制脂肪摄入：原则上应选择低动物脂肪、低热量、低胆固醇食物。高血脂、高血糖、高血压，是冠心病的主要危险因素。控制血脂，减轻动脉粥样硬化的发生；控制总热量，维持正常的体重，脂肪的摄入，不应超过总热量的 30%，其中饱和脂肪酸应控制在占总热量的 10% 以内。多吃一些瘦肉、鱼肉、鸡蛋、乳类、黄豆或豆制品及新鲜蔬菜和水果。

(2) 低盐饮食：钠促进血液循环，增加心排血量，直接增加心脏负担，对心脏血流供应不足的冠心患者是不利的。因此，冠心病患者，在饮食中必须限制食盐的摄入，饮食宜清淡，采用低钠饮食，一般每日不超过5g。钾盐是可以保护心肌细胞的，因此，膳食中于限盐的同时，应多吃含钾的食物，例如五谷杂粮、豆类、肉类、蔬菜和水果均含有一定量的钾。

(3) 少量多餐：最好采用定时、定量和少食多餐的方法。一日最好4～5餐，每餐吃7～8分饱，切忌暴饮暴食，否则易诱发心绞痛或心肌梗死的发生。

3. 戒烟限酒　尼古丁可以引起血管收缩，促使血压升高，所以冠心病患者要严格禁止吸烟。酒精能使心率加快，能加重心肌缺氧，冠心病患者可以少量饮些酒（＜30g酒精）尤其是低度酒，对心脏具有保护作用。

4. 适量运动　适量的运动可以增强心肌收缩力，增加心排血量，提高心肌对活动的适应性，使冠状动脉扩张，有助于降低血压，同时有利于减肥和降脂。但锻炼的项目宜柔和，如太极拳、保健操、散步、慢跑等，时间不宜长，不应超过半小时。

5. 心理护理　减轻心理压力与反应，保持乐观情绪，避免激动。放松精神，愉快生活，保持心情平和。

6. 定期监测血糖、血脂、血压、心率、心电图。

7. 药物指导及护理　药物治疗是促使本病康复的重要手段，应用何种药物应在医生的指导下进行，社区护士应指导患者或家属知道所患疾病常用药物的用法、剂量、不良反应，外出时要随身携带硝酸甘油，居家时硝酸甘油放在易取之处，定位放置，家人也应知道，以便发病时及时取用。教会患者或家属如何测量脉搏，脉搏低于60次/分，应该暂停服药，去医院就诊。

考点：冠心病患者的居家护理。

小结	慢性病已逐渐取代急性传染病，常见的慢性病有高血压、糖尿病、冠心病、脑卒中、恶性肿瘤等。 慢性非传染性疾病简称慢性病，它是由一类病程较长、病因复杂且有些尚未被确认的疾病的总称。具有潜伏期与病程长；病因复杂；不可逆的病理变化；发病期间的症状和体征不明显；需要长期的治疗和护理等特点。慢性病的危险因素包括行为因素；环境因素；遗传与生物因素；精神心理因素等。 慢性病防治措施应以社区为基础，社区护士针对不同目标人群采取有针对性的防治措施。在强调一级预防的同时，重视二、三级综合防治。促进疾病的早发现、早诊断、早治疗为目的。同时做好社区患者如高血压、糖尿病、冠心病等慢性病的居家护理，通过指导患者合理饮食、戒烟限酒、适量运动、心理护理、定期监测和药物指导等护理措施，控制和稳定病情，提高生活质量。

（卢化爱）

第八章 社区常见精神障碍的护理与管理

学习目标

1. 描述社区精神障碍三级预防的基本内容。
2. 说出社区精神障碍者康复护理的目的,家庭护理的意义和注意事项。
3. 学会精神病患者的家庭护理、社区精神卫生护理的护理诊断、护理措施。
4. 学会精神障碍患者的社区管理。

第一节 概 述

精神疾病大多数属于慢性残疾性疾病,精神障碍患者只有在急性发作期才会住院治疗,其他时间则长期生活在社区中,更多的需要家庭与社会的照顾。通过精神疾病患者家庭病房的建立,患者可以在家庭环境中接受治疗和护理,同时发挥社区基层医护人员和精神科专业人员相结合的作用,帮助患者恢复劳动能力,巩固疗效,预防复发,恢复社会适应力,提高患者的生活质量,同时也减轻了国家和家庭的负担。

一、基本概念

精神健康又称为心理健康,是指个体能够以积极有效的心理活动,平稳正常的心理状态,对当前和发展的内外环境,保持良好的适应功能。

精神障碍(mental disorders):是指在内(躯体)外(环境)各种致病因素的影响下,大脑的功能活动发生紊乱,导致精神活动显著偏离正常,出现精神症状或精神病性症状和个人(社会)功能受损以及(或)本人感到精神痛苦[国际疾病诊断分类(第10版)]。

社区精神障碍护理是应用社会精神病学及其他行为科学的理论、技术和护理,对一定区域内人口的精神障碍进行预防、治疗、康复和社会适应的指导及管理。

 知识链接 **精神障碍等于心理障碍吗?**

心理和精神均来源于同一个词 psyche,不同专业的学者喜欢用不同的词,如精神科的学者喜欢用"精神",搞心理的学者喜欢用"心理"。而心理障碍是个笼统的概念,在精神病学中没有明确的诊断标准。心理障碍和精神障碍的关系目前有三种观点:
①心理障碍就是精神障碍,它包括 CCMD-3 诊断标准中的所有疾病;
②心理障碍不仅包括达到诊断标准的精神障碍,也包括有某些心理问题,但尚未达到

精神疾病诊断标准的那部分人，这就相对扩大了心理障碍的范围；

③心理障碍就是心理不健康，而心理健康的标准有不少规定，很少能全部达到标准，按这种说法绝大部分人都有心理障碍了。正如某教授所说，如果宣传大部分人都存在着心理障碍，那不是要大家去重视这一问题，反而会被认为既然绝大部分人都有，就不要去重视它了。

二、社区精神障碍的三级预防

随着人类对健康需求的改变，精神障碍患者的护理已经从对精神疾病的防治扩展到预防和减少精神心理问题及行为障碍的发生。社区精神卫生护理工作不再局限于对患病个体的早期诊断、治疗及后期的康复，而是面向整个社区促进群体的精神卫生水平，降低社区内精神疾病的诱发因素，提供社区内精神卫生教育、咨询、急诊、治疗和预防等工作。因此，社区精神障碍的护理范围变得更为广泛，分以下三个层次。不同层次的社区护理工作的范围也不同。

（一）一级预防（primary prevention）

1．护理服务对象　精神健康和心理健康群体，即精神障碍、心理问题发生前的人群。

2．护理目标　预防精神障碍、心理障碍、精神疾病的发生与发展。

3．护理工作范围

（1）开展健康教育和心理咨询：为社区普通人群提供心理咨询，普及精神卫生知识，加强各生理阶段的精神卫生指导，培养个人的应变能力，提倡娱乐活动等。接受各种健康咨询，包括父母咨询、婚姻咨询、高危儿童咨询、优生优育咨询、某些教育者、社会方案制定者信息咨询等。

（2）增进精神健康的工作：对社区的服务对象进行各种能促进精神健康的工作。如普通健康人群的自我精神卫生保健，社会及环境精神卫生，特殊应激事件发生后的心理干预、良好的个人生活方式、工作或劳动条件，适宜的锻炼和劳逸结合等。把预防、保健、诊疗、护理、康复、健康教育与社区医护工作融为一体，提高服务对象的精神健康水平。

（3）开展特殊预防工作：建立应急处置机制，开展精神疾病监测等工作，如消除精神障碍或疾病病因，减少致病因素，提高个体及家庭成员的适应能力，保护高危人群等。避免不良事件发生，对社区精神疾病患者家属及周围人员提供应对精神疾病突发事件的专业指导。

（二）二级预防（secondary prevention）

1．护理服务对象　精神健康危害发生前及发病早期的患者或需紧急照顾的急性期和危重患者。

2．护理目标　早发现、早治疗、早处理精神卫生健康问题，争取在疾病缓解后有良好的预后，防止复发。

3．护理工作范围

（1）早期发现精神障碍及精神疾病边缘状态者、精神疾病者：通过对社区居民进行定期的精神健康筛查、自我精神健康调查与评估、家庭随访及咨询等方式，及早发现和识别。

（2）确认精神健康的危险因素及相关因素：收集影响精神健康并造成精神障碍的危险因

素和相关因素，并及时报告给相关人员。

（3）开展精神疾病线索调查，建立疾病档案：对社区精神疾病患者进行线索调查，是开展社区精神卫生服务的首要任务，也是动态掌握社区精神疾病变化的第一手资料。

（4）及时帮助和护理精神障碍及精神疾病边缘者：每个月至少一次主动对建档立卡的社区精神疾病患者进行家庭随访，通过随访与患者及其家属保持密切联系，并取得患者的信任和配合。

（5）建立双向转诊制度，提供无缝隙服务：社区中的精神疾病患者由于病情反复或加重，需通过与医生等人协作，提请精神卫生医疗机构会诊，如果不适宜社区管理治疗，将转入精神卫生医疗机构紧急住院治疗。在精神卫生医疗机构紧急住院治疗的精神疾病患者，在病情得到及时控制后，应及时转回社区进行管理治疗。所倡导的原则是紧急住院要果断、及时，社区康复治疗要坚持，要有耐心，要细致。

（三）三级预防（tertiary prevention）

1．护理服务对象　需要康复和长期照顾的患者，如精神障碍后期、慢性和康复期的精神患者。

2．护理目标　对临床期及康复期患者采取各种治疗和康复措施，帮助患者最大限度地恢复社会功能，减少复发，是对精神障碍患者的连续性护理活动。

3．护理工作范围

（1）防止病残：在治疗和护理过程中，尽可能使患者最大限度的恢复心理和社会功能，预防疾病的复发，减少功能残疾和并发症。

（2）做好康复护理：建立各种公寓治疗站，对患者进行各种康复训练，同时进行健康教育、精神康复、疾病咨询等，使患者早日恢复家庭生活和回归社会。

（3）进行日常生活指导：指导并协助家庭成员调整出院患者的家居生活环境，安排好生活日程，适当地解决与患者相关的精神康复方面的问题，及时解答患者及家属的问题等。

（4）做好管理工作：负责好社区中设施装备的管理，以便扶持患者享受社会生活，预防疾病的复发，减轻医院及家庭的负担。同时，可结合工作中所获得的信息，结合社区服务对象的精神健康状况，制定出较为合理的社区护理、管理内容及相关制度。

> **考点**：社区精神障碍的三级预防

三、社区精神障碍患者的家庭护理

（一）家庭护理概述

1．家庭护理的意义　家庭护理是以家庭系统为单位，把家庭看成一个整体，并在特殊环境中进行心理治疗及护理的过程。其具体做法是借助家庭内沟通与互动方式的改变，以护理人员为主体，直接实施和指导、协助患者的家庭成员实施对患者的护理，以帮助患者对其生存空间能更好地适应。

精神疾病的家庭护理的目的是向社区的精神疾病患者在家庭里提供整体的护理，帮助患者减轻从医院返回到家庭后的困难，巩固治疗效果，防止疾病复发，恢复社会适应力，提高生活质量。随着护理模式由传统的功能制护理向生物-心理-社会整体护理转变，精神疾病患者的家庭护理显得更为重要。

2. 家属常见的误区及注意事项
(1) 发病早期（发病→接受正规治疗）

常见误区	注意事项
否认患有精神病	早期发现精神异常
内疚、自责、羞耻感	通过各种可能的途径（亲友、书报、咨询等）了解有关知识
紧张、恐惧、不知所措	尽快接受现实、稳定情绪
盲目就诊、服药	尽早到精神病专科医院就诊
惧怕西药的副作用而不遵医嘱	严格遵医嘱，督促患者服药

(2) 治疗中期（接受正规治疗→临床治愈）

常见误区	注意事项
对加药犹豫不决	了解药物常识
住院恐惧	正确掌握住院和出院时机
求治心切，频繁换药或换医生	与医生建立固定的联系，做好打"持久战"的心理准备
见好就收，不了解何为"治愈"	了解疗效判定标准
复诊不及时	督促患者定期复诊
	记录患者康复日记

(3) 康复期（痊愈之后）

常见误区	注意事项
擅自停药，"好了伤疤忘了疼"	摸索维持治疗的药物品种和剂量
过度保护	用药简单化
冷漠、指责	鼓励患者料理生活、交流情感
对"病"过于敏感，"草木皆兵"	合理安排生活节奏
期望值过高或过低	识别复发早期征兆

考点：精神障碍家庭护理的注意事项

(二) 精神障碍患者特殊状态的家庭护理

1. 兴奋、冲动患者的家庭护理　家属与患者之间的交流，可试用笔谈代替语言沟通，不可流露出急躁和嘲笑，引导患者唱歌、绘画等平时喜欢的活动，保持环境的安静，减少外部刺激。

2. 攻击和暴力行为的家庭护理　首先了解产生攻击和暴力行为的可能原因，关心体贴患者，避免言语或行为激怒患者。要控制好自己的情绪，最大限度地对患者表示理解以取得信任,如已经发生伤人毁物,应立即报警,如手持棍棒或利器,应设法取下,可以请平时受其尊重的亲友、同事进行劝说,2~3名体力较好的人从其背后、侧面,以极迅速的动作冲上去夺下患者手中之物,将其制服;或手执棉被作为"盾牌",扑上去盖住患者。对有严重攻击企图者应采取必要的隔离措施。

3. 自杀、自伤行为的家庭护理

(1) 提供安全的环境:防止患者接触到可用于自杀的物品,如刀、剪、绳、玻璃、药物、有毒物品等,吊扇、电灯开关等生活设施应增加安全设施,以免成为自杀工具。

(2) 严密监控:对精神疾病患者伴有自杀意向者,家属应采取有效措施防止其采取自杀行动,加强监护,必须将患者置于家属的视线之内,避免患者独处。对高度自杀危险者应专人护理。

(3) 保证患者能遵医嘱服药,确保治疗顺利进行。应注意防止患者藏药,以防患者悄然积存药物用于自杀。

(4) 尽可能做思想工作,必要时保护并送专业机构。

4. 有妄想患者的家庭护理 不与患者争辩或试图说服患者的信念是错误的。不要无原则的附和,以免加重患者的病态信念,采取不表态、中立态度可列举一些事实提出质疑,让患者思考,安排充实的生活,使患者无暇把注意力专心于妄想内容。

5. 拒食行为的家庭护理 对疑心饭菜内有毒或异物的患者,宜和家人一同用餐,饭菜任其挑选,或家属先试尝,以消除恐惧,解除疑虑,促使进食。对罪恶妄想者,可将饭菜拌杂,使其误认为是他人的残汤剩饭而考虑进食。对因幻听而不愿进食的患者,家属可在其耳边以较大的声音劝导提醒,以干扰幻听促使患者进食。对兴奋躁动者,可不受常规进餐时间的限制,留下饭菜待发作过后,稍安静、较合作时即劝说进食。对情绪抑郁、发热而食欲不佳者,要注意态度和蔼,用一些促进食欲的语言诱导、劝解患者进食。改善饮食的质量,注意色、香、味,以激发患者的食欲。

6. 外走患者的家庭护理 密切观察病情变化,加强监护,及时对患者进行治疗,严禁患者单独外出,必要时专人陪护,丰富生活,善待患者,减少其孤独感,防患于未然。当患者出走时,应镇定处置,尽快组织力量寻找患者,必要时请公安部门或其他人员予以协助。

考点: 精神障碍患者特殊状态的家庭护理

(三) 家庭精神障碍患者意外事件的处理

1. 自缢 自缢是精神疾病患者常用的一种自杀方式,家属遇到这种情况,应立即解脱自缢的绳带,解绳要快。若患者吊于高处,解绳套的同时需抱住患者,防止坠地跌伤。将患者放平,解松衣领和腰带。如患者心跳尚存,可将患者的下颌抬起,使其呼吸通畅,并给予氧气吸入。如患者心跳和呼吸已停止,应立即进行胸外心脏按压术和人工呼吸进行抢救,并拨打120,等待医护人员到达后进一步抢救。

2. 噎食 按窒息患者急救原则处理。应立即清除口咽部食物,畅通呼吸道。将患者俯卧位,猛压其腰腹部迫使膈肌猛然上移,使气流将进入气管的食团冲出。对心搏停止者,立即进行胸外心脏按压,同时给予对症抢救处理。专人监护直到患者神志清醒。

(四) 居家患者服药的观察与处理

1. 服药期间的观察

(1) 服药期间的观察指标：观察患者服药前后的症状改善与否，观察患者的精神症状、身体状况以及患者对治疗的态度和反应等。

(2) 某些严重副作用的处理

①椎体外反应：表现肢体僵硬、动作减少、震颤、坐立不安、流口水、颈部僵直、眼球上翻等，通常用苯海索。②乏力、贪睡：这是药物镇静作用，在医生指导下适量调整药量。③内分泌失调：一般减药后即会消失，不会造成严重后果，但需向患者说明，消除其思想顾虑。④心悸、口干、便秘等，可服用普萘洛尔、果导。

当精神患者以"药物反应"为由拒绝服药时，家属切不可盲目迁就患者，应当陪同患者到医院诊治，通过医生的帮助，各种药物反应都是能够消除的。

2. 精神患者拒服药物行为的处理

(1) 患者不吃药或试停药：家属应反复向患者说明停药的危害，可采取"一劝二骗三强制"的办法，防止患者不吃药或试停药造成疾病的加剧。也可以采用"暗服药"的方式，但尽量不用或少用。

(2) 精神患者藏药行为的处理：家属保管药物，看着患者把药服下并检查口腔，不要马上离开，要观察患者服药后的反应；监督要从严，说教要从宽；或使用长效针剂治疗。

(五) 指导家属观察病情

1. 精神患者的危险行为

(1) 危险行为：自伤、自杀；伤人、毁物；出走等。

(2) 易导致危险行为的症状：如命令性幻听、被害妄想、药源性焦虑、抑郁、兴奋、躁动等。

2. 患者何时需要住院　患者出现下列行为时，应及时送医院就诊：自伤、伤人倾向；严重的情绪抑郁，悲观绝望；原有的症状反复出现，有日趋加重的迹象；拒绝治疗，劝说无效；伴有继发性问题，如严重躯体疾病、酒或药物滥用。

3. 指导家属防止病情复发　家属要定期带患者门诊复查。坚持维持治疗。帮助患者客观认识疾病，理解复发的危害。去除诱因，及时疏导患者的心理问题。学会识别复发先兆。

(六) 家庭健康教育

家庭护理的实施者除了护士外，还应包括家庭成员。因此，加强对患者特别是患者家属的心理教育和训练是家庭护理的重要内容。

1. 为患者及家属定期举办专题讲座或系统培训，帮助学习心理卫生知识，并加强对精神疾病的特征和演变过程、常见症状、用药的目的、方法与副作用等方面的认识和了解。

2. 定期举办患者及家属的座谈会，交流对患者和照顾患者的感受及经验，还可安排护理讨论会，共同商讨家庭有效应对措施并作经验交流。

3. 提高患者及家属对家庭内部沟通重要性的认识。只有不断的沟通，才能促进患者康复，以及提高社会交往能力。

4. 为家庭成员提供在应激情况下利用的资源，如社区服务、热线电话、自助小组、心理咨询门诊等，提供生理、心理健康等咨询书刊和健康教育手册等。

四、精神障碍患者的社区管理工作

(一) 精神患者肇事肇祸行为认定

1. 肇事行为认定　精神患者违反《中华人民共和国治安管理处罚法》，有下列行为之一，造成较重后果的，认定为精神患者肇事行为：(1) 殴打他人造成伤害的；(2) 寻衅滋事、侮辱妇女的；(3) 妨碍交通安全的；(4) 抢夺、损毁公私财物的；(5) 其他违反治安管理的行为。

2．肇祸行为认定　精神患者违反《中华人民共和国刑法》，有下列行为之一的，认定为精神患者肇祸行为：(1) 杀人、强奸、伤害等严重侵害他人人身权利的；(2) 放火、爆炸、投毒等严重危害公共安全的；(3) 以暴力等手段严重侵犯公私财产的；(4) 扰乱社会秩序，造成严重后果的；(5) 其他违反刑法的行为。

(二) 危险性评估

精神患者危险性评估共分6级。

0级：无符合以下1～5级标准的任何行为。

1级：口头威胁，喊叫，但没有打砸行为。

2级：有打砸行为，局限在家里，针对财物，能被劝说制止。

3级：有明显的打砸行为，不分场合，针对财物，不能接受劝说而停止。

4级：有持续的打砸行为，不分场合，针对财物或人，不能接受劝说而停止。

5级：有持管制器具针对人的任何暴力行为，或者有纵火、爆炸等行为，无论在家里还是公共场合。

(三) 危险性评估后处理

个案管理员对新进入个案管理的患者及每次随访时，首先应开展危险性评估。一旦发现患者出现危害行为（危险性评估在1级和2级）或者出现严重药物不良反应等需要紧急处置的情况，应及时请精神科执业医师会诊，同时向个案管理组长报告，增加随访频度，至少1次/周。发现患者危险性评估在3级以上，应及时请精神科执业医师会诊，同时向个案管理组长报告，实时紧急住院治疗。

(四) 精神障碍患者分级管理

对肇事肇祸及危险性评估为3级或以上的精神患者，送精神病专科医院住院治疗。病情稳定出院后，对患者实行社区分级管理。

1．一级管理（危险性评估1～5级）

(1) 分级标准（符合下列情况之一）：半年内出现过口头威胁，喊叫，但没有打砸行为；半年内出现过自杀行为或明显自杀企图者；半年内有影响社会或家庭的行为者（指冲动、伤人、毁物行为或倾向，或违犯《中华人民共和国治安管理处罚法》的其他行为）；半年内有明显幻觉、妄想、行为紊乱者。

(2) 随访评估：个案管理员（社区卫生服务中心医生）、社区民警每半个月至少随访一次；精神科执业医生对社区卫生服务中心辖区内患者病情及治疗情况每季至少评估一次；半年内危险性评估曾达到5级者每周至少随访一次。

要求督促监护人说服和劝导患者按时按量服药；做好随访记录，密切关注患者病情变化；加强对患者的看护，及时发现肇事肇祸苗头并及时处置。有条件的社区对患者进行集中看护。

2．二级管理（危险性评估0级）

(1) 分级标准（符合下列情况之一）：经治疗后，精神病性症状基本得到控制，时间持续半年以上、两年以内，基本能按照医嘱维持治疗；曾有轻度自伤行为或企图、或有轻度冲动行为但对社会、家庭影响极小，但目前无实施的可能性者；病情基本稳定，时间持续半年以上、三年以内，虽不能或基本不能按照医嘱维持治疗，但无自杀、自伤行为或企图、无影响社会或家庭的行为者；治疗或者个人生活料理需要别人协助者。

（2）随访评估：个案管理员（社区卫生服务中心医生）、社区民警每月至少随访一次；精神科执业医生对社区卫生服务中心辖区内患者病情及治疗情况每半年至少评估一次；

要求督促监护人说服和劝导患者按时按量服药；做好随访记录，及时观察病情；加强患者管理，防止其走失、自伤和肇事肇祸。

3．三级管理（危险性评估 0 级）

（1）分级标准（符合下列情况之一）：病情稳定或基本稳定时间在两年以上、五年以内，按照医嘱维持治疗者；病情稳定或基本稳定时间在三年以上、五年以内，虽不能或基本不能按照医嘱维持治疗者，但无自杀、自伤行为或企图、无影响社会或家庭的行为者。

（2）随访评估：个案管理员（社区卫生服务中心医生）、社区民警每 2 个月至少随访一次；精神科执业医生对社区卫生服务中心辖区内患者病情及治疗情况每年至少评估一次。

要求了解和掌握患者病情变化和用药情况；加强与患者的接触交流，进行必要的心理疏导；指导和帮助患者参加劳动和社会活动，预防病情复发。

4．四级管理（危险性评估 0 级）

1）分级标准（符合下列情况之一）：病情稳定或基本稳定时间在五年以上，同时无自杀、自伤行为或企图、无影响社会或家庭的行为者。

2）随访评估：每 6 个月至少随访一次。

要求了解和掌握患者基本情况。

精神疾病只是疾病的一种，我们要客观地对待它，只要早发现、早诊断、早治疗、坚持用药、定期复诊，所有的精神疾病都是可治疗的。

考点：精神障碍患者分级管理

小结	1．社区精神障碍的三级预防 一级预防（病因预防，消除和减少致病因素）；二级预防（临床前期预防，早期发现、早期诊断、早期治疗）；三级预防（康复期的预防，防止和减少精神残疾）。 2．社区精神障碍患者的家庭护理 （1）家庭护理的概述；（2）精神患者特殊状态的家庭护理；（3）家庭精神患者意外事件的处理；（4）居家患者服药的观察与处理；（5）指导家属观察病情；（6）家庭健康教育。 3．精神障碍患者的社区管理工作 （1）精神患者肇事肇祸行为认定；（2）危险性评估；（3）危险性评估后处理；（4）精神障碍患者分级管理。

第二节　社区常见精神障碍的护理与管理

案例

患者，男，56岁，厨师，2005年11月入院。主诉：言语、行为紊乱21年，凭空闻语、吞食异物8年。患者于21年前无明显诱因出现夜不眠，言语、行为紊乱，1985年诊断为"精神分裂症"；2005年，患者院外一直服用维思通5mg/d治疗，仍表现言语、行为紊乱，捡拾垃圾，吞食异物等行为。患者发病以来有冲动、吞食异物行为，未见自杀行为，饮食、睡眠近2周基本正常，大小便也基本正常。

思考：作为一名社区护士，应采取怎样的护理措施？

一、精神分裂症患者的护理与管理

（一）概述

精神分裂症（schizophrenia）是以基本个性改变，思维、情感、行为的分裂，精神活动与环境的不协调为主要特征的一类常见的精神疾病。多起病在青壮年时期，通常意识清晰，智能尚好，病程多迁延，呈反复加重或恶化的状态。抗精神病药物使大部分患者的精神病性症状缓解，但不能恢复患者的工作和生活。这些方面的功能恢复需要主动性的康复措施，并且在不同的阶段、选择不同的方法。所以更需要精神科医生、护士、社会工作者、心理学家及职业咨询者等人共同参与完成，最终提高患者的生活质量和使患者重返社会。

（二）病因及发病机制

1．遗传因素　系统的家谱调查显示，遗传因素在精神分裂症的发生中具有一定的作用。精神分裂症患者亲属中的患病率比一般居民高得多，与患者的血缘关系愈近，患病率则愈高。双生子研究发现，同卵双生的同病率是异卵双生的4~6倍。寄养子研究表明，患有精神分裂症的母亲所生子女从小寄养出去，生活于正常的家庭环境中，成年后仍有较高的患病率，提示遗传因素在该病的发病中起重要的作用。

2．病前个性特征　国外学者发现精神分裂症患者病前约有50%~60%具有分裂样人格，同时患者亲属中可发现类似的个性特征。广州（1963）对100例精神分裂症患者进行详细的生活史及个性特点的调查，发现神经类型属弱者型占40%，比对照组高7倍。病前神经类型属强型者，多在明显诱因下发病，预后较好。

3．神经生化方面的异常　精神分裂症神经生化的研究，主要存在三个方面的假说：①多巴胺（DA）假说：20世纪60年代，提出了精神分裂症的多巴胺假说，认为精神分裂症患者中枢DA亢进引起中毒，故阻断DA-2受体可用来治疗精神分裂症。②氨基酸类神经递质假说：中枢谷氨酸是脑内兴奋性神经递质，中枢谷氨酸功能不足可能是原因之一，提高中枢谷氨酸功能，是抗精神药物的作用机制之一。③5-羟色胺（5-HT）假说：1954年Wolley等人提出了精神分裂症可能与5-HT增高有关。近10年来，新型抗精神病药物在临床上的广泛使用，再次使5-HT在精神分裂症病理生理机制中的作用受到重视。

4．心理、社会环境因素　病因学研究资料证明，遗传因素在精神分裂症的发生中具有重要的作用，而社会环境因素在也具有一定的作用。大多数精神分裂症患者的病前性格多表现为内向、孤僻、敏感、多疑，很多患者病前六个月内发生过重大的负性生活事件。国内调查发现，精神分裂症发病有精神因素刺激者占40%～80%。

（三）临床表现

1．感知觉障碍　精神分裂症最突出的感知觉障碍是幻觉，以幻听最常见，意识清晰时出现。幻视较常见，幻嗅、幻味和幻触不常见，一旦出现，首先要考虑是否有器质性因素。有的患者可出现内脏幻觉如大脑烧灼感、血管的冲动感或骨髓切割感等。幻听的内容多半是争论性的，也可是命令性的，幻听是精神分裂症的重要特征。有的患者在幻听的影响下会辱骂甚至殴打亲人，有的患者为了躲避幻听"骚扰"而频繁上诉，要求有关部门拆除安装在脑子里的"播音器"。

2．思维障碍

（1）思维联想障碍：思维联想过程缺乏连贯性和逻辑性，是精神分裂症最具有特征性的障碍，其特点是患者在意识清楚的情况下，思维联想散漫，缺乏具体性和现实性。最典型的表现为破裂性思维。

（2）思维逻辑障碍：常见的有病理性象征性思维、语词新作等，凡是涉及概念形成、判断、推理等方面障碍的症状均属于思维逻辑障碍。

（3）妄想：妄想的荒谬性往往显而易见，最多见的妄想是被害妄想与关系妄想，可见于各个年龄层。妄想的内容与患者的生活经历、教育背景有一定的关联。

3．情感障碍　主要表现为情感迟钝或平淡。少数患者有情感倒错，但抑郁与焦虑情绪也并不少见。

4．意志与行为障碍

（1）意志减退或缺乏：患者在坚持工作、完成学业、料理家务等方面有很大困难，对自己的未来没有任何计划，或即使有计划却从不实施。

（2）意向倒错：患者会吃一些不能吃的东西（如泥土、棋子、肥皂等），或伤害自己的身体。

（3）紧张综合征：以患者全身肌张力增高而得名，包括紧张性木僵和紧张性兴奋，二者可交替出现，是精神分裂症紧张型的典型表现。

（4）行为障碍：行为障碍的患者可表现出退缩、无故傻笑、独处、发呆、扮鬼脸等怪异行为。此外，患者的自杀行为也应引起高度重视，约50%的患者有自杀企图，10%～15%最终死于自杀。

（四）治疗原则

早期、足量、足疗程药物治疗，必要时电抽搐治疗，合并心理治疗、社会治疗。急性期后开始康复训练，以回归社会为最终目标。一般急性期治疗（4～8周），采用单一药物治疗足够剂量。巩固期治疗（3～6月），维持有效治疗量不减。维持期治疗（1～3年、3～5年），坚持全病程治疗计划，防止复发（图8-1）。经过系统的治疗，1/3的精神分裂症患者可获临床痊愈，呈发作性病程，复发后可出现人格改变，社会功能下降。1/4的患者则渐进性发展，病情不断加重，导致患者长期住院或反复入院治疗。

（五）护理与管理措施

1．家庭护理

（1）心理护理：提高患者的自信心，消除其自卑感，同时对周围人群进行精神卫生宣

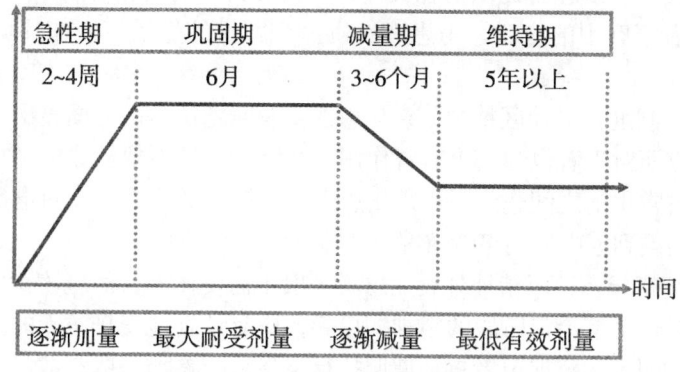

图 8-1 精神分裂症全病程治疗示意图

教，使他们对精神病具有正确的认识，消除社会偏见，为患者康复创造一个良好的环境。

（2）生活技能训练：康复期患者少动，家人应鼓励患者加强生活技能的训练，帮助患者制订适宜的作息时间表，逐步开始有规律的生活，做到起居有节，饮食如常，睡眠良好，注意仪表，做一些力所能及的家务，听听音乐，看看电视。年轻力壮者可参加一些健身活动。切忌整日卧床、饭来张口、衣来伸手、无所事事的生活。

（3）人际关系的恢复和发展：精神分裂症患者病后存在不同程度的情感淡漠、行为退缩、依赖性强等不利于人际关系恢复的因素，周围人群也以新的目光看待患者，其中不乏偏见和误解。家人应帮助患者恢复原有的人际关系发展新的人际关系。家属、同事、邻居给予关心、帮助和热情。

（4）充实精神健康知识：全社会应该多学习精神卫生知识，充分理解康复的精神患者，视情况安排恰当的工作，这对患者的康复有重要意义。

（5）预防复发：家属应该督促患者坚持服药，巩固疗效，忌烟酒、忌浓茶，生活起居有规律，同时细心观察患者的睡眠、情感、行为、药物反应等变化，遇有心理、社会或其他应急事件时应及时防范。

2. 社区管理　精神残疾大多由精神分裂症所致。在中国约有 900 万精神分裂症患者，其中 99% 生活在社区，精神分裂症是终生慢性疾病，其高复发率和高致残率一直困扰着患者及其家庭成员，并严重影响其生活质量。社区精神分裂症患者经住院治疗，精神症状改善后，具有复杂的心理活动。有研究表明经过耐心细致的心理治疗后，患者对其自身疾病的认识程度大大提高，有利于服药依从性的改善。药物所致的患者饮食量增加、体形改变、生理功能的改变都可能影响患者的社会生活，给其造成心理负担。这就需要社区卫生工作人员有较强的业务素质、社会心理、生理等各方面知识，结合患者的文化背景、宗教信仰及对疾病的认识，"因材施教"，使患者对出院后一系列问题有充分的心理准备，正确面对生活中的困难，使其坚信维持用药，防止复发才是最关键的问题。

（1）完善支持系统：研究显示，家庭支持情况越好，患者服药依从性就越高，而 30 岁以上的患者服药依从性较高可能与其得到更多的家庭和社会支持有关。精神分裂症患者的康复离不开良好的家庭、社会支持。家属作为主要照顾者，扮演着特殊的角色，在促进患者的功能康复及减少发病中起关键影响。在社区精神卫生工作指导或随访过程中，要向家属或与患者有联系的社会人提供心理式教育，向他们灌输正确的医学知识，及时纠正他们对疾病的"外行看法"以给患者提供情感关怀，经济支持，行为指导，危机干预及解决问题，以识别和缓解患者家庭中的应激，为患者提供一个宽松的生活、工作环境，以提高患者的依从性。

（2）建立随访制度：对社区精神分裂症患者要及时随访，一方面显出工作人员对患者的人文关怀；另一方面对患者也起一个监督作用。及时对服药不依从原因进行有效干预，帮助患者服药依从和日常生活之间达到平衡。给患者及家属发放联系卡，对电话咨询者给予耐心解答、定期打电话或到家中询问患者情况。

（3）加强康复指导：社区精神分裂症患者一般不需要休养，而应该积极参加各种社交和生产生活活动，对于维持治疗阶段的精神病患者，应有计划地安排每天的活动，最好能为他们制订一个作息时间表，督促患者自觉遵照执行，患者应参加一些有益身心健康的活动，如读书、看报、下棋、看电视、打球、跑步等，但不宜参加剧烈运动，也不宜观看惊险恐怖、凶杀格斗或过于悲伤的电影、电视。关于患者的饮食方面要注意饮食规律，忌食辛辣刺激食物，尽量避免酗酒，少吸烟或不吸烟，戒除一些不良的饮食习惯。

（4）提高服务水平：社区卫生工作者要积极学习心理卫生知识和精神分裂症的相关知识，积极参加各种业务再培训，以提高自身素质，集思广益，掌握精神分裂症复发的知识，有效识别药物副作用。对病情复发和出现明显药物不良反应的患者及时与专科医生联系，及时进行干预处置。

二、抑郁症患者的护理与管理

（一）概述

抑郁症是以明显而持久的心境低落为主的一组精神障碍，并有相应的思维和行为改变。病情重者可有精神病性症状。

（二）病因及发病机制

1．遗传因素　有40%～70%的患者有遗传倾向，因此抑郁症患者的亲属，特别是一级亲属发生抑郁症的危险性明显高于一般人群。女性发生抑郁症的遗传倾向高于男性。

2．性别因素　在成人，女性患病比男性高，比例约为2∶1。对于儿童来说，男性儿童的患病率略高于女性，因此儿童期的男孩更值得注意。

3．儿童期的经历　儿童期双亲的丧失、缺乏双亲的关爱、受到虐待，特别是性虐待、儿童期的其他经历，例如由于各种原因失去朋友或不能与成年人保持正常的关系和进行正常的交流等，均可以增加成年期抑郁症发生的风险。

4．人格因素　抑郁症患者一般具有较为明显的焦虑、强迫、冲动等性格特征，具体表现为：过分疑虑及谨慎，力求完美，道德感过强；过分看重工作成效而不顾乐趣和人际关系；出于维护躯体安全感的需要，在生活风格上有许多限制；或回避那些与人密切交往的社交或职业活动等。

5．社会环境因素　婚姻状况的不满意（离异、分居或丧偶的个体发生抑郁症的危险性明显高于婚姻状况良好者，其中男性更为突出）；经济状况窘迫；生活负性事件，特别是持续时间在2～3个月以上的生活事件对个体抑郁症的发生构成重要的影响。

6．躯体疾病　慢性中枢神经系统疾病（如帕金森病癫痫）以及慢性躯体疾病（如心肌梗死、糖尿病、甲减、恶性肿瘤等）均可诱发抑郁症的发生。

(三) 临床表现

1. 核心症状　典型的抑郁状态表现为"三低",即情绪低落、思维迟缓、意志减退。在抑郁内心体验的基础上,患者出现兴趣的下降或消失,出现"三无"和"三自"症状。所谓"三无",是指患者感到无用、无助和无望的情况。在"三无"症状的基础上,患者可以出现以自责、自罪和自杀为主要表现的"三自"症状。自杀是抑郁情绪给患者本人造成的最严重的后果。

2. 伴随症状　在情绪抑郁的情况下,患者可出现一系列伴随的症状,主要表现在：

(1) 躯体症状：主要有睡眠障碍(入睡困难、早醒2～3小时,醒后不能继续入睡)、食欲降低、胸闷气短、腹胀、心慌等。躯体的不适主诉可涉及各个脏器。临床上,有些患者各种主观躯体不适的体验十分突出,往往掩盖了核心症状,容易造成误诊。

(2) 焦虑：焦虑是抑郁状态最常见的伴随症状之一。若焦虑症状十分突出,则称为激越性抑郁。患者常有不祥的预感,紧张恐惧,坐卧不安,搓手顿足或踱来踱去等,有些患者频繁出现自杀企图,自杀的危险性较大,需严加防范。

(四) 治疗原则

1. 高度的安全意识　应将抑郁症的高自杀率的特征告诉患者家属,对各种有危险性的物品,如刀、农药、各种药品等应妥善保存,密切观察病情,防止自杀。

2. 充分的药物治疗　药物治疗不充分,是导致患者病情慢性化和难治化的原因之一,应足量、足疗程进行治疗,预防复发。

3. 积极的心理干预　在药物治疗的同时,应注意及时了解患者的心理状况,并给予适当的干预措施。

(五) 护理与管理措施

1. 督促服药　要密切观察患者对药物的不良反应,抑郁症患者经常需要长期维持用药,以巩固疗效,防止复发,如果没有发现特殊情况,绝不可自行停药或减药。当患者出现口干、便秘等副作用时,应及时做好解释工作,鼓励其多饮水,多吃富含纤维素的食物,多运动,便秘严重者可选用果导、番泻叶等药物缓解。

2. 密切观察病情变化　抑郁症是精神疾病中的第一杀手,自杀率极高,家庭护理的重点要防范自杀行为的发生。这就要求患者家属必须熟悉抑郁症的临床特征,尤其要注意患者的情绪低落有晨重夜轻的特点,故自杀行为多发生于凌晨。其次,要了解哪些患者容易发生自杀。另外,处于恢复期的患者,由于害怕别人歧视,绝望也会出现自杀行为。自杀的手段多隐蔽,家属千万别掉以轻心,应加强防范。患者还会出现扩大性自杀,应注意加强自我保护。

3. 掌握病情好转的指征　一般抑郁症好转大致经过三个过程,首先是睡眠、饮食好,其次是动作逐渐增加,最后是情绪改善。若饮食睡眠差,体重不增加,出现动作增多,则可能是假象,病情并未改善。

4. 做好心理护理　由于抑郁症患者情绪差、悲观自责明显,对一些事物缺乏自信心,家属应多与患者接触交谈,给予鼓励支持,帮助患者树立信心,积极疏导其消极情绪宣泄。对于患者的病态言行,家属要耐心加以解释说服,尽量满足其合理要求。

三、老年性痴呆的护理与管理

(一) 概述

老年性痴呆(又称阿尔茨海默病,Alzheimer's disease,简称 AD)是指发生在老年时期的种种痴呆综合征的统称,是慢性全面性精神障碍。主要表现有记忆和认知功能障碍,社会和职业性的智能下降。据美国老年痴呆症协会估计,目前有 450 万美国人患有这种疾病。在我国,这个数字约在 500 万,而且平均每年还有 30 万老年人加入这个行列。目前全世界老年性痴呆的患者数高达近 2000 万,平均生存期为 5.5 年,使该病成为现代社会老年人的主要致死疾病之一。如果未能及时找到有效的预防或治疗方法,到 2050 年,全球患此病的人数将达到 4500 万,老年性痴呆将成为人类社会的流行病。

(二) 病因及发病机制

目前尚未完全清楚。研究发现与多种因素有关,如遗传因素、饮食中铝含量过高、胆固醇过高、高血压、动脉硬化、糖尿病、脑卒中等疾病因素,其发病还往往与受教育程度低、不爱动脑子、性格内向、不良生活方式(如吸烟、嗜酒)等有关。

1. 具有家庭聚集性　40% 的患者有阳性家族史,呈常染色体显性遗传及多基因遗传,有人提出遗传学说(或基因学说),认为和 Down 综合征一样,在第 21 对染色体上均有淀粉样变性基因。

2．环境因素

(1) 铝的蓄积:AD 的某些脑区的铝浓度可达正常脑的 10～30 倍,老年斑(SP)核心中有铝沉积。铝选择性地分布于含有神经纤维缠结(NFT)的神经之中,铝与核内的染色体结合后影响到基因的表达,铝还参与老年斑及神经纤维缠结的形成。故有学者提出"铝中毒学说"。

(2) 病毒感染:发现许多病毒感染性疾病可发生在形态学上类似于 AD 的神经纤维缠结和老年斑的结构变化。

(3) 免疫系统功能障碍:老年人随着年纪增大,AD 患病率呈明显增高,而增龄与免疫系统衰退、自身免疫性疾病增加有关。

(4) 神经递质学说:AD 病神经药理学研究证实 AD 患者的大脑皮质和海马部位乙酰胆碱转移酶活性降低,直接影响了乙酰胆碱的合成和胆碱能系统的功能以及 5-HT、P 物质减少。

(5) 正常衰老:神经纤维缠结和老年斑也可见于正常人脑组织,但数量较少,只是患 AD 时这些损害超过了一定的阈值水平。70～74 岁人群老年痴呆的患病率为 3%,75～79 岁人群患病率为 7%,80～84 岁人群患病率为 17%,85 岁以上人群患病率为 29%。

(6) 雌激素作用:长期服用雌激素的妇女患 AD 的危险低,研究表明雌激素可保护胆碱能神经元。

(三) 临床表现

1．智力减退　开始表现为短期内出现思维迟缓,情感不稳,注意力不集中,做事马虎,进而出现进行性遗忘。起初时近期记忆力丧失,随后远期记忆力也丧失,最终发展为连姓名、年龄、家人都遗忘,并常伴有计算力下降,同时有定向力障碍(出门不知回家路线,如厕完毕不知卧室在哪)。理解力及判断力差,严重时无法与人交流。联想困难,理解力减退,判断力差。起初表现为工作毫无计划性与创造性,继则连原来熟悉的工作都无法完成。严重时,连他人言谈都无法理解,令其脱衣则张口,令其伸手则久站不动。

2．行为改变　常出现幼稚行为,强迫行为,无目的的行为。例如翻箱倒柜,乱放东西;爱藏废物，视作珍宝；不注意个人卫生习惯，衣脏不洗，晨起不漱。也有动作日渐少，端坐一隅，呆若木鸡。晚期均行动不能，卧床不起，两便失禁，生活全无处理能力，形似植物状态。

3．情感障碍　早期有情绪易激动，有欣快感，后期表情呆板、迟钝。

4．外貌改变　显得老态龙钟，满头白发，齿落嘴瘪，瞳孔反应迟钝，生理反应迟缓，躯体弯曲，步态蹒跚。

5．其他表现　体重减轻、口齿含糊，失语，以及各种失用、失认、失算症，书写困难等。最终认识能力可全部丧失。

知识链接

老年痴呆的信号

1. 记忆日渐下降，影响工作能力；
2. 执行熟悉的工作也感到困难；
3. 语言表达或理解有困难；
4. 时间、地点、人物混乱；
5. 判断力减退；
6. 思考／计算方面有困难；
7. 随处乱放东西；
8. 情绪／行为变得变幻无常；
9. 性格改变；
10. 失去做事的主动性。

（四）治疗原则

老年性痴呆目前没有特效治疗方法，但早期发现非常重要。早期服用吡拉西坦（脑复康）、安理申、艾斯能、石杉碱甲（哈伯因）等药物，对轻、中度老年痴呆有一定延缓效果。此外，临床试验有报道银杏叶提取物对老年性痴呆亦有良好延缓的疗效。为提高患者的认知能力，还可以适量服用胆碱酯酶阻断剂和提高胆碱能受体感受性激动剂，增加脑内乙酰胆碱的浓度。

（五）护理与管理措施

1．生活护理　指导家属掌握基础护理技能，为患者做好衣着料理、梳洗、大小便护理及床单清洁。对长期卧床者保持床铺干燥、清洁，室内保持安静、温度、湿度要适宜，空气新鲜无异味。按时为患者翻身、按摩，促进全身血液循环，提高机体的抗病能力，防止并发症的发生。

2．饮食护理　合理安排配制饮食使营养全面吸收。老年性痴呆患者记忆障碍，吃没吃饭有时记不清，如果给患者多吃，易造成胃肠功能紊乱，反之则易造成营养不良。家属在照顾患者时要耐心细心、交接班时认真详细交代清楚。在配制饮食时最好以高营养、高维生素、清淡易消化饮食为主，适当补充含钙及粗纤维食物，以促进肠蠕动、加强营养吸收，预防便秘。

3．服药护理　老年性痴呆患者常忘记吃药、吃错药，或忘了已经服过药又过量服用，所以患者服药时家属必须在旁陪伴，帮助患者将药全部服下，以免遗忘或错服。对伴有抑郁症、幻觉和自杀倾向的痴呆患者，家属一定要把药品管理好，放到患者拿不到或找不到的地方。患者常常不承认自己有病，或者常因幻觉、多疑而认为家人给的是毒药，所以他们常常拒绝服药。这就需要家人耐心说服，向患者解释，可以将药研碎拌在饭中吃下，对拒绝服药的患者，一定要看着患者把药吃下，让患者张开嘴，看看是否咽下，防止患者在无人看管后将药吐掉。患者服药后常不能诉说其不适，家属要细心观察患者有何不良反应，及时调整给药方案。卧床患者、吞咽困难的患者不宜吞服药片，最好研碎后溶于水中服用。昏迷的患者要下鼻饲管，由胃管注入药物。

4. 安全护理　老年性痴呆患者由于智力、认知等功能障碍，日常生活中不安全因素严重威胁着他们的身体健康。患者家属必须做好对患者的防护工作。保管好日常生活中的危险品、有毒物。房间电源、刀剪等危险品保管好，防止自伤或伤人。禁止患者独处，患者外出时应有人陪伴，并在患者口袋内放置安全卡片，以便其迷失方向时与家人联系。

5. 认知功能障碍的护理　对记忆力障碍者强化记忆训练，鼓励和帮助认识目前生活中的人和事，回忆过去经历过的事，保持室内设施不变。思维紊乱和智力障碍者应保持情绪平稳，对思维贫乏的患者给予信息刺激，寻找患者感兴趣的话题，诱导启发患者用语言表达，刺激大脑兴奋性。在日常生活中鼓励患者做一些简单家务，参加一些有意义的社会活动及体育锻炼，提高大脑思维能力，增强记忆力、判断力。对幻觉、幻视者分散注意力，稳定情绪。

6. 关注照护者的心理健康　心理治疗，特别是支持性心理治疗对那些痴呆还比较轻的患者很有帮助。对早期老年性痴呆的患者应及早给予关怀，以延缓痴呆的进展。

> **小结**
>
> 精神分裂症是以基本个性改变，思维、情感、行为的分裂，精神活动与环境的不协调为主要特征的一类常见的精神疾病。精神分裂症主要的影响因素有遗传因素、病前个性特征、神经生化方面的异常及心理、社会环境因素。临床上主要表现为以下四个方面的障碍：①感知觉障碍；②思维障碍；③情感障碍；④意志与行为障碍。
>
> 社区护士应从家庭和社区两个方面进行管理。1. 家庭护理：①心理护理；②生活技能训练；③人际关系的恢复和发展；④充实精神健康知识；⑤预防复发。2. 社区管理：①完善支持系统；②建立随访制度；③加强康复指导；④提高服务水平。
>
> 抑郁症是以明显而持久的心境低落为主的一组精神障碍，并有相应的思维和行为改变。病情重者可有精神病性症状。其病因及发病机制主要有：①遗传因素；②性别因素；③儿童期的经历；④人格因素；⑤社会环境因素；⑥躯体疾病。临床表现为：①核心症状："三低"、"三无"和"三自"症状；②伴随症状：在情绪抑郁的情况下，患者可出现一系列伴随的症状，主要表现为：a. 躯体症状；b. 焦虑。
>
> 社区护士应从以下几个方面做好护理与管理工作：①督促服药；②密切观察病情变化；③掌握病情好转的指征；④做好心理护理。
>
> 老年性痴呆是指发生在老年时期的种种痴呆综合征的统称，是慢性全面性精神障碍。主要表现有记忆和认知功能障碍，社会和职业性的智能下降。

小结	其病因及发病机制目前尚未完全清楚。研究发现与多种因素有关，如遗传因素、饮食中铝含量过高、胆固醇过高、高血压、动脉硬化、糖尿病、卒中等疾病因素，其发病还往往与受教育程度低、不爱动脑子、性格内向、不良生活方式（如吸烟嗜酒）等有关。临床表现为以下几个方面：①智力减退；②行为改变；③情感障碍；④外貌改变；⑤其他表现。 　　护理措施主要包括：①生活护理；②饮食护理；③服药护理；④安全护理；⑤认知功能障碍的护理；⑥关注照护者的心理健康。

（苏晓云）

第九章 社区常见急性事件的预防与处理

学习目标	1. 熟记急性心肌梗死、急性上消化道出血、低血糖症的预防与处理。 2. 熟记电击伤、烧烫伤的预防与处理。 3. 熟记一氧化碳中毒、急性镇静催眠药中毒、食物中毒的预防与处理。 4. 具有独立分析问题、解决问题、判断问题的能力。

第一节 社区常见急性病症的预防与处理

案例

吴某,女,60岁,持续心前区疼痛4小时。4小时前即午饭后突感心前区疼痛,伴左肩臂酸胀,自含硝酸甘油1片未见好转,伴憋气、乏力、出汗,二便正常。既往有高血压病史6年,最高血压160/100mmHg,未规律治疗,糖尿病病史5年,一直口服降糖药物治疗,无药物过敏史,吸烟10年,每日20支左右,不饮酒。

思考:1. 请为吴女士做出临床诊断。
2. 作为社区护士如何进行救护?
3. 如何预防此病?

一、急性心肌梗死

急性心肌梗死常见的危险因素有吸烟、高血压、高脂血症、高血糖等,多数是由于冠状动脉血管在原有狭窄基础上,突然斑块脱落发生血栓或者持续冠脉痉挛,导致血流障碍,发生急性心肌缺血,甚至坏死。

(一)常见的急性心肌梗死的诱因

1. 过度疲劳 剧烈运动、重体力劳动,都可使心脏的负担明显加重,心肌需氧量突然增加,易诱发心肌梗死。

2. 情绪激动 有些是由于激动、紧张、愤怒等情绪变化诱发的。

3. 暴饮暴食 不少心肌梗死发生于暴饮暴食之后,进食大量含高脂肪、高热量的食物后,血脂浓度突然升高,导致血黏稠度增高,血小板聚集性增高,在冠状动脉狭窄的基础上形成血栓,引起急性心肌梗死。

4. 寒冷、低温　突然的寒冷刺激可诱发急性心肌梗死。冠心病患者应注意防寒保暖。在冬春寒冷季节，持续低温、大风、阴雨天气，急性心肌梗死的发病率较高。

5. 便秘　因便秘时用力屏气而导致急性心肌梗死的老年人并不少见。

（二）急性心肌梗死的发病先兆

大约1/3的急性心肌梗死患者无先兆症状而突然发病，而1/2患者发病前有前驱症状。如能及早识别出来，及早进行干预治疗，能大大减轻心肌梗死的严重程度，改善预后。典型的先兆表现有：

1. 新发生心绞痛，或原有的心绞痛突然发作频繁或程度加重。
2. 部分患者出现上腹痛、恶心想吐或表现胸闷憋气、心慌、头晕，但不出现胸痛。
3. 感觉疲乏无力，休息也不能恢复。
4. 出现先兆症状前有明显诱因：运动过多、体力负荷过重、情绪激动、精神紧张、气候变化大风、降温、阴雨天气等。

（三）急性心肌梗死的自救措施

1. 停止运动和体力负荷，消除紧张的情绪，协调工作、休息的关系。
2. 心绞痛发作时，吸氧气、舌下含服硝酸甘油。
3. 心绞痛发作后，应及早到医院就诊治疗，但不要骑自行车或步行前去，以免发生意外。到医院后进行心电图检查。

（四）急性心肌梗死的急救措施

1. 急性心肌梗死的先兆表现出现后，密切观察病情变化，及早就诊，坚持服药，避免病情加重。舌下含硝酸甘油1片，3～5分钟无效，再含1片，每相隔3～5分钟，可再服1片，最多服5片。在含服硝酸甘油的前后，应注意测量血压，如果血压低于100/60mmHg，应慎用。

2. 一旦出现心梗起始状态，必须紧急治疗，因为50%的急性心肌梗死患者死于发生起始症状后2小时。

3. 安静卧床休息，避免活动。不要随便搬动患者。
4. 吸氧气，改善心肌供氧。
5. 烦躁不安者，可给安定1片口服。
6. 拨打"120"急救电话，请急救医生前来检查治疗，病情稳定后方可移动患者。在医生未到之前，患者突然昏迷、抽搐，表示发生心搏骤停，应立即进行徒手心肺复苏。

考点：心梗的概念、自救、社区急救措施。

二、急性上消化道出血

案例

杨先生，48岁，商业总裁，被同事送到急诊科。在工作时，他开始呕吐，为咖啡色呕吐物，而被送往医院。杨先生有9年的胃溃疡病史，曾经在4年前因上消化道出血入院，那时经过胃镜取标本显示，杨先生有幽门螺杆菌感染，也接受了3种药物治疗，而且病情较稳定。但近期他工作压力大，而且在戒烟7年后又开始吸烟，并因生意需要开始喝酒，也由于工作上的关系导致服药时间不规则，出现慢性胃疼，但他小心地不使用阿斯匹林，而使用布洛芬。在过去一周内，他自觉解黑便情况加重，今早在呕吐前觉得恶心，并不觉得疼痛，仅有上腹部轻微不适及呕吐。

思考：1. 请做出临床诊断。

2. 作为社区护士，应如何进行救护？

3. 如何预防此病？

急性上消化道出血是指屈氏韧带以上的食管、胃、十二指肠和胰管、胆管病变引起的急性出血，胃空肠吻合术后吻合口附近的空肠上段病变所致出血也属这一范围。出血部位在幽门以下者，可仅表现为黑便；幽门以上者，往往伴有呕血。这是一种常见的临床急症，主要临床表现是呕血和便血，或者胃管内见血性液体。

上消化道出血的急救措施：

1. 当发生呕吐鲜血或排黑便时，患者的紧张情绪会加重出血。正确做法是安静卧床，把情况告诉家人、邻居，并有人陪同一起就诊，防止出现意外。

2. 消化道大出血患者，可先平卧，头低肢高，在脚部垫枕头，与床面成30°，以利于下肢血液回流到心脏，保证大脑供血；呕血时，将患者的头偏向一侧，以免血液吸入气管引起窒息，同时注意保暖防止冻伤；对已发生休克者，应及时清除口腔积血，同时与急救站联系。

3. 如患者情绪烦躁，可让其口服安定类药物，减轻应激反应，有利于出血自止。也可缓慢、间断饮用5℃左右的冷饮或冰水，每次100～200ml。

4. 出血发生后停止进食，以免加重食管静脉破裂；不可口服稀盐酸、食醋或其他助消化药物，以免使溃疡加深，出血难止；更不可腹部热敷，以免加重胃肠出血。

5. 往医院运送患者时，应让患者平卧，防止颠簸，以免加重休克。

引起上消化道出血最主要的原因就是平日饮食不当。如消化性溃疡和慢性胃炎患者，大多有饮食不节制、饥饱失常、冷热不调或过食辛辣食物或喜食生冷食物的病史。长期饮食不当会影响胃的功能，损害胃黏膜的防御屏障，使胃黏膜产生病变。

考点：上消化道出血的社区急救措施。

三、低血糖症

案例

高大爷，76岁，糖尿病史近20年，在参加婚礼的途中，突然出现面色苍白，手脚发凉。出虚汗，心率加快。

思考：1. 请问高大爷发病的原因是什么？

2. 如何预防此病？

低血糖症是糖尿病治疗过程中最常见，也是最重要的并发症，低血糖症状出现时静脉血浆葡萄糖浓度常低于 2.8mmol/L（50mg/dl）。低血糖发作时可出现一系列交感神经兴奋和中枢神经系统功能紊乱的症状，如虚弱、多汗、心悸、震颤、饥饿感、注意力不集中、视力障碍、意识模糊，甚至抽搐、昏迷。持续性严重低血糖会导致不可逆性脑损害，甚至致死。

（一）低血糖的自救

一旦患者确认出现低血糖的症状，应立即进食含 20～30g 糖类的食物或口服糖水，不必每次发作时均作血糖检测，进食量过多可致发作后高血糖。在不能确认低血糖时应自做快速血糖检测，或去附近医院急诊。若患者低血糖严重而不能自救时，应由亲友帮助进服糖或富糖食物，丧失吞咽功能而备有高血糖素者可由亲友注射 1mg 高血糖素。若自救未能好转，或低血糖严重，有神志不清、抽搐、胸痛、低血压等症状，均应送医院急诊救治。

（二）低血糖的预防

1. 广泛开展宣传教育，使糖尿病患者及其家属了解低血糖的病因与症状，轻度低血糖应及时处理，防止低血糖由轻度发展为低血糖昏迷。

2. 糖尿患者要做到定期检查血糖、尿糖，发现有低血糖倾向时与医师密切合作，以确定低血糖的原因，或者及时口服糖水或遵医嘱治疗。

3. 注射胰岛素或口服降糖药避免大剂量或自行增加剂量，以防低血糖发生。

4. 胰岛素注射后要按规定进餐，禁止胰岛素注射后拒食或空腹。

5. 饮食结构应合理，防止偏食，只食用蛋白质和脂肪的食物，这是一种错误的饮食方法，应该避免。

第二节　社区常见急性意外损伤的预防与处理

> **案例**
>
> 某社区家庭中，一男孩在学校打球出了一身汗，在家中浴房内洗澡，其父亲突然听到一声惨叫，他赶紧去卫生间看看究竟，发现是儿子洗澡触电，就赶紧用手拽儿子，结果也被电击伤导致死亡。
>
> 思考：1. 家庭、野外中发生电击伤如何救助？
> 　　　2. 请说出该患者的医疗诊断及相应的护理措施。

一、电击伤

当一定电流或电能量（静电）通过人体引起损伤、功能障碍，甚至死亡，称为电击伤，俗称触电。雷击也是一种电击伤。轻度电击者可出现短暂的面色苍白、呆滞、对周围失去反应。自觉精神紧张，四肢软弱，全身无力。昏倒者多由于极度惊恐所至。严重者可出现昏迷、心室纤颤、瞳孔扩大、呼吸心搏停止而死亡。

如果发现有人触电，作为救助者必须争分夺秒，充分利用当时当地的现有条件，使触电者迅速脱离电源。绝不可用手直接去拉触电者，这样不仅使触电者再次充当导体增加了电流的损伤，而且使救助者自身的生命安全受到电击的威胁。正确的救治方法是使触电者脱离电源。方法有：

1. 如果触电发生在家中，可迅速采取拔去电源插座、关闭电源开关、拉开电源总闸刀的办法切断电流。

2. 如果在野外郊游、施工时因触碰被刮断在地的电线而触电，可用木柄干燥的大刀、斧头、铁锹等斩断电线，中断电流。

3. 如果人的躯体因触及下垂的电线被击倒，电线与躯体连接很紧密，附近又无法找到电源开关，救助者可站在干燥的木板或塑料等绝缘物上，用干燥的木棒、扁担、竹竿、手杖等绝缘物将接触人身体的电线挑开。

4. 触电者的手部如果与电线连接紧密，无法挑开，可用大的干燥木棒将触电者拨离触电处。

触电者脱离电源后往往神志不清，救助者应立即进行下一步的抢救。松解影响呼吸的上衣领口和腰带，使其呈仰卧位，头向后仰，清除口腔中的异物、取下假牙以保持呼吸道通畅。如发现呼吸停止、颈动脉处触及不到搏动，要立即进行口对口人工呼吸和胸外心脏按压，并要坚持不懈地进行，直至伤员清醒为止。在对伤员进行心肺复苏的过程中要设法与附近的医院取得联系，以便为伤员争取到更好的抢救条件。对于雷电击伤的伤员也要采取相同的急救措施。出现神志昏迷不清者可针刺或指压人中、中冲等穴位。电击伤的就地急救十分重要，不要因送医院而延误抢救时机。

二、烧烫伤

案例

某夏日，小亮在家中玩耍，不小心把一盆刚出锅的稀粥弄洒，一盆稀饭正好从小亮的脖子洒到脚下，小亮的妈妈赶紧把它的衣服和裤子脱掉，放在水缸中进行降温，然后送到社区卫生服务中心进行治疗。

问题：如何对烧烫伤患者进行救治？小亮的妈妈做得对吗？

烧烫伤是生活中常见的意外伤害，沸水、滚粥、热油、热蒸气的烧烫是常会发生的事。对某些烧烫伤，如果处理及时，就不会导致不良的后果。

烧烫伤的程度不同，救护措施也不同。

1. 对一度烧烫伤，应立即将伤处浸在凉水中进行"冷却治疗"，它有降温、减轻余热损伤、减轻肿胀、止痛、防止起泡等作用，如有冰块，把冰块敷于伤处效果更佳。"冷却"30分钟左右就能完全止痛。随后用鸡蛋清或万花油或烫伤膏涂于烫伤部位，这样只需3～5天便可自愈。

应当注意，这种"冷却治疗"在烧烫伤后要立即进行，如过了5分钟后才浸泡在冷水中，则只能起止痛作用，不能保证不起水泡，因为这5分钟内烧烫的余热还继续损伤肌肤。

如果烧烫伤部位不是手或足，不能将伤处浸泡在水中进行"冷却治疗"时，则可将受伤部位用毛巾包好，再在毛巾上浇水，用冰块冷敷效果可能更佳。

如果穿着衣服或鞋袜的部位被烫伤，千万不要急忙脱去被烫部位的鞋袜或衣裤，否则会使表皮随同鞋袜、衣裤一起脱落，这样不但痛苦，而且容易感染，迁延病程。

2．烧烫伤者经"冷却治疗"一定时间后，仍疼痛难受，且伤处长起了水泡，这说明是"二度烧烫伤"。这时不要弄破水泡，要迅速到医院治疗。

3．对三度烧烫伤者，应立即用清洁的被单或衣服简单包扎，避免污染和再次损伤，创伤面不要涂擦药物，保持清洁，迅速送医院治疗。

考点：烧烫伤的家庭、社区急救。

案例

护士小李接到社区居民的电话，说家里有人洗澡时晕倒了。请求上门救助。小李快速来到社区居民家，进门就闻到一股煤气味，只见倒地的妇女呼吸微弱，大小便失禁，四肢抽搐、湿冷，口唇及皮肤、黏膜呈樱桃红色。

问题：作为社区护士，应该如何进行抢救？对社区居民如何进行健康教育？

思考：请说出该患者的医疗诊断及相应的护理措施。

第三节　社区常见急性中毒的预防与处理

一、一氧化碳中毒

一氧化碳中毒是含碳物质燃烧不完全时的产物经呼吸道吸入引起中毒。中毒机制是一氧化碳与血红蛋白的亲和力比氧与血红蛋白的亲和力高200～300倍，所以一氧化碳极易与血红蛋白结合，形成碳氧血红蛋白，使血红蛋白丧失携氧的能力和作用，造成组织窒息。对全身的组织细胞均有毒性作用，尤其对大脑皮质的影响最为严重。当人们意识到已发生一氧化碳中毒时，往往已为时已晚。因为支配人体运动的大脑皮质最先受到麻痹损害，使人无法实现有目的的自主运动，可手脚已不听使唤。所以，一氧化碳中毒者往往无法进行有效的自救。

（一）现场急救

当发现有人一氧化碳中毒后，救助者必须迅速按下列程序进行救助：

1．因一氧化碳的比重比空气略轻，故浮于上层，救助者进入和撤离现场时，如能匍匐行动会更安全。进入室内时严禁携带明火，室内煤气浓度过高，按响门铃、打开室内电灯产生的电火花均可引起爆炸。

2．进入室内后，应迅速打开所有通风的门窗，如能发现煤气来源并能迅速排除的则应同时控制，如关闭煤气开关等，但绝不可为此耽误时间，因为救人更重要。

3．迅速将中毒者背出充满一氧化碳的房间，转移到通风保暖处平卧，解开衣领及腰带以利其呼吸顺畅。同时呼叫救护车，随时准备送往有高压氧舱的医院抢救。

4．在等待运送车辆的过程中，对于昏迷不醒的患者可将其头部偏向一侧，以防呕吐物误吸入肺内导致窒息。为促其清醒可用针刺或指甲掐其人中穴。若其仍无呼吸则需立即开始口对口人工呼吸。必须注意，对一氧化碳中毒的患者这种人工呼吸的效果远不如医院高压氧舱的治疗。因而对昏迷较深的患者不应立足于就地抢救，而应尽快送往医院，但在送往医院的途中，人工呼吸绝不可停止，以保证大脑的供氧，防止因缺氧造成的脑神经不可逆性坏死。

（二）家庭救治方法

1．迅速移至通风处，呼吸新鲜空气。有条件者应给予吸氧治疗，并注意保暖。

2．清醒者，询问有无晕厥史。有晕厥者送医院治疗。有条件者均应到医院接受检查及治疗。

3．昏迷不醒者立即手掐人中穴，同时呼救并转送有高压氧舱的医院治疗。

4．心跳呼吸微弱或已停止者，立即口对口人工呼吸，胸外按压，同时迅速转院抢救。

5．切记不要轻易放弃抢救，中毒严重及有昏迷史者清醒后也一定要送医院接受高压氧治疗，以免发生严重后遗症，出现脑功能障碍。

考点：一氧化碳中毒的急救措施。

二、急性镇静催眠药中毒

案例

患者，女，40岁，在家中发现昏睡，反应迟钝，呼吸缓慢，神经反射减弱，身边发现一个舒乐安定的药瓶。

问题：作为社区护士，应如何进行现场抢救？

镇静催眠药中毒是由于服用过量的镇静催眠药而导致的一系列中枢神经系统过度抑制病症。镇静催眠药是中枢神经系统抑制药，具有镇静、催眠作用，过多剂量可麻醉全身，包括延脑中枢。镇静催眠药中毒表现为嗜睡、情绪不稳定、注意力不集中、记忆力减退、共济失调、发音含糊不清、步态不稳、眼球震颤、明显的呼吸抑制。

（一）社区急救原则

1．迅速清除未吸收的毒物　清醒者催吐，意识不清者给予洗胃。

2．促进已吸收毒物的排出　用碳酸氢钠碱化尿液，有利于巴比妥类药物排除，使用利尿剂增加尿量也可增加药物的排泄，昏迷时间长，有并发症，血药浓度过高的危重患者可用透析疗法。

3．保持呼吸道通畅，立即给氧。

4．对症治疗　保持水、电解质、酸碱平衡，并发肺炎时用抗生素治疗，社区救治后送医院进一步救治。

5．稳定心血管系统　立即开放静脉，心跳停止者立即进行胸外按压。休克者按抗休克治疗。

（二）预防措施

抓好药物的正确使用和日常管理。安眠药不宜常年服用，以免产生安眠药的依赖性和慢性蓄积中毒，对某些确实需经常服用安眠药者，应经常变换安眠药的种类，以免引起药物中毒或依赖。经常服用安眠药也不应突然停药，防止产生戒断症状，不利于治疗。在安眠药的管理上要做到家中不存放大量安眠药，同时这类药物要妥善保管，以防误服，服用安眠药一定要遵医嘱使用，不要擅自增大安眠药的剂量。

考点：镇静催眠药的社区急救。

三、食物中毒

案例

小赵等3人是社区某中学的学生,中午放学的路上,由于肚子饿了,就在学校门口的小摊上每人买了几串羊肉串吃,下午刚开始上课,3位同学就出现恶心、呕吐、腹痛、腹泻等症状,被老师送到社区卫生服务中心。

问题:3位同学初步诊断是什么疾病?如何预防和急救?

食物中毒是指人们食用了有毒食物引起的急性中毒性疾病的总称。食物中毒是发生在正常人进食正常数量可食状态食物而引起的疾病,不包括食物过敏、暴饮暴食引起的急性胃肠炎,社区中常见的是细菌性食物中毒。

(一)食物中毒的急救和护理

1.迅速清除体内尚未吸收的毒物

(1)催吐:如患者神志清醒,给饮温水300~500ml,然后用压舌板刺激患者咽后壁或舌根部,引起呕吐,反复多次进行,直到胃内容物完全吐出。

(2)洗胃:可用清水或生理盐水洗胃。

(3)导泻:可用硫酸镁或硫酸钠口服,清除进入肠道的毒物。

2.促进已吸收毒物的排除 建立静脉通道,通过输液、使用利尿剂等增加尿量,促进毒物排除。

3.保持呼吸道通畅 呕吐患者或催吐治疗过程中将患者头偏向一侧,防止误吸。

(二)食物中毒的预防

1.冷藏食品应保质、保鲜,动物食品食前应彻底加热煮透,隔餐剩菜食前也应充分加热。

2.腌肉腊肠类食品,食前应加热6~10分钟。

3.禁止食用毒蕈、河豚等有毒动植物。

4.防止食品被细菌污染。首先应该加强对食品企业的卫生管理,特别加强对屠宰厂宰前、宰后的检验和管理。禁止使用病死禽畜肉或其他变质肉类。醉虾、腌蟹等最好不吃。食品加工、销售部门及食品饮食行业、集体食堂的操作人员应当严格遵守食品卫生法,严格遵守操作规程,做到生熟分开,特别是制作冷荤熟肉时更应该严格注意。从业人员应该进行健康体检,合格后方能上岗,如发现肠道传染病及带菌者应及时调离。炊事员、保育员有沙门菌感染或带菌者,应调离工作,待3次大便培养阴性后才可返回原工作岗位。

5.控制细菌繁殖。主要措施是冷藏、冷冻。温度控制在2~8℃,可抑制大部分细菌的繁殖。熟食品在冷藏中做到避光、断氧、不重复被污染,其冷藏效果更好。

考点:食物中毒的急救和预防。

知识链接

专家提示

1. 不吃不新鲜或有异味的食物。
2. 不要自行采摘蘑菇、鲜黄花或不认识的植物食用。
3. 扁豆一定要炒熟后再吃,不吃发芽的土豆。
4. 从正规渠道购买食用盐,水产品以及肉类食品。
5. 生熟食物要分开存放,水产品以及肉类食品应做熟后再吃。
6. 不要用饮料瓶盛装化学品。存放化学品的瓶子应该有明显的标志,并放在隐蔽处,以免儿童辨别不清而饮用。

小结

在日常生活中,经常会发生急性事件,严重威胁社区居民的健康和生活。社区护士在防治这些急性事件中承担义不容辞的责任,所以社区护士要具备独立分析问题、解决问题、判断问题的能力,只有熟悉和掌握一些社区急性事件救护的知识和技术,才能做好社区急性事件的预防、现场急救、转运、途中监护等工作。

本章节主要介绍了社区急性心肌梗死、急性上消化道出血、低血糖症、电击伤、烧烫伤、一氧化碳中毒、急性镇静催眠药中毒、食物中毒等疾病的急救措施及预防措施,从而减少社区急性事件的发生,降低它们的危害程度。

(周传荣)

第三篇 社区康复护理与临终关怀

第十章 社区康复护理

> **学习目标**
> 1. 说出康复、康复护理、社区康复及社区康复护理的概念。
> 2. 描述社区康复护理的程序和常用方法。
> 3. 知道康复护理的内容和对象。
> 4. 结合社会现实,理解残疾人存在的主要心理问题。
> 5. 能够为偏瘫患者及脊髓损伤患者进行康复方面的指导。
> 6. 能够正确应用康复护理理论知识和操作技能,对社区内的康复患者进行有关康复训练的指导与教育,做到动作规范、准确。

> **案例**
>
> 患者,男,62岁,公司退休职工,在家中感觉左侧肢体麻木无力,言语不清,无法行走,遂被家人送往医院确诊为脑梗塞。病情稳定后,左侧肢体运动功能障碍,无法下地行走。饮水呛咳,吞咽障碍,翻身、坐起、移动需要依赖他人;左侧不能负重,左上肢关节活动受限,左下肢无力,卧位直腿抬高困难,负重差,病情稳定后,接受后续康复治疗。
>
> 思考:
> 1. 作为一名社区护士,请你为该患者制订一份康复护理计划。
> 2. 根据病情,如何指导患者及家属进行相关的肢体功能训练。
> 3. 如何帮助该患者进行康复护理。

现代康复医学是20世纪的产物,它起源于第二次世界大战,大量伤兵进行康复的实践和经验,促进了康复医学的兴起。社区康复(community-based rehabilitation,CBR)是1976年首先由WHO提出的一种经济有效、覆盖面广,在家庭和社区层次上为伤病残者提供的康复服务的新途径。

第一节 概述

一、概念

（一）康复

康复（rehabilitation）是指综合协调地应用各种措施，最大限度地恢复和发展病、伤、残者的身体、心理、社会、职业、娱乐、教育和周围环境相适应方面的潜能，以减少病、伤、残者的身体、心理和社会功能障碍，以提高生活质量和重返社会。康复的领域包括医学康复、康复工程、教育康复、职业康复和社会康复，而构成全面康复。其最终目标提高残疾人生活素质，恢复独立生活、学习和工作的能力，使残疾人能在家庭和社会过有意义的生活。

（二）康复医学

康复医学（rehabilitation medicine）是促进病、残、伤者康复的医学，是医学的一个重要分支。在现代医学体系中，保健、预防、治疗和康复相互联系组成一个统一体。主要服务对象是因损伤及急、慢性疾病所致的功能障碍者，目的是最大限度地恢复患者的功能。

（三）康复护理

康复护理（rehabilitation nursing）是研究伤病者与伤残者身体、精神康复的护理理论、知识和技能的科学。在总体康复医疗计划下，围绕最大限度恢复功能、减轻残障的全面康复目标，通过功能训练，帮助残疾者提高自理能力的护理过程。在康复护理过程中，要根据总的康复治疗计划，对患者进行常规护理和各种专门康复操作及功能训练，如变更体位和姿势，开展医疗体育、预防关节挛缩变形，预防压疮，日常生活训练，步行训练，膀胱护理，肠道护理等。以减少后遗症，防止并发症，调动患者以最佳状态配合治疗，促进功能尽早恢复。

（四）社区康复

社区康复（community-based Rehabilitation，CBR）指依靠社区人力资源采取的康复措施。包括残疾者本人及他们的家庭和社会。社区康复的目的是通过改善提供服务的方式以便使所有需要的人都能得到这种服务，通过提供更多平等的机会和增进与保护残疾人的权利，从而改善残疾人的生活质量。其优点是方便患者，普及面广，有利于充分调动社区、家庭和残疾人参与，康复效果良好，是值得推广的康复服务形式。

（五）社区康复护理

社区康复护理是将现代整体护理融入社区康复，在康复护士指导下，在社区层次上，以家庭为单位，以健康为中心，以人的生命为全过程，依靠社区内的康复对象家属、护理人员对社区康复对象进行的康复护理。

二、社区康复护理的对象与内容

（一）社区康复护理的对象

1. 残疾者　是指生理、心理、人体结构上及某种组织不同程度的功能丧失或者不正常，造成部分或全部失去正常人的功能或失去社会生活能力的人。WHO根据性质、程度和影响，把残疾分三类。

（1）残损（impairment）：是指身体组织结构或功能有一定程度缺损，对独立生活、学习和工作有一定影响，但个人生活能自理。是生物器官系统水平上的残疾。又称结构功能缺损。如脑卒中出现一侧肢体肌力弱，但能行走，生活自理，属于残损。

(2) 残疾（disability）：身体组织结构或功能缺损严重，身体、精神或智力严重障碍，生活活动能力受限。是个体水平上的残疾。又称个体能力障碍。如脑卒中后遗症出现偏瘫，行走、日常生活活动等有困难者，属残疾。

(3) 残障（废）（handicap）：因残损或残疾导致完全不能参加社会工作，生活不能自理，是社会水平的残疾。又称社会能力障碍。如脑卒中后遗症出现全瘫，属残障。

2. **老年体弱者** 康复护理的措施是帮助老年体弱者延缓衰老，提高生活质量。

3. **慢性病患者** 许多慢性病患者的病程缓慢和反复发作，不断加重脏器功能的障碍，功能障碍又可能加重病情，形成恶性循环。

(二) 社区康复的组织机构

1. **第一级** 为区（县）级社区康复领导小组。负责本区（县）级社区康复的领导、组织、建设、管理和协调工作。

2. **第二级** 为街道（乡）级社区康复工作指导站。负责本街道（乡）社区康复的领导、组织、动员、实施、培训和协调工作。

3. **第三级** 为居委会（村）级社区基层康复。负责制定本居委会（村）社区康复计划并组织实施。

(三) 社区康复护理的内容

1. **残疾的预防** 积极开展预防病损工作，包括开展预防接种、环境卫生、营养卫生、精神卫生、保健咨询和安全防护等工作。

2. **残疾普查** 普查社区残疾人的基本情况并登记；进行残疾总数、分类和原因等统计分析，为制定残疾预防和康复计划提供资料。

3. **康复训练** 在家庭和（或）社区康复站，对需要进行功能训练的残疾人，开展必要的、可行的功能训练，以改善他们的生活自理能力。

4. **教育康复** 依靠社区的力量，通过各种教育和培训来促进康复。如帮助残疾儿童解决上学问题。

5. **职业康复** 对社区内具有一定劳动能力的、有就业潜力的青壮年残疾人，通过职业教育和职业能力的培训，发挥残疾者的潜能，恢复患者的就业机会。

6. **社会康复** 从社会的角度来帮助残疾人参与社会各种活动，为残疾人重返社会创造各种条件。

7. **独立生活指导** 帮助残疾人提供独立生活的咨询、服务和指导等。

(四) 社区康复护理的基本方法

1. **物理疗法** 是指应用自然界及人工制造的各种物理因素（如力、电、光、声、磁、热及冷等）预防和治疗伤病的一种治疗方法。它可预防和减少手术后并发症、后遗症、功能障碍、残疾的发生；预防老年慢性心肺疾病的发生、发展；预防和治疗褥疮；解除或减轻病变所产生的疼痛；改善关节功能等。常用的有光疗法、电疗法、超声波疗法、磁疗法和水疗法等。

2. **运动疗法** 是指是指运用现代科学知识、方法和技术，以现代医学和体育学理论为基础，选用合适的功能活动和运动方法对患者进行训练，以防治疾病、促进身心功能恢复的一种治疗方法。运动疗法可加强中枢神经系统、内分泌和代谢功能的调节，提高心血管和呼吸系统的功能，达到强化功能、促进肢体康复、改善精神和心理状态的作用。常用的运动疗法有医疗体操、耐力运动、拳术与气功等。运动疗法应注意掌握好训练的量和时间。

3．日常生活活动能力训练　为了维持生存及适应生存环境，提高生活自理能力而进行的一系列的训练活动。如进食、更衣、床上运动、借助设备行走、上下楼梯、交通工具的使用等；家务劳动方面的室内清洁和厨房活动等方面的训练。

4．针灸、按摩疗法　利用针刺或艾灸刺激人体的穴位，发经络之气，调节脏腑气血功能，从而达到防治疾病，使机体康复的一种方法。按摩疗法是通过按摩，调整神经系统和内脏功能，改善循环、松解粘连和挛缩的组织、改善肌肉功能状态等。

5．心理疗法　又称精神疗法，是一种心理调整和干预，以求达到改变人们行为、思想和情感的方法。常用的有支持性心理疗法、暗示和催眠疗法、行为治疗（条件反射疗法）和认知疗法。

6．呼吸功能训练　有效的呼吸功能训练能增大换气量；促进肺内分泌物的排出；改善脊柱和胸廓的活动状态，维持正确姿势。通常是利用吹气囊、吹蜡烛的方法和胸廓向上抬举、上肢外展扩大胸廓的辅助性呼吸运动以增加肺活量、防止肺功能下降。

7．语言疗法　对有语言障碍者进行矫治，以恢复或改善其言语能力的治疗方法。采用的方法有发音器官的训练，如伸舌、卷舌和鼓腮等；另外还有模仿练习、朗读和会话练习等。

（五）社区康复护理程序

1．收集资料　了解患者的一般情况、既往史、现病史、临床诊断、体格检查、生活能力等内容，建立社区康复对象档案。

2．分析资料　社区护士将收集到的资料进行归纳和整理，分析患者的功能状况、障碍程度、康复潜能及影响因素，为确立康复目标和制订康复护理计划提供依据。

3．制订康复护理计划　根据获得的主观和客观的资料，对患者的身心障碍特点和日常生活活动能力进行综合分析，提出相应的长期或短期的康复护理目标，制订相应的护理措施。

4．实施康复计划　指导和帮助康复对象进行康复训练并做好记录。记录要求真实可靠、重点突出、及时、准确和有连续性。训练项目应注意从易到难，从简到繁，从少到多，循序渐进，充分调动康复对象的积极性。

5．康复效果评估　康复护理计划实施之后，分阶段对康复效果进行评估；并根据评定的情况，不断调整康复内容，制订新的护理计划，实施再评定，如此循环，直到患者康复。

二、社区常用康复技术

（一）饮食训练

1．环境清洁，患者意识清楚，体位保持稳定性，根据患者的情况选择适当的进食用具或辅助用具。

2．饮食的体位训练　最简单的动作从仰卧位变为坐位，维持坐位的平衡，先坐起，坐稳，以靠背支撑坐稳，再训练无靠背，自行坐稳。根据患者残疾程度不同，选用不同方法，如训练患者用手和肘坐起，由他人帮助坐起或用辅助设备。抓握餐具，使用餐具摄取食物，将食物送入口腔，咀嚼和吞咽动作。

3．抓握餐具训练　开始可抓握木条或板条块等，继之用匙、筷子。丧失抓握能力的患者，协调性差或关节活动范围受限患者常无法使用普通餐具，必须将食具加以改良，如将碗、碟固定在桌上，特制横把、长把匙等。

4．进食动作训练　社区康复护理人员帮助患者用健手将食物放于患手中，再由患手将食物放于口中，以训练患手、健手的功能转换。

5．咀嚼和吞咽训练　有吞咽功能障碍的患者，必须先做吞咽功能的训练后再进行进食训练，先给流质食物、糊状食物、稀粥等，然后再给半流质，如面条、蛋羹、馄饨等，从少量过渡到正常量。饮水要用吸管，防止呛咳。

6．在进食训练过程中，社区康复护理人员应加强对患者的观察。

（二）衣物的穿脱训练

1．患者应具备坐位和控制平衡的能力。

2．选择大小、松紧、厚薄适宜，易吸汗，易于穿脱的衣物。

3．穿脱前开襟上衣，原则是先穿患侧，再穿健测。大部分患者，在日常生活活动中，穿脱衣服可用单手完成。偏瘫者穿衣时，先穿患肢，脱衣时，先脱健肢。这样容易完成穿衣动作。截瘫患者能平稳坐位时，可自行穿、脱上衣。穿裤子时，可先取坐位，将下肢穿进裤子，再取卧位，抬高臀部，将裤子拉上、穿好。患者不能系扣、解扣时，应设计松紧带、拉链或按扣等。

（三）个人卫生的训练

1．环境适宜，并有安全措施；患者的体温、脉搏、血压等生命体征稳定。

2．根据患者残疾情况，尽量训练其做到洗漱、梳头发、修剪指甲、如厕动作、洗澡等个人卫生活动自理。偏瘫者可训练健手代替患手操作，继之训练患手操作，健手辅助，或只用患手操作。两手功能障碍者，可设计辅助器具，如改良的牙刷、以长柄海绵球帮助清洗背部等。

（四）床上运动训练

床上运动训练主要包括翻身、移动（纵、横）、体位转换（卧位、坐位、立位）、独立坐位、手支撑位等。其目的防止压疮和肺部感染，保持关节良好的功能位置。患者应1～2小时变换体位一次。康复治疗时，在选取不同卧位中还要特别针对疾病的特点。

1．仰卧位　下肢将双足底紧蹬住足底板，以防足下垂。足跟悬空放在足底板与垫子之间的空隙处，足后跟呈悬空状态，以防压疮。两小腿置于中位，足趾朝上。在股骨大粗隆下置一小枕，以防髋外旋畸形。两膝及两髋关节置于伸位，以防髋与膝关节屈曲性挛缩，并为站立，步行训练创造条件。肩外展90°稍内旋，屈肘呈90°，前臂稍旋前。腕及手应保持腕关节从中位至充分伸展位的活动和掌指关节全范围的活动，其次是掌指关节的屈曲及拇指对掌等运动。对于手指挛缩的患者，可用掌面夹板使指间关节伸直。

2．侧卧位　健侧卧位强化患侧屈肌优势，患侧卧位强化患侧伸肌优势，偏瘫患者适宜健侧卧位。截瘫和四肢瘫患者，应两侧轮流侧卧。上面一侧的下肢呈髋、膝屈位。用枕头将两下肢隔开。接触床的上肢外旋及部分伸展，上面的上肢向胸前伸出。

3．俯卧位　髋关节可充分伸展，但必须在心、肺功能许可的条件下采取的卧位。臀部、背部有压疮者尤为适用。但不易为一般患者所接受。

4．坐位　长期卧床患者坐起时，有倾倒现象。为保持躯体平衡可先用靠背架支持或端坐在靠背椅上。待其基本坐稳后，向左右、前后轻推患者，以训练其平衡力。截瘫患者的上肢肌力尚存，可以进行坐起训练；偏瘫患者可行健手抓床栏坐起训练。患者不能独立完成起坐时，亦可在床上系带，训练其用健手拉带坐起。

5．立位　当两侧或一侧下肢肌力允许时，可行站立训练，站立时注意保护患者，让患者用健手在身体侧方抓住平行棒或扶手，防止意外。偏瘫患者站立时，首先将身体重心放在健肢上，两侧下肢分开30cm左右，站稳后试着将身体重心移向患肢。再做负重训练。当转换方向时，将患侧下肢抬起，以健侧脚跟为轴，向外旋转；或以健侧足尖为轴，向内旋转，然后将两腿并齐。站立平衡训练时，应特别注意安全，防止摔倒等，尤其对高龄者、肥胖者、体弱者以及肢肌力较弱的患者，要用辅助器械协助。

（五）移动训练

残疾者因某种功能障碍，往往不能很好地完成这些动作，而必须借助手杖、拐杖，严重者要依靠他人协助。移动训练的目的是使患者学会独立的完成日常生活活动。

1．床上移动　下肢麻痹患者在床上的基本训练动作是撑起动作。患者取伸膝坐位，身体前倾，两手掌平放在床上，肘伸直，用力撑起，尽量使臀部离床，并向后抬起。继而做前后或左右移动。

2．扶持行走训练　平衡失调患者需要扶行，扶持者应在患肢侧进行扶持。为了防止在训练过程中跌倒、摔伤等，可在患者腰部缠好带子，便于扶持，有利于患者双手的活动。

3．独立行走训练　独立行走训练先将两脚保持在站立平衡状态。行走时，一脚迈出，身体就要向前倾斜，重心转移到对侧下肢，两脚交替迈出。整个身体向前移动。双杠也是患者练习独立行走和平稳站立的主要工具，让患者双手把持双杠可练习健肢与患肢交换支持重力，矫正步态，改善行走姿势。

4．拐杖行走训练　安装假肢或瘫痪的患者恢复行走锻炼时可使用拐杖。可先使患者卧位锻炼两侧上臂肌力和肩背部肌力，然后再锻炼腰腹部肌力，再练习起坐和坐位平衡。上述训练完成后再进行拄拐站立。患者在使用双拐进行站立训练时，要注意将双拐置于足趾的前外侧15~20cm，双肘屈曲20°~30°，双肩下沉，此时上肢肌力均在拐杖的横把上。如果患者的肌力不足，可取三点位站立，将双拐置于足前方20~25cm，这时身体的大部分重量落在拐杖上。也可根据病情进行单拐行走训练，让患者健侧手臂持杖。行走时，拐杖与患者患侧下肢同时向前，随之健侧下肢与另一手臂摆动向前移动。也可先将健肢臂持杖前移，然后移病腿，最后移健腿，完成一步行走。患者也可背靠墙进行站立训练，让患者用背靠墙，将重心移到一侧拐杖，提起另一侧拐杖或将重心靠墙，提起双侧拐杖进行练习。

5．上下楼梯训练　当患者能够独立地完成在平地的行走后，可逐渐训练患者在坡道上行走。如偏瘫的患者，健侧手扶栏杆，先将患侧肢体伸向前方，用健侧脚先踏上一级台阶，然后患侧肢体随之上移，使之与健侧肢体并齐。下楼时也是用健侧手扶栏杆，患足先下一个台阶，然后健肢再下与患足并齐。如患者需手杖时，上楼先将手杖立在台阶上，健侧肢体先蹬台阶，然后患肢跟上与健肢相并。下楼梯时，先将手杖置于下一级台阶，健侧肢体先下，然后患侧肢体再下与健足并行。

（六）轮椅训练

轮椅是残疾人最广泛使用的支具。丧失了行走能力的残疾人，坐在轮椅上，就可能独立地完成某些日常生活活动以及完成某些工作。轮椅要求有坚固、易收藏、易搬动，便于操纵和控制。

1．轮椅处方

(1) 座位宽度：测量坐下时两臀间或两大腿之间的距离，再加上5cm左右。

(2) 座位深度：测量坐下时，后臀部至小腿腓肠肌肌肉之间的水平距离，再减去6.5cm。

(3) 座位高度：测量坐下时足跟至腘窝的高度距离，再加上4cm。

(4) 靠背高度：低靠背的高度为坐面至腋窝的距离，再减 10cm；高靠背的高度为指肩部或后枕部的实际高度。

(5) 扶手高度：患者坐下时，上臂垂直，前臂放于扶手上，测量椅面至前臂下缘的高度，加上 2.5cm。

2．轮椅使用的训练

(1) 从床移到轮椅：将轮椅置于患者健侧，与床呈 30°～45°角，轮椅面向床尾，关好刹掣。将脚踏板移向一边，患者坐在床边，躯干向前倾斜，同时用健侧手足向下撑而移向床边。然后健膝屈曲超过 90°，并把健侧足移到病侧足的稍后方，这样便于两足的自由转动。抓住床扶手（若平衡不稳，则抓住较远的轮椅扶手的中部），此时是准备站立体。以健手撑起身体，将身体大部分重量在健腿上站立。健手放在轮椅的远侧扶手上，以健腿为轴心旋转身体坐在轮椅上。患者在轮椅上调好自己的位置。松开刹掣，用健侧足抬起病侧足，轮椅后退离床，将脚踏板摆到原来位置，用健侧手将患腿提起，将足放到脚踏板上。

(2) 从轮椅移到床上：轮椅朝向床头，关好刹掣，以健手提起患足，将搁脚板移向旁边。躯干向前倾斜并向下撑而移到轮椅的前缘，直至双足下垂，使健侧足稍后于患足。抓住床扶手，身体前移，用健侧上、下肢支持体重而站立。转身坐到床边，推开轮椅，将双足收回到床上。

(3) 从轮椅转到厕所便器：坐便器最好高于地面 50cm。厕座的在坐便器的两侧或上方安装扶手，这样易于患者完成轮椅—坐便器的转移。首先将轮椅靠近厕座关好刹掣，足离开搁脚板并将搁脚板旋开，解开裤子。以健手握轮椅扶手站起，然后抓住坐便器上方的扶手，健手支撑身体转身，坐于坐便器上。

3．使用轮椅移动时的注意事项

(1) 使用前应全面检查各部件性能，以保证顺利使用。

(2) 使用方法应由患者自己选定，尽量使患者残存的功能发挥作用。

(3) 患者从轮椅站立或移动时，必须先将手闸刹牢，防止意外。

考点：1．社区康复护理的概念及护理程序；2．社区常用康复技术。

知识链接　　　**社区护士应如何做好残疾的预防？**

残疾的一级预防：

一级预防是采取一切措施预防各种病损的发生。它最为有效，可以降低残疾发生率 70%。这些措施包括预防接种、注意精神卫生等。

残疾的二级预防：

二级预防是指通过积极有效的临床治疗和康复治疗，限制或逆转由病损造成的残疾。它可以降低残疾发生率 10%～20%。这些措施包括早期发现、早期治疗等。

残疾的三级预防：

三级预防是指通过康复措施防止残疾转化为残障。这些措施包括康复治疗的常用方法，如作业疗法、心理治疗等。

第二节　社区常见伤残患者的康复护理

一、偏瘫患者的康复护理

（一）概述

偏瘫又称半身不遂，是指身体一侧上下肢出现功能障碍，是急性脑血管病最常见的后遗症。动脉硬化、心脏病、高血压、糖尿病等都是危险因素。

（二）康复护理

1. 心理康复护理　偏瘫患者在床，行动不便，需要别人照顾，担心以后生活不能自理，给家人带来许多麻烦而出现心理障碍，故心理护理是康复成功的保证。社区护士应加强与患者的沟通，鼓励患者树立战胜疾病的信心，使其积极主动参与康复；同时还要做好家属的思想工作，使家属能配合护理工作，也促使患者以最佳心理状态接受治疗和护理。

2. 急性期的康复护理　一般开始于发病后的24～48h，病情稳定。此期配合临床治疗，可以减少继发性神经损伤，同时为下步的练习做好预备。急性期是指病情尚未稳定的时期，一般开始于发病后的24～48h，就可以进行姿位的摆放，体位变换和适当的被动运动及按摩。因患者意识障碍或严重精神症状以及由于有其他严重并发症不能配合康复训练者，康复护理基本在此期。

（1）保持良好姿位：是早期偏瘫康复护理的重要内容，也是预防萎缩最有效的方法。其主要目的是预防或减轻上肢屈肌、下肢伸肌的典型痉挛模式，每2小时翻身1次，保持抗痉挛体位。

仰卧位：患侧肩胛下用薄枕垫高，防止肩后缩；上肢伸展稍外展，前臂旋后，拇指外展与其余四指用小布卷或纸卷分开，保持腕关节及手的功能位置；臀部外侧垫小枕防髋关节外旋畸形；肘、腕关节伸展，掌心向上，手指伸直分开，置于枕头上，膝关节稍屈曲20°～30°，足底垫软枕，脚背翘起与床面垂直90°，防止足下垂、足内翻。

患侧卧位：患侧在下，健侧在上，后背垫枕头支撑；患臂前伸，前臂外旋，将患肩拉出，以避免受压和后缩；患侧髋关节略后伸展，膝关节略屈曲，放置舒适位；健侧上肢置于身体上或稍向后方，健腿屈曲，置于前面枕头上，注意足底不放任何支撑物，手指张开，掌心向上。

健侧卧位：健侧在下，患侧在上；头部垫枕头，避免向后扭转，患侧上肢向前方伸出，胸前放枕头，肩关节屈曲90°～130°；患肩前伸，肘、腕、指各关节伸展而放在胸前的枕上。患侧下肢髋、膝关节自然屈曲向前置于身体前面另一枕上，足不要悬空，踝关节稍背屈，防止足下垂及内外翻，健侧肢体自然放置。

（2）被动体位变换：先从健侧开始，以健侧关节活动度为标准做患侧练习。由肢体近端到远端的顺序进行，动作缓慢轻柔，有规律地运动瘫痪的关节，每日3～4次，每次每个关节做5～10遍，每个动作需要3～5秒完成；较长时间卧床者尤其要注意做两侧关节被动运动。

（3）按摩：可以促进血液循环和新陈代谢，以减轻肿胀，亦是对患肢的运动感觉刺激。对肌张力高的肌群采取安抚性质的推摩使其放松，对肌张力者的肌群则予以擦摩和揉捏，还可配合针灸、药物治疗。

（4）做好基础护理：急性期做好基础护理工作，预防并发症的发生。

2. 恢复期的康复护理　一般病后 1～3 周生命体征基本平稳便进入恢复期。此期康复护理的目的是经过功能练习进一步恢复功能，达到步行和生活自理的目的。鼓励患者尽早开始自助运动，逐步恢复到主动运动。评估患者的瘫痪情况，按由简到繁、由易到难的原则，对患者制定运动练习计划，进行有针对性的练习。主要的康复训练有床上翻身训练、坐位训练、站位训练、步行训练及日常生活活动能力训练等。

3. 后遗症护理　主要是针对一部分患者会遗留下痉挛、肌力减退、挛缩畸形等各种后遗症，仍应继续练习，其主要目的是利用残存功能，防止功能退化和肌肉萎缩，并尽可能改变环境，以适应残疾。

二、脊髓损伤患者的康复护理

（一）概述

脊髓损伤是指由于各种不同致病因素引起的脊髓结构和功能损害，造成损伤水平以下运动、感觉和自主神经功能障碍。临床常见类型主要分为两种，即完全性脊髓损伤和不完全性脊髓损伤。在社区中常见的是病情稳定且症状缓解，进入恢复期的患者。康复护理的目的是进一步提高患者的生活自理能力，能够借助轮椅独立或步行。

（二）康复护理

1. 皮肤护理　保持皮肤的清洁，避免身体局部长期受压，要定时为患者翻身，2 小时翻身一次，定时变换体位，已坐轮椅者要经常自己撑起身体。注意预防压疮。社区护理人员要教会患者检查受压皮肤的方法，双手撑起减压的方法及预防压疮的措施。已允许起床的患者，要注意在治疗和活动过程中避免烫伤和挫伤、擦伤。使用支具或夹板者要警惕压迫和摩擦损伤局部皮肤。

2. 康复训练　根据脊髓损伤程度不同，制定切实可行的康复计划，指导患者进行定时、定量、循序渐进、持之以恒的功能锻炼是关键。

（1）体位处理：为防止挛缩畸形，患者宜卧于有垫褥的硬板床上。身体要保持正确位置，其要点是按照疾病的特点，将肢体安放在与挛缩倾向相反方向的位置上，而且瘫痪肢体不要受压。仰卧膝下不宜放枕，踝足要用尺板、沙袋或小腿后夹板保持于功能性中间位，并注意被褥下压的影响。要鼓励患者多采取俯卧位，逐渐增加俯卧时间，直到能在俯卧位睡眠，这不仅能防止和矫治下肢屈屈挛缩，亦有助于预防压疮的发生和促进膀胱的排空。对痉挛较明显的患者，还要在卧床或长时间坐位时经常用枕头、软垫等将两膝适当分开。卧床时保持肢体处于良好功能体位，防止肢体畸形发生。

（2）被动运动：在主动运动能力基本恢复之前，必须经常给患肢各关节做全范围被动运动，以保持关节动度和牵伸软组织。伤后早期开始每日一次做被动运动，能防止下肢水肿的发生或使其迅速消散。后期痉挛严重者，通过反复的被动运动可以降低肌张力，以便于接着进行功能运动。已形成异生骨者，被动运动更是保存动度所必需的，否则静止会加快动度丧失。当下肢恢复部分肌力时，仍须进行被动运动，但要先将关节主动活动至最大可能范围。然后再被动活动至全范围。由于截瘫患者易发生跟腱挛缩与下肢内收挛缩，必须重点牵伸跟腱，与将下肢外展，使两膝分开，以利于日后进行站走训练。

（3）做好床上早期锻炼：床上锻炼是康复的基础，应早期开始，通过主动和被动活动，防止肌肉萎缩，关节僵硬以及预防肺部、泌尿系统并发症。社区护士应向患者讲明床上早期锻炼的重要性，取得患者的合作，使患者恢复残有的功能，充分利用健有功能代偿。

(4) 站立和行走锻炼：尽快开始站立训练，减少痉挛和骨质疏松。不站立时应抬高下肢并按摩，每日3次，每次10～15min，站立和行走应根据病情而定，四肢瘫痪者病情稳定，内固定牢固，早期逐渐抬高床头，锻炼坐起，再练习坐轮椅，以达到部分自理。通过锻炼，使患者逐渐参加到社会活动中，提高生存质量。

3．预防肺部疾病　肺部疾病多以高位脊髓损伤者多见。因患者长期卧床，分泌物在呼吸道内堆积排出不畅，不易咳出，易发生呼吸道感染。因此要定时开放门窗以通风换气，保持室内空气新鲜。要勤翻身、叩背、给予体位排痰，必要时给雾化吸入，可预防肺不张、坠积性肺炎等肺部并发症。

4．预防泌尿系感染和结石　脊髓损伤患者宜多饮水，每日饮水量应达2500～3000ml，稀释尿液，有利于预防尿路感染和结石形成。

5．肠道护理　脊髓损伤患者90%出现排便异常，便秘为其主要特征。主要训练患者建立有规则的排便功能，保持大便通畅，养成定时排便的习惯。无论是否有便意，可根据患者脊髓损伤前的排便规律，每1～3日排便一次。给予高纤维素饮食，多吃蔬菜、水果，减少高脂肪、高蛋白食物，必要时服轻泻剂或用肥皂水灌肠，亦可在排便前用开塞露塞肛以及按摩腹部（由右下腹开始沿结肠走向按摩），尽可能在坐位下排便，或戴一次性手套用手挖出大便，最终达到大便自解。

6．日常生活独立能力训练　在做好生活护理的同时，训练患者提高生活独立能力，逐步减少对患者的帮助，让患者做自己能做的事情，使之减少对他人的依赖性，以达到日常生活完全独立。除四肢瘫痪者外，如能达到日常生活自理或在较少的帮助下，能自行更衣、如厕、处理个人卫生，如洗头、沐浴及能做一些简单的家务等。颈髓损伤患者能自行吃饭、坐轮椅进行户外活动，甚至个别患者能重返社会，进行一些社会工作。

7．心理护理　社区护士根据患者的不同心理状态，及时给予有效的护理，减轻心理负担，正确面对现实，对待未来的生活和工作，以坚强的毅力配合康复治疗和护理。安慰鼓励患者，激发其战胜疾病的信心和勇气，对患者的家属给予康复知识的教育，介绍疾病的治疗和护理方法，以取得配合，使患者积极改善自我行为，从而达到康复所需要的最佳心理状态。

8．中医康复护理　脊髓损伤患者常用推拿按摩疗法、针灸疗法、中药疗法等中医药手段进行康复，来改善患者的功能障碍。

考点：偏瘫和脊髓损伤患者的康复护理。

小结	社区康复护理是将现代整体护理融入社区康复，在康复护士的指导下，在社区层次上，以家庭为单位，以健康为中心，以人的生命为全过程，依靠社区内的康复对象家属、护理人员对社区康复对象进行的康复护理。社区康复护理的对象是残疾者、老年体弱者和慢性病患者。 　　社区康复护理的内容包括：残疾的预防；残疾普查；康复训练；教育康复；职业康复；社会康复；独立生活指导等。 　　社区康复护理的基本方法有：物理疗法；运动疗法；日常生活活动能力训练；针灸、按摩疗法；心理疗法；呼吸功能训练；语言疗法。

小结

　　社区康复护理程序：收集资料；分析资料；制订康复护理计划；实施康复计划；康复效果评估。

　　社区常用康复技术：饮食训练；衣物的穿脱训练；个人卫生的训练；床上运动训练；移动训练；轮椅训练。

　　偏瘫又称半身不遂，是指身体一侧上下肢出现功能障碍，是急性脑血管病最常见的后遗症。动脉硬化、心脏病、高血压、糖尿病等都是危险因素。偏瘫的康复护理包括心理康复护理；急性期的康复护理；恢复期的康复护理及后遗症护理。

　　脊髓损伤是指由于各种不同致病因素引起的脊髓结构和功能损害，造成损伤水平以下运动、感觉和自主神经功能障碍。脊髓损伤的康复护理包括皮肤护理；康复训练；预防肺部疾患；预防泌尿系感染和结石；肠道护理；日常生活独立能力训练；心理护理及中医康复护理等。

（卢化爱）

第十一章　社区临终关怀

> **学习目标**
> 1. 熟记临终关怀的概念。
> 2. 描述临终阶段临终者及其家属的心理特点及相应的护理措施。
> 3. 知道临终阶段的界定和国内外临终关怀的发展。

一、社区临终关怀概述

（一）临终及临终关怀的概念

1. **临终**　当生命活动趋向终结，死亡尚未到来时，此时的生命状态称为临终状态。临终状态可以是几小时，也可以是几个月，甚至更长的时间。目前国内对此阶段的期限尚无统一规定，国外多为3～6个月。

2. **临终关怀**　临终关怀是指社会各层面（医生、护士、社会工作者、宗教人士、志愿人员以及政府和慈善团体人士等）组成的机构，对那些没有康复希望的临终患者及其家属提供一种全面的照料，包括生理、心理、社会等方面，最大限度地减轻临终患者心理和躯体上的痛苦，使临终患者的生命得到尊重，症状得到控制，生命质量得到提高，同时使患者家属的身心健康也得到维护和增强。

（二）国内外临终关怀的发展

古代的临终关怀，在西方可以追溯到中世纪西欧的修道院和济贫院，作为提供照料危重病濒死的朝圣者、旅游者的场所，使其得到最后的安宁，在中国可以追溯到两千多年前春秋战国时期的人们对年老者、濒死者关怀和照顾。

现代的临终关怀创始于20世纪60年代。身为护士兼社会工作者的西希里·桑德斯博士于1967年7月在英国伦敦率先创立了世界上第一所圣克里斯多弗临终关怀院，被誉为"点燃世界临终关怀运动的灯塔"。此后，美国、法国、加拿大、瑞典、荷兰、挪威、以色列等60多个国家相继出现临终关怀服务。我国香港于1982年、台湾于1983年先后开始了这项事业，分别译为"善终服务"和"安宁照顾"。1987年，北京成立了我国内地首家临终关怀院——松堂关怀医院。1988年7月，天津医学院在美籍华人黄天中博士的资助下成立了中国第一家临终关怀研究中心，并在肿瘤专科医院天津人民医院创设了临终关怀病房。同年10月，上海也成立了临终关怀院——南汇护理院。此后，中国心理卫生协会也相继成立临终关怀专业委员会和临终关怀基金。沈阳、南京、河北、西安等省市也建立临终关怀机构，开展了临终关怀服务。2001年起，香港李嘉诚基金会每年捐资2500万元，在全国15个省市设立了20所临终关怀服务机构——宁养医院，进一步推动了我国临终关怀事业的发展。2006年4月，中国生命关怀协会成立。该协会的成立标志着我国临终关怀事业进入了一个新的发展时期,临终关怀有了一个全国性行业管理的社会团体。目前,我国建立的临终关怀机构已超过120家,主要分布在大城市,并向部分中等城市延伸。

同时,我国临终关怀事业受到了政府的高度重视。早在1992年,时任卫生部部长陈敏章曾说过:"卫生部准备将临终关怀作为我国医疗卫生第三产业的重点之一列入卫生事业发展规划,促使其健康发展。"2004年,国内有些地区医院评审标准中增加了临终关怀的内容,从政策导向上予以重视。目前,我国临终关怀组织形式主要有3种:①临终关怀专门机构,如北京松堂关怀院。②附设的临终关怀机构,即综合医院内的专科病房或病区,这也是目前最主要的形式。如中国医学科学院肿瘤医院的"温馨病房"、北京市朝阳门医院的老年临终关怀病区。③家庭临终关怀病床,一般是以社区为基础、以家庭为单位开展临终关怀服务,如香港新港临终关怀居家服务部。

(三)临终阶段的界定

临终阶段的期限目前尚无统一规定,国外多为3~6个月。我国松堂关怀医院经10多年对1.2万临终者调查结果显示为280天。正如新生命在母亲子宫里得到280天呵护那样,临终者就像孩子一样需要全社会的关怀,由此提出"社会沃母理论",即把社会视为临终者的母亲。临终是生命过程的一部分,生命过程一般可分为3个阶段:①阶段一:可以进行新陈代谢,维持体温、呼吸、循环等生命功能。②阶段二:为感受性阶段,可对外界刺激做出反应。③阶段三:为意识阶段,可与周围人进行沟通、通过言行举止交流想法及情感。临终恰是生命的3个阶段渐进性丧失的过程,即从意识丧失过渡到感受性丧失,进而发展到新陈代谢停止。

(四)临终者及其家属的特点

1. 临终者的特点

(1)生理反应:①呼吸功能衰退:表现为呼吸频率由快变慢、深度由深变浅,出现鼻翼呼吸、张口呼吸、潮式呼吸、鼾声呼吸等,最终呼吸停止。②循环功能衰退:表现为皮肤苍白、湿冷,四肢发绀、斑点、大量出汗,脉搏快而弱、节律不整,血压降低或测不出,心尖搏动常为最后消失等。③消化功能衰退:表现为食欲不振、胃肠道蠕动减弱、恶心、呕吐、腹胀、便秘、口干、舌燥等。④肌肉张力降低:表现为大小便失禁、吞咽困难、无法维持良好舒适的功能体位、肢体软弱无力,不能进行自主躯体活动,面部外观呈希氏面容(面肌消瘦、面部呈铅灰色、眼眶凹陷、双眼半睁半闭、下颌下垂、嘴微张)等。⑤感知觉、意识改变:表现为视觉逐渐减退至消失,眼睑干燥,分泌物多。听觉常为人类最后消失的一种感觉。意识改变可表现为意识模糊、嗜睡、昏迷等。⑥疼痛:表现为烦躁不安、呼吸变快或减缓,血压及心律改变,瞳孔放大,不寻常姿势、呈痛苦面容等。⑦临近死亡时的体征通常为呼吸先停止,随后心搏停止。

(2)心理反应:当一个人接近死亡时,其心理反应十分复杂。心理学家库布勒罗斯博士通过对400名临终患者的观察,归纳出临终患者通常经历了5个心理发展阶段:①否认期:大多数患者得知自己即将面临死亡时,常常会表现出震惊与否认,其心理反应是"不!这不会是我,不是真的!"以暂时逃避眼前的压力,给自己腾出应对现实的时间。怀着侥幸心理去四处求医,希望这是误诊。这段时间长短因人而异,大部分人能很快停止,而有些人甚至会持续否认直至死亡。②愤怒期:当否认无法持续时,患者常表现为生气、愤怒,产生"为什么是我?这不公平……"的怨愤心理,往往会将愤怒情绪向医护人员、家属及朋友等接近他的人发泄,以弥补内心不平。③协商期:患者愤怒心理消失,接受临终事实。为了尽可能延长生命,患者会做出许多承诺作为交换条件,出现"请让我好起来,我一定……"的心理。患者变得和善,对自己的病情抱有希望,能配合治疗。④抑郁期:当患者发现协商无法阻止死亡降临时,便会产生失落感,"好吧,那就是我了",随之出现悲伤、情绪低落、退缩、沉默、哭泣等,希望喜欢的人陪伴在自己身边。⑤接受期:在一切努力、挣扎之后,患者开始变得平静,产生"好吧,既然是我了,那就去面对吧……"的心理,此时往往喜欢独处,静等死神降临、无悔谢世。

上述心理发展阶段因人而异,有的可以重合,有的可以提前,有的可以推后,也有的始终停留在某一期,并非所有临终者都按顺序经历这5个阶段。

(3) 临终者的权利。包括10个方面:①有权享受活人的待遇。②有权要求不受痛苦,死得平静而庄严。③有权要求不在孤独中死去。④有权要求自己的提问得到诚实回答。⑤有权保持希望感。⑥有权参与接受相关照顾的决定,要求继续得到医护照顾。⑦有权得到细心敏感、有知识、能保持希望感的人员专业、细致、周到的照顾。⑧有权使用自己的方式表达对死亡的感受。⑨有权要求死后遗体受到尊重。⑩有权让家属接受因临终者的死而得到的社会帮助。

2. 临终者家属的反应

(1) 临终者家属的变化:①个人需求推迟或放弃:人生病会牵动全家,尤其是面对临终患者,更会造成经济条件的改变、精神支柱的倒塌、平静生活的失衡。家庭成员面临着家庭角色与社会角色的冲突,权衡后可能会推迟或暂时放弃某个角色,如推迟婚期、弃学就业、停薪留职等,以缓解家庭整体压力。②家庭角色的调整:家庭重新调整有关成员角色,如慈母兼严父、老嫂比母等以保持家庭的稳定。③压力增加:照顾临终患者期间社会性互动减少,家属因精神哀伤及体力、财力消耗而感到心力交瘁,这不仅导致压力增加,同时也减少了与亲友、同学间社会互动,整日沉浸在紧张气氛中而得不到松弛,易于形成恶性循环。

(2) 临终者家属的需求:1986年,费尔斯特和霍克提出了临终患者家属7大需求:①了解临终者的病情、照顾等问题。②了解临终关怀小组中哪个人员会照顾临终者。③参与临终者的日常照顾。④知道确保临终者受到临终关怀小组的良好照顾。⑤得到关怀与支持。⑥了解临终者死后的相关事宜。⑦了解可利用的相关资源(经济补助、社会资源、义工团体等)。

(3) 丧亲者的反应

1) 丧亲者的定义:丧亲者指死者家属,主要指失去父母、配偶、子女者(直系亲属)。失去亲人,是人生最痛苦的体验,也是最强烈的应激事件,直接影响丧亲者身体健康。因此,对丧亲者做好护理工作十分重要。

2) 丧亲者的心理反应:丧亲者在得知亲人去世后会随之出现一些心理上的变化。根据Engel理论,可分4个阶段:①震惊与不相信:这是一种防卫机制。从死亡至举行葬礼期间表现为震惊,难以接受丧亲的现实。此期在急性死亡事件中体现最明显。②觉察:意识到亲人死亡的事实,身心极大痛苦,心怀悔恨。哭泣常为此期特征。③消沉:家庭成员解散后,生活恢复平静,表现为孤独、抑郁、漠不关心、无欲无望、丧失生存愿望及人生信念。④释怀:表现为接受丧亲现实,化悲痛为力量,萌生希望,开始新的生活。丧亲者心理反应阶段持续时间不定,一般约需1年时间。

3) 影响丧亲者调适的因素:丧亲者的反应及悲伤过程也因人而异,受如下因素影响:①对死者依赖的程度:家属对死者在经济上、生活上、情感上依赖性越强,其调适也越困难,如幼年丧亲、中年丧偶、老年丧子等。②病程长短:急性死亡病例,家属毫无心理准备,难于面对现实，易产生自责、内疚感。慢性死亡病例，家属已有预期性心理准备，尤其是参与照顾、陪伴临终的家属会因自己尽孝了而安心，较易调适。③死者与家人的年龄：死者年龄越小，家属越易产生惋惜感，例如"白发人送黑发人"是最难过的感受。家属的年龄影响到人格的成熟，进而影响到处理后事的能力。④社会支持系统：家属存在其他支持系统（亲朋好友、各种社会团体、宗教信仰等），且能提供支持满足其需要，则易于调适。⑤失去亲人后的生活改变越大，越难于调适。

二、社区临终关怀的实施

（一）社区临终关怀的基本原则

1. 以对症为主的照料代替以治愈为主的治疗。其对象主要为各种疾病的末期、晚期肿瘤等治疗不再生效、生命即将结束的患者。

2. 以提高患者生命质量代替延长患者生存时间。临终关怀以丰富患者的有限生命，提高其临终阶段的生命质量为宗旨。

3. 时刻关注临终患者的尊严和权利。在临终照料中，医护人员应允许患者保留原有生活方式，尽可能地满足其合理需求、保留患者个人隐私。

4. 关注心理支持，提供整体护理。提供全天候24小时服务，不仅满足患者生理、心理和社会方面的所有需求，还给予临终患者家属心理、社会支持，调动家属积极配合，妥善做好尸体护理。

5. 对安乐死的态度。安乐死作为一种特殊的死亡类型或死亡方式，涉及多个领域，包括伦理道德、哲学法律、社会经济、传统习俗、宗教信仰和价值观等，我国尚未对此立法。

（二）社区临终关怀的特点

1. 社区临终关怀的服务对象　社区临终关怀的服务对象不仅包括临终患者，还包括临终患者家属。医院的医护人员和家属主要为患者服务。在社区临终关怀中，家属不仅为患者服务，而且也成为医护人员或临终关怀团队服务的对象。临终关怀的特点在于，医护人员在做好对临终患者关怀的同时，也要做好对临终患者家属的关怀照顾工作。特别是在患者死亡和死后时期，要使临终患者家属能够加强自我护理，承受打击，接纳亲人丧失的事实，以适应新的生活，这对于保护和增进家属身心健康具有重要意义。

2. 社区临终关怀的服务方案　以患者为核心，对临终患者采取关怀、护理为主，治疗为辅的方案。临终关怀服务并非单纯医疗、护理服务，而是包括医疗、护理、心理咨询、死亡教育、社会支援和居丧照顾在内的多学科、多方面综合性服务。其范围一般包括对疼痛和其他各种症状的控制，如药物止痛、神经阻滞止痛，对临终患者及其家属的心理安慰，发动社会各界给予临终患者和家属以物质帮助和精神支持，患者死后对家属的居丧照顾等，服务内容广泛而全面。但它是以提高临终患者的生命质量为宗旨，通过提供心理关怀和社会支持，维护患者生命尊严和价值，尽量使患者保持身心舒适，而不是以患者康复为目的。因此，以护理照顾为主，治疗为辅。

3. 社区临终关怀的服务形式　服务形式具有服务方式多样化、本土化的特点。英国临终关怀服务以住院照顾方式为主，即注重建立临终关怀院。美国则以家庭临终关怀服务为主，即注重开展社区卫生服务。我国的临终关怀工作者正在探索符合我国国情的临终关怀服务方式。但从目前发展状况来看，以临终关怀病房形式较普遍，因为这种形式可以利用医院病房原有人员和设备，经过短期培训，就能够较快地开展工作。而在全科医疗和社区护理的支持下,居家照顾形式也具有发展前景,对于人们在家中照顾临终患者具有特别的实用意义。

(三)社区临终关怀的具体措施

1. 临终期的护理

(1)临终者的护理

1)生理护理

①增加肌肉张力:对于大小便失禁者,注意会阴、肛门附近的清洁、干燥,必要时可留置导尿。床单保持清洁、平整、干燥、无杂屑,定时翻身,避免因长期受压而发生压疮。

②增进食欲、加强营养:注意食物的色、香、味,少食多餐,以减轻恶心,增进食欲。提供含有高蛋白、高维生素的流质或半流质饮食,便于吞咽。必要时可采用鼻饲或完全胃肠外营养(TPN),保证营养供给。做好口腔护理,可在晨起、餐后、睡前协助患者漱口,保持口腔清洁。

③改善血液循环:观察并检测患者的体温、血压、脉搏、呼吸、皮肤色泽、温度等。患者四肢冰冷不适时,应加强保暖,必要时可给予热水袋。

④改善呼吸功能:神志清醒者,采用半卧位以扩大胸腔容量,改善呼吸困难。昏迷者宜采用仰卧位头侧向一边或侧卧位,以利于呼吸道分泌物流出。必要时应给予吸痰,保持呼吸道通畅。

⑤创造适宜的生活环境:可使临终患者减少病痛带来的厌烦和恐惧。

⑥疼痛的控制:可采用药物止痛和非药物止痛法积极控制疼痛。

2)心理护理

①否认死亡期:否认死亡是一种心理防御机制,不要急于揭穿,但也不要欺骗患者,用诚实、坦率、关心的态度倾听患者感受,耐心回答患者对病情的询问,多与患者交谈,设法了解患者心理需要,维持适当希望感,逐渐渗透死亡观教育,使其能够面对现实。多陪伴患者,注意应用抚触技巧,让其体会到被照顾、关心、体贴的感觉,获得其信任。

②愤怒期:耐心倾听患者倾诉,充分理解患者的绝望以及发自内心的痛苦。医护人员要宽容、谅解、安抚、疏导患者,让其倾诉内心的忧虑和恐惧。不要把患者的攻击看成是针对个人,更不要用愤怒回击患者,鼓励其表达出他(她)的愤怒,这是克服恐惧的第一步,但应注意防止意外事件发生。此期应尽可能创造条件满足患者需要,给患者提供适宜的环境,让其发泄愤怒和倾泻他(她)的情感。动员家属、朋友给予患者更多的关爱、理解与宽容,这对他们将是极大的安慰,从而使其减少愤怒情绪。

③协议期:此期患者对治疗的态度较为积极,他们心存希望,祈求奇迹出现,为了延长生命,患者会提出一些"协议性"要求。对于患者提出的要求,要有积极的态度满足其心理需求,使其更好地配合治疗和护理,减轻痛苦,控制症状。社区护士更应主动关心体贴患者,认真观察其病情,做好各项护理工作,鼓励其说出内心感受,积极教育、引导患者,以减轻患者的心理压力。

④忧伤期:社区护士应真诚关怀和抚慰患者,尽量多陪伴患者,为其提供精神支持,允许他们用自己的方式表达感情。鼓励患者保持自我形象和尊严。给予患者心理疏导,注意运用表情、抚摸等非语言交流,给予安慰和鼓励,可采用听音乐或其他娱乐方式以分散患者注意力,缓解悲伤情绪。尽量满足患者合理需求,鼓励家属陪伴。注意加强安全保护,预防患者自伤等意外事件发生。

⑤接受死亡：创造安静、舒适、祥和的环境和气氛，减少对患者的干扰。帮助其家人和朋友理解患者对社会交往的需要下降。尊重患者信仰，允许患者安静地接受死亡的现实，不要勉强与之交谈。尽可能帮助其完成未了的心愿。应严密观察病情变化，陪伴在患者身边，为其提供精神上的安慰和心理上的关怀，做好基础护理工作，让患者在平和、安逸的心境中走完人生旅途。

(2) 家属的支持：家属也会体验临终患者的"否认、愤怒"等情绪并迁怒于临终患者。应与家属解释，帮助家属理解临终者及其情感的反应，一方面接受之，另一方面劝其以自己的方式宣泄消极的情感。若家属是儿童，应与其谈论有关死亡的话题，如当一只喜欢的小狗死了会怎么样等，使其有准备地应对亲人的死亡。

2. 居丧期护理

(1) 死者的护理：对死者的尸体进行料理，包括清洁、整容、穿衣。经过尸体料理使其皮肤清洁完整、五官祥和、四肢端正，尽量保持与生前形象一致。其意义在于让死者有尊严地离开人世；让活着的人感到死者是安详的。

(2) 丧亲者的支持：要与家属共同面对临终患者的死亡，帮助料理后事，使灵堂及告别仪式温馨化，如摆放鲜花、播放死者生前录像带、选择告别音乐等。此外，在一年内应与家属保持各种形式的联系，当家属想谈论死者时要予以倾听，帮助其认识到生活还须继续下去，使其逐渐摆脱沮丧，重新开始正常生活。若家属是儿童，也许会生气自己被亲人遗弃，或自责由于自己不好导致亲人死亡，也许担心无人照顾，或迷惑于眼前发生的事等。为此，应真实、清楚地回答其所有提问，使其表达害怕、幻想等情感，明确告知死亡不是他的错，仍然会有人照顾他等，帮助其接受现实。

考点：临终者及其家属的临终期护理措施。

> **小结**
>
> 临终关怀是指社会各层面组成的机构，对毫无康复希望的临终患者及其家属提供的一种全面照料，包括生理、心理、社会等方面，最大程度地减轻临终患者在心理上和躯体上的痛苦，使的生命得到尊重、症状得到控制、生命质量得到提高，同时，患者家属的身心健康也得到维护和增强。其中临终者的心理反应包括"否认、愤怒、协商、抑郁、接受"5个发展阶段，丧亲者心理反应则包括"震惊与不相信、觉察、消沉、释怀"4个阶段。
>
> 实施社区临终关怀应符合其基本原则，应以对症为主的照料代替以治愈为主的治疗，以提高患者生命质量代替延长患者的生存时间，关注临终患者的尊严和权利，关注心理支持，提供整体护理，以患者可接受的态度对待死亡。实施阶段包括临终期和居丧期护理，工作内容包括对临终患者的生理、心理护理及其家属的关怀等。

(陶巍巍)

《社区护理学》课程教学大纲

一、课程性质和地位

社区护理学是公共卫生学和护理学理论相结合,以人的健康为中心,以需求为导向,服务对象为个人、家庭和整个社区,以妇女、儿童、老年人、慢性病患者、残疾人等为重点,融预防、保健、医疗护理、康复、健康教育、计划生育技术指导等为一体的,有效、经济、方便、综合、连续的基层护理服务。

社区护理学课程以个体、家庭、和社区健康为主线,介绍和讨论社区护理的基本理论,基本知识和技能,体现社区护理的特点。社区护理学是教育部规定的护理专业学生必修课程,是培养高素质适应社会发展和社会需求的应用型护理人才最重要的专业课程。

二、课程作用和任务

学习社区护理学的作用是通过教学,让学生了解我国及世界社区护理的状况及内容,为培养高素质的社区护理人才服务。

社区护理学的教学任务是使学生能够理解社区护理"保护健康、促进健康、恢复健康"的神圣内涵,树立以人为中心、以家庭为单位、以社区为范围的观念,以及为个人与群体提供连续性、综合性、协调性服务的意识。使学生能够认识社区护理的基本概念、理论,明确综合性社区护理服务的工作内容,掌握社区护理工作的方法和技术,为社区居民提供全方位的社区护理服务,达到促进健康、预防疾病、促进康复和提高人群健康水平的目的。

三、课程目标

1．知识目标
（1）掌握社区卫生服务、社区护理的基本知识和基本内容；
（2）掌握家庭的基本理论和基本知识；
（3）掌握社区健康教育的基本知识；
（4）掌握社区特殊人群保健护理服务的基本知识和基本内容；
（5）掌握社区慢性患者护理和管理的基本知识和内容；
（6）熟悉社区传染病患者的管理原则及方法；
（7）熟悉社区康复的基本知识和基本内容；
（8）熟悉社区临终患者护理的基本知识和基本方法。

2．能力目标
（1）能应用护理程序向社区个人、家庭和人群提供护理服务；

(2) 能开展家庭访视帮助家庭解决健康问题；
(3) 能应用健康教育基本方法，在社区进行健康教育活动；
(4) 能应用预防保健知识向社会重点人群提供预防保健服务；
(5) 能应用常用抢救技术，提供社区紧急事件的救治服务。

3．素质目标
(1) 树立全心全意为社区人群服务的思想；
(2) 具有理论联系实际的科学作风，实事求是的工作态度和不断探索改进的创新精神；
(3) 具备职业道德品质。

四、教学内容和教学要求

教学内容	教学要求					
	认知			能力		
	了解	理解	掌握	学会	掌握	熟练运用
第一篇　社区护理理论和方法						
第一章　社区护理概述						
第一节　社区与社区卫生服务						
一、社区的概念和要素			✓			
二、社区卫生服务的概念、内容和特点		✓				
三、社区卫生服务机构	✓					
第二节　社区护理						
一、社区护理的概念			✓			
二、社区护理发展	✓					
三、社区护士角色与职责			✓			
四、社区护理程序			✓			✓
第二章　社区护理的流行病学方法						
第一节　疾病发生的基本条件						
一、致病因子		✓				
二、宿主		✓				
三、环境		✓				
第二节　疾病的分布						
一、疾病的地区分布			✓			
二、人群分布特征			✓			
三、时间分布特征			✓			
四、疾病的人群、地区、时间分布的综合描述	✓			✓		
五、疾病频率测量指标		✓				
第三节　常用的流行病学方法						
一、现况研究			✓			✓
二、病例对照研究		✓				
三、队列研究		✓				

续表

教学内容	认知			能力		
	了解	理解	掌握	学会	掌握	熟练运用
第三章 社区健康教育与健康促进						
第一节 健康教育与健康促进概述						
一、健康教育			✓			
二、健康促进			✓			
三、卫生宣传、健康教育、健康促进的关系			✓			
四、健康教育与健康促进的意义			✓			
五、健康教育与健康促进的任务		✓				
第二节 健康教育理论	✓					
一、人类行为概述	✓					
二、健康相关行为改变的理论		✓		✓		
第三节 社区健康教育与健康促进						
一、社区健康教育概念			✓	✓		
二、社区健康教育的特点			✓			
三、社区健康教育对象		✓				
四、社区健康教育的内容		✓				
五、社区健康教育的方法			✓		✓	
六、社区健康教育原则	✓					
七、社区健康教育程序			✓			✓
第四章 社区家庭护理						
第一节 家庭概述						
一、家庭的概念		✓				
二、家庭结构及功能		✓				
三、家庭的生活周期及健康家庭的标准	✓					
第二节 家庭访视						
一、家庭访视概述		✓				
二、家庭访视程序			✓			✓
第三节 居家护理						
一、居家护理定义		✓				
二、居家护理形式	✓					
三、居家护理内容		✓				
四、常见疾病的居家护理		✓		✓		

续表

教学内容	教学要求					
	认知			能力		
	了解	理解	掌握	学会	掌握	熟练运用
第五章 社区人群的卫生保健						
第一节 社区儿童保健						
一、新生儿期保健			✓		✓	
二、婴儿期保健			✓			✓
三、幼儿期保健		✓				
四、学龄前期保健		✓				
五、学龄期保健		✓				
第二节 社区妇女保健						
一、女性青春期保健	✓					
二、围婚期保健			✓		✓	
三、围生期保健			✓		✓	
第三节 社区老年人保健						
一、老年人生理特点	✓					
二、老年人心理特点	✓					
三、老年病的特点		✓				
四、社区老年人保健措施			✓		✓	
第二篇 社区常见疾病的护理管理						
第六章 社区常见传染病的护理与管理						
第一节 社区常见传染病概述						
一、社区传染病的流行特征及防治措施			✓		✓	
二、预防接种与计划免疫			✓		✓	
第二节 社区常见传染病的护理与管理						
一、病毒性肝炎		✓		✓		
二、艾滋病		✓		✓		
三、肺结核		✓		✓		
第七章 社区常见慢性非传染病的护理与管理						
第一节 概述						
一、慢性病现状	✓					
二、慢性病的概念		✓				
三、慢性病的分类	✓					
四、慢性病的危险因素				✓		
第二节 社区高血压患者的护理与管理						

续表

教学内容	教学要求					
	认知			能力		
	了解	理解	掌握	学会	掌握	熟练运用
一、高血压概述	✓					
二、高血压患者的社区管理与患者的居家护理			✓	✓		
第三节 社区糖尿病患者的护理与管理						
一、糖尿病概述	✓					
二、糖尿病患者的社区管理与患者的居家护理			✓	✓		
第四节 社区冠心病患者的护理与管理						
一、冠心病概述	✓					
二、冠心病患者的社区管理与患者的护理			✓	✓		
第八章 社区常见精神障碍的护理与管理						
第一节 概述						
一、基本概念	✓					
二、社区精神障碍的三级预防		✓				
三、社区精神障碍患者的家庭护理			✓	✓		
四、精神障碍患者的社区管理工作		✓				
第二节 社区常见精神障碍的护理与管理						
一、精神分裂症患者的护理与管理			✓	✓		
二、抑郁症患者的护理与管理			✓	✓		
三、老年性痴呆的护理与管理			✓	✓		
第九章 社区常见急性事件的预防与处理						
第一节 社区常见急性病症的预防与处理						
一、急性心肌梗死		✓		✓		
二、急性上消化道出血		✓		✓		
三、低血糖症		✓		✓		
第二节 社区常见急性意外损伤的预防与处理						
一、电击伤		✓		✓		
二、烧烫伤		✓		✓		
第三节 社区常见急性中毒的预防与处理						
一、一氧化碳中毒		✓		✓		
二、急性镇静催眠药中毒		✓		✓		
三、食物中毒		✓		✓		

续表

教学内容	教学要求					
	认知			能力		
	了解	理解	掌握	学会	掌握	熟练运用
第三篇 社区康复护理与临终关怀						
第十章 社区康复护理						
第一节 概述						
一、概念			✓			
二、社区康复护理的对象和内容		✓				
三、社区常用康复技术		✓		✓		
第二节 社区常见伤残患者的康复护理						
一、偏瘫患者的康复护理		✓		✓		
二、脊髓损伤患者的康复护理		✓		✓		
第十一章 社区临终关怀						
一、社区临终关怀概述	✓					
二、社区临终关怀实施		✓		✓		

五、学时安排建议

总学时40学时，理论30学时，实践10学时。

章节	课程内容	理论学时	实践学时	合计
第一章	社区护理概述	2	2	4
第二章	社区护理的流行病学方法	4	2	6
第三章	社区健康教育与健康促进	4		4
第四章	社区家庭护理	2	2	4
第五章	社区人群的卫生保健	6		6
第六章	社区常见传染病的护理与管理	2		2
第七章	社区常见慢性非传染病的护理与管理	4	2	6
第八章	社区常见精神障碍的护理与管理	2		2
第九章	社区常见急性事件的预防与处理	1	1	2
第十章	社区康复护理	1	1	2
第十一章	社区临终关怀	2		2
合计		30	10	40

参考文献

[1] 邵爱玉. 预防医学. 上海：复旦大学出版社，2011.
[2] 董宣. 社区护理. 北京：高等教育出版社，2008.
[3] 李明子，黄惟清. 北京：北京大学医学出版社，2012.
[4] 陈佩云，周恒忠. 北京：人民军医出版社，2012.
[5] 赵仲堂. 流行病学研究方法与应用. 北京：科学出版社，2000.
[6] 何坪. 全科医学概论. 北京：高等教育出版社，2012.
[7] 蔺慧芳. 社区护理. 3版. 科学出版社，2012.
[8] 泮昱钦. 社区护理. 浙江：浙江大学出版社，2011.
[9] 王永军. 社区护理. 北京：科学出版社，2010.
[10] 李春玉. 社区护理学. 2版. 北京：人民卫生出版社，2008.
[11] 王燕玲，钮文异等. 常见慢性病社区综合防治管理手册：健康教育指导分册. 北京：人民卫生出版社，2007.
[12] 陆涛. 健康教育. 北京：高等教育出版社，2006.
[13] 黄惟清，李春玉. 社区护理学. 北京：人民军医出版社，2006.
[14] 王玨辉，姬栋岩，张宵艳，等. 老年护理技术. 武汉：华中科技大学出版社，2010.
[15] 舒剑萍. 妇婴保健. 北京：高等教育出版社，2009.
[16] 李明子. 社区护理学. 北京：北京大学医学出版社，2009.
[17] 尤黎明，吴瑛. 内科护理学. 北京：人民卫生出版社，2006.
[18] 罗施珍，林梅. 社区乙型病毒性肝炎患者的家庭护理. 中外医疗，2011（16）：141.
[19] 刘世亮，李彦齐，庄鸣华，等. 依托社区卫生服务机构对目标人群实施艾滋病预防和优先干预的探索. 中国艾滋病性病，2012，18（3）：162-165.
[20] 杨世文. 社区非住院治疗肺结核患者的健康教育. 中国社区医师（医学专业），2011，13（33）：313-314.
[21] 何坪. 社区护理. 北京：高等教育出版社，2008：183–198.
[22] 化前珍. 老年护理学. 北京：人民卫生出版社，2006：131-138.
[23] 王树丽，周桐. 晚期肿瘤患者的临终关怀护理体会. 中国医药指南，2012，10（15）：337-338.
[24] 林爱敏. 临终关怀的护理与伦理困境. 护理实践与研究，2012，9（10）：128-129.
[25] 冯正仪. 社区护理. 上海：复旦大学出版社，2010.
[26] 康金凤. 社区护理. 陕西：第四军医大学出版社，2009.
[27] 姚蕴伍. 社区护理学. 浙江：浙江大学出版社，2008.
[28] 吴莉莉. 社区护理. 北京：高等教育出版社，2003.
[29] 中国慢性病防治工作规划（2012—2015年）.

[30]《中国高血压防治指南（2010年修订版）》.
[31]《中国糖尿病防治指南》全国推广项目指导组，2011.
[32] 何坪．全科医学概论．北京：高等教育出版社，2012.
[33] 蔺慧芳．社区护理．3版．北京：科学出版社，2012.
[34] 李立明．流行病学．4版．北京：人民卫生出版社，2001.
[35] 韩柏．临床精神医学．北京：中国科学技术出版社，2006.
[36] 李凌江．精神科护理学．北京：人民卫生出版社，2002.
[37] 林菊英．社区护理学．北京：科学出版社，1998：117.